古典文獻研究輯刊

二　編

潘美月・杜潔祥　主編

第 **8** 冊

《穀梁傳》解經方法研究

簡 逸 光　著

國家圖書館出版品預行編目資料

《穀梁傳》解經方法研究／簡逸光 著 — 初版 — 台北縣永和市：
花木蘭文化出版社，2006〔民95〕

目 1+286 面；19×26 公分（古典文獻研究輯刊 二編；第 8 冊）

ISBN：986-7128-28-1（精裝）
1. 穀梁傳－研究與考訂

621.727   95003573

ISBN 986712828-1

古典文獻研究輯刊
二 編 第 八 冊   ISBN：986-7128-28-1

《穀梁傳》解經方法研究

作　　者　簡逸光
主　　編　潘美月　杜潔祥
企劃出版　北京大學文化資源研究中心
出　　版　花木蘭文化出版社
發 行 所　花木蘭文化出版社
發 行 人　高小娟
聯絡地址　台北縣永和市中正路五九五號七樓之三
　　　　　電話：02-2923-1455／傳眞：02-2923-1452
電子信箱　sut81518@ms59.hinet.net
初　　版　2006 年 3 月
定　　價　二編 20 冊（精裝）新台幣 31,000 元

《穀梁傳》解經方法研究

簡逸光　著

作者簡介

簡逸光，1975 年生，中國文化大學碩士，現為佛光人文社會學院文學所博士生。

提　　要

　　《穀梁傳》解經方法研究，主要研究《穀梁傳》解釋《春秋》的方法 認為《穀梁傳》是為解釋《春秋》而產生，對《穀梁傳》而言，解釋並不只是消極的解釋，它有一種強制性，就是規範閱讀《春秋》的方法。它是如何達成這目的？論文藉《傳》文的研究將這部分闡述出來。

　　論文透過《傳》例的研究提出《穀梁傳》的「傳」字意義，筆者發現《傳》文的組成有十種類型，這些都可以說是《傳》的內涵。而其中佔的最多的部分，則是《傳》的主要特徵，就是「說明」與「理由」，其他還包括「定義」、「規定」、「轉語」、「轉而論」、「或曰」、「推論」、「傳例同訓詁」、「故事」。

　　針對《穀梁傳》有《傳》文的部分，透過分析將此部分的解經方法釐清，進而可利用這些解經方法去解讀無《傳》的《經》文。

目　錄

第一章　緒　論

第一節　研究動機

　　歷來研究《三傳》的學者對《左傳》、《公羊傳》有關解經的著作豐富，如杜預《春秋釋例》、方苞《左傳義法舉要》、廖平《左傳經例長編》、劉師培《春秋左氏傳傳例解略》、劉逢祿《春秋公羊釋例》、戴君仁〈春秋公羊傳時月日例辨正〉、濱久雄〈春秋公羊傳の條例〉等。《穀梁傳》部分則較少有專論的著作，因此有必要爲《穀梁傳》解經的部分作研究。

　　鄭玄云：「《穀梁》善於經」〔註1〕並作《起廢疾》，以爲：「《穀梁》近孔子」〔註2〕范甯云：「《穀梁》清而婉」〔註3〕以上是鄭玄與范甯對《穀梁傳》的評價。說明《穀梁傳》的特色。

　　筆者從閱讀《穀梁傳》的過程中發現，乍看之下有點繁雜的傳文，其內在有一些共同的原則。便想若將這些原則都釐清，將可以更清楚的透過《穀梁傳》來理解《春秋》。因此全面的對其內在解經原則加以歸納，逐漸瞭解我們是透過這些原則來瞭解《春秋》，而這些原則也是《穀梁傳》的解經方法。

　　孔子作《春秋》的用意，具有褒貶義，這些意義在《三傳》都有說明，針對這部分的歸納研究，就是義例的討論。傳統義例研究方法，有時月日例、諱例、會盟

〔註1〕鄭玄，《六藝論》，《百部叢書集成》（臺北：藝文印書館，五十七年影印之三十八，第四函）。

〔註2〕鄭玄，《起廢疾》，《百部叢書集成》（臺北：藝文印書館，五十七年影印之三十八，第一函）。

〔註3〕范甯，〈春秋穀梁傳集解序〉，《春秋穀梁傳注疏》（臺北：藝文印書館，1997年8月），頁7。

例、朝聘例等。但義例的討論限於命題的選擇，所以對於其他的傳文則沒有處理，因此義例研究無法達到對傳文的全面研究。筆者從解經方法來對《穀梁傳》的傳文作研究，可以突破義例研究的限制。因為所有的傳文都是解經文字，這些文字的使用情形加以分別就是解經方法，所以以此為題，作深入的研究。

《穀梁傳》除了從傳文可以歸納原則外，《穀梁傳》有一些是表達了當時文化議題的意見，如對齊桓公、晉文公的態度、對家庭倫理的觀點，都反映《穀梁傳》的看法與對應的方式。所以筆者也從這方面來探討《穀梁傳》解經和這些想法的關聯。

另外《穀梁傳》的解經方法研究，除了研究《穀梁傳》解釋《春秋》的方法，同時也認為《穀梁傳》的解經方法是為讀者所準備的，因為當解經方法有效時，理解《春秋》才有可能。《穀梁傳》是為解釋《春秋》而產生，對《穀梁傳》而言，解釋並不只是消極的解釋，它有一種強制性，就是規範閱讀《春秋》的方法。它是如何達成這目的？必然是有方法（需合理並具說服力）。論文也藉傳文的研究將這部分闡述出來。

第二節　前人研究成果的探討

根據簡宗梧、周何編輯《春秋穀梁傳論著目錄》〔註 4〕將《穀梁傳》的相關論著分為：本文、傳解、義例、專論、校勘、序跋、提要、輯佚、相關著述九類。

本文部分：有《春秋穀梁傳》、《唐石經春秋穀梁傳》、《蜀石經穀梁傳》、《公穀傳》等十八種。

傳解部分：包括只存書目的，有《穀梁章句》、劉向《春秋穀梁傳說》、孔驢《春秋穀梁傳訓詁》、段肅《春秋穀梁傳注》、范甯《春秋穀梁傳集解》、楊士勛《春秋穀梁傳疏》、鍾文烝《春秋穀梁傳補註》等一百零八種。

義例部分：有范甯《春秋穀梁傳例》、胡箕《春秋三傳會例》、許桂林《春秋穀梁傳時月日書法釋例》等三十八種。

專論部分：有王日休《春秋穀梁辨失》、蔣宗簡《春秋三傳要義》、馮伉《三傳異同》、汪中《公穀述義》等二百二十六種。

校勘部分：有丁副《春秋三傳異同字》、梁煌儀《春秋穀梁傳校證》、劉承幹《穀梁疏殘校勘記》等四十一種。

〔註 4〕簡宗梧、周何編輯，《春秋穀梁傳論著目錄》（臺北：洪葉文化事業有限公司，2000年 6 月），頁 7～53。

　　序跋部分：有〈春秋穀梁傳序〉、陳澧〈柳賓叔穀梁大義述序〉、李富孫〈春秋三傳異文釋自敘〉等四十一篇。

　　提要部分：有晁公武〈春秋穀梁傳注疏提要〉、陳振孫〈春秋穀梁傳疏解題〉、朱彝尊〈穀梁氏赤春秋傳提要〉等一百一十六篇。

　　輯佚部分：有王仁俊〈春秋穀梁傳序〉、馬國翰《春秋穀梁傳章句》、王謨《穀梁廢疾》等二十四種。

　　相關著述：有劉師培〈春秋三傳先後考〉、劉百閔〈春秋穀梁傳與語意學〉、王熙元〈春秋穀梁傳的文學價值〉等三十七種。

　　由以上這些著作可以發現《穀梁傳》的解經方法並沒有人作過研究，大多數的學者著重在注疏、義例的討論、校勘文字、辨文字異同、辨義理微言等這幾部分。

　　傳統的研究方向，筆者用三種研究方法來說明。

一、康熙御製《欽定春秋傳說彙纂》〔註5〕

　　《欽定春秋傳說彙纂》內容為針對《春秋》經文的眾多解釋中，尋求一適當的解釋。其方法先列出《春秋》經文與《左傳》、《公羊傳》、《穀梁傳》、《春秋胡氏傳》的傳文，然後彙集歷代經師注疏羅列其下，最後附有案語。案語的目的在分別「集說」中的不同想法。《欽定春秋傳說彙纂》的羅列在於截取文句時，已有意識的選擇性摘句。也就是說雖然其收集的對象甚廣，但卻會挑選所要的文句，並非將原文全部收入。

二、李富孫《春秋三傳異文釋》〔註6〕

　　李氏所撰《春秋三傳異文釋》，內容為針對《三傳》的《春秋》經文、傳文、注疏的異文加以說明。其方法先列出《左傳》的《春秋》經文，並將《公羊傳》與《穀梁傳》的《春秋》經文，有不同於《左傳》或傳文、注疏文字有異文的地方列出，然後以聲韻、文字、校勘的方式去說明異文的原因。例如：

（一）以文字學說明異文

　　「預凶事」。「唐石經」：預作豫。案：杜注作豫。《說文》：「豫，象之大者。引伸為豫行之字。」預為新附字，徐鉉曰：「經典通用豫〔註7〕。」（隱公元年）

（二）以聲韻學說明異文

〔註5〕王掞等編纂，《欽定春秋傳說彙纂》，《影印文淵閣四庫全書》（臺北：臺灣商務印書館，1983年），總第一七三冊。

〔註6〕李富孫，《春秋三傳異文釋》，收於《別下齋叢書》史地類，歷史之部，先秦史，春秋。

〔註7〕同註6。

「紀裂繻來逆女」。《公羊》作紀履繻。《穀梁》作履繪。案：顧氏《唐韻正》：「裂，上聲音履。裂、履，聲之轉。」《公羊》釋文：「繻亦作繪，音須〔註8〕。」（隱公二年）

（三）以校勘說明異文

《傳》：「公及宋人遇於清。」「唐石經」：作宋公，「淳化本」同。案：《經》作宋公，此作宋人，當爲轉寫之僞〔註9〕。（隱公四年）

李氏有感於學者常疑惑於經、傳異文所產生的分歧說法，故以《三傳》異文排比，作爲切入點，試圖以小學或校勘的方式將「異文」的問題解決。其研究成果顯示，異文的原因多因爲「聲義同源」或「古今字」的關係，因此《三傳》的異文只是文字上的不同，意義是一樣的。

三、傅隸樸《春秋三傳比義》〔註10〕

傅氏所撰《春秋三傳比義》，內容爲針對三傳的《春秋》經文、傳文、注疏的意義加以比較說明並評論。其方法先列出《春秋》經文與《左傳》、《公羊傳》、《穀梁傳》的傳文，然後比較《三傳》的意義，有不同者，以證據或是常理的推理方式去說明三傳優劣的原因。例如：

（一）以證據說明《三傳》優劣

《春秋》：「宋人伐鄭，圍長葛。」

《左傳》：「宋人伐鄭，圍長葛。以報入郛之役也。」

《公羊傳》：「邑不言圍，此其言圍何？彊也。」

《穀梁傳》：「伐國不言圍邑，此其言圍何也？久之也。伐不踰時，戰不逐奔，誅不填服，苞人民，毆牛馬曰侵；斬樹木，壞宮室曰伐。」

《比義》：「左氏說明伐圍的原因，是宋人報鄭人在九月助邾人伐宋入郛之怨，全屬歷史事實，未有任何義例〔註11〕。」（隱公五年）

（二）以常理的推理方式說明三傳優劣

《春秋》：「秋八月庚辰，公及戎盟于唐。」

《左傳》：「戎請盟，秋盟于唐。復修戎好也。」

《比義》：「左氏云：戎請盟。是說去年潛之會，公未許戎盟，今年戎又請盟，公乃與之盟于魯之唐邑。以延續與戎的和好。只是就史實加以說明，無筆削之義。

〔註8〕李富孫，《春秋三傳異文釋》，卷一。

〔註9〕同註8。

〔註10〕傅隸樸，《春秋三傳比義》（臺北：臺灣商務印書館，1983年5月）。

〔註11〕同註10，頁46。

《公》、《穀》均無傳，當然也以此爲《魯史》原文，無筆削之義〔註12〕。」（桓公二年）

傅氏的作法是以《三傳》意義的比較爲主，首先羅列《三傳》傳文，然後找出《三傳》的交集點，這個交集點是《三傳》共同指涉的對象，卻因爲不同的說法產生不同的意義。也就是說《三傳》的說法是不相同的。《比義》的書寫對象在於經義、宗旨、大義。

在此三種不同的方法。第一種是透過一種整理，希望達到原本預期的目標，就是已經先有結果，然後求方法的方式完成。以「理」爲主。後兩種都利用尋找同異處著手，一本以「字」爲主，一本以「義」爲主。藉由「同」讀出「不同」，或者藉由「不同」讀到「同」。傳統的《穀梁傳》研究大多就是這樣的研究。因此筆者尋求不同的研究方法來對《穀梁傳》進行研究，以期能有突破前人所未注意的部分。

第三節 研究方法

筆者先將《穀梁傳》的成書過程加以釐清，作爲認識《穀梁傳》的背景交代。藉歷代有關《穀梁傳》的傳承說法，加以分析，再從最早有關傳承的記載，《史記》、《漢書》中來引證。將這些過程分爲三階段，第一階段是從孔子口傳給弟子的過程，第二階段是弟子從口傳到書於竹帛的經過，第三階段是由書於竹帛到與《春秋》合刊的情形。如此可以說明《穀梁傳》確實爲解釋《春秋》而產生。

然後對《穀梁傳》傳文作分析，透過分析的過程中歸納了《穀梁傳》的著述原則。因爲歷來對解經的部分，多是依循杜預《春秋釋例》的方法，先從《春秋》經文找出關鍵字，如侵伐、盟會，然後將凡《春秋》有出現的部分，羅列一起，成爲解經的義例。但此歸納的原則並不全面，使得有些傳文的意義並不是很清楚。故筆者對《穀梁傳》的全部傳文，因其性質而加以分類，說明《穀梁傳》的所有傳文都是有意義的。

並從《穀梁傳》的形式上來說明無傳、重發傳、單條釋經與事件始末、故事釋經的意義。從形式上來爲傳文間的差異作區別的原則，如無傳的部分是經文底下無傳文，重發傳的部分是相同傳文的文字出現一次以上。單條釋經與事件始末是指同一人或事件名稱出現在不同的時間，故事釋經部分是傳文以敘述故事的形式發傳。因此可以分爲四種類型來加以研究。

〔註12〕同註10，頁85。

　　將《穀梁傳》的著述原則，依序分析，再對這些原則作比較，以更具條理的方式來呈現。並說明《穀梁傳》解經方法就是這些原則。這些著述原則因性質分為十種類型，同一類型下的著述原則還可以再加以分析，以呈現具體的用法。

　　另外從《穀梁傳》解經時的說法來發掘其所反映的時代觀點。這部分針對二個議題，分別是《穀梁傳》對天子、霸、伯的態度與《穀梁傳》對家庭倫理的觀點。將傳文中有關這個議題的內容排比，可以清楚的解讀出《穀梁傳》所表達這個文化議題的意見。

　　由以上的幾個面向的研究，相信可以對《穀梁傳》解經方法的研究，提供可信的研究成果。

第二章 《穀梁傳》的形成

第一節 《穀梁傳》的傳承

本章所要討論的是《穀梁傳》從孔子作《春秋》後傳與弟子，到漢代書於竹帛的形成過程。第一節針對《穀梁傳》未書於竹帛前的流傳情形來說明成書過程非一時、一地、一人所成。第二節則對《穀梁傳》從先秦到漢代的師承脈絡，作一檢討。第三節則是從《穀梁傳》與《春秋》原本為分別刊行的典籍，後來合刊時，所會遇到的問題。

《穀梁傳》的產生，是在《春秋》之後。孔子作《春秋》，傳《春秋》，因而開始有學《春秋》、傳《春秋》的弟子。在許多的弟子中，傳承到漢代有著成書的只有《左傳》、《公羊傳》與《穀梁傳》。這節對《穀梁傳》的口傳經過加以說明。

首先有關孔子與《春秋》的關係，由以下的文獻資料可以確定《春秋》是孔子所作，並傳給弟子。

孟子云：

> 世道衰微，邪說暴行有作，臣弒其君者有之，子弒其父者有之，孔子
懼，作《春秋》〔註1〕。

王者之跡息而《詩》亡，《詩》亡然後《春秋》作。

晉之《乘》，楚之《檮杌》，魯之《春秋》，一也。其事則齊桓、晉文，其文則史。
孔子曰：「其義，則丘竊取之矣〔註2〕。」

《孟子》中記載著孔子作《春秋》的理由。

〔註1〕孟子，《孟子・滕文公下》，《孟子注疏》（臺北：藝文印書館，1997年8月），頁117。
〔註2〕孟子，《孟子・離婁下》，頁146。

司馬遷〈太史公自序〉也有引孔子語，說明作《春秋》的理由：

> 我欲載之空言，不如見之行事之深切著明也〔註3〕。

司馬遷云：

> 是以孔子明王道，干七十餘君，莫能用，故西觀周室，論史記舊聞，
> 興於魯而次《春秋》〔註4〕。

說明孔子依《魯史》等各國赴告、史冊資料，修成《春秋》。

以上說明《春秋》爲孔子所作。

孔子作的《春秋》，形式上雖與史書相似，但所要表達的卻不同。因此將作《春秋》的意義傳與弟子。

司仲敖說：

> 於史而言係述，於義而言係作，誠得孔子述作之旨。唯以辭寡義隱，
> 故口授弟子時，必有發揮解釋，弟子受其傳，乃有三傳之作〔註5〕。
> 常石茂認爲《春秋》是孔子所編纂，用來作爲弟子的教科書〔註6〕。

都說明《春秋》孔子作，然後傳與弟子。

由出土文物資料可知戰國時已有書寫記錄的工具，如竹簡、帛書，《論語》也記載孔子時已有竹簡。因此可知《穀梁傳》的傳承未著成書前，並非沒有條件成書，而是這些內容都是孔子所講授，最早時是以口相授，弟子沒有理由也不會於當時出版老師的講話，所以當孔子去世後，這些散於弟子心中，或弟子筆記內的文字開始整理傳承，孔子七十二子，所傳當然會有精疏簡繁之別，這種重整的過程至戰國有五「傳」成形，至漢代則獨存三《傳》，這些過程都是《穀梁傳》未著於竹帛前的流傳情形。

有關先秦授業多是口傳的說法，如葛志毅所說，原因關乎當時的簡冊繁重與難得。

葛志毅說：

> 此口耳授受、誦說講習的傳業治學之法，與其時簡冊繁重難得的情況

〔註3〕司馬遷，《史記·太史公自序》（北京：中華書局，1997年8月），頁3297。

〔註4〕司馬遷，《史記·十二諸侯年表序》，頁509。

〔註5〕司仲敖，〈錢大昕之春秋學〉，《木鐸》第十期（臺北：中國文化大學中文系，1984年6月），頁261～263。

〔註6〕常石茂、稲田孝，《春秋を讀む》（東京：勁草書房，1988年1月10日），頁一。「《春秋》は孔子の書と言われたり、編纂したとされたりして來ているが、むしろ孔子が弟子たちに供給した教科書と言ったほうが事實に近いようだ。」

相關。故欲問學，不得不從師口授。往往僅老師一人有簡冊寫本為講授之資，弟子只能憑耳受、口誦、心記傳習之。阮元謂：『古人簡冊在國有之，私家已少，何況民間。是以一師有竹帛，而弟子口傳之。』說極有理。當時簡冊寫本僅限於各家學說本文，至於詮釋訓解之義則存於口說流傳之中，不從師受，無由得之。《商君書‧定分》：『今先聖人為書而傳之后世，必師受之，乃知其所謂之名。不師受之，而人以其心意議之，至死不能知其名與其意。』按『名』指文字。所論即謂欲知書簡文字所宣之義，當從師受其解釋之言〔註7〕。

傳承的過程並非全從己意發抒，除了要遵循孔子，也要遵循授業經師的說法。因此傳承過程難保不會雜有經師的訓解闡發。

謝金良說：

> 根據漢代的文獻記載，《穀梁》和《公羊》一樣，最早只是口耳相傳，至西漢始著於竹帛，成為定本。既然，二傳都是在傳授和記錄經義的基礎上並經過長期的口耳相傳才寫成定本的，就不只是對第一個解經者言論的實錄，必然雜有歷代傳經者對原有經義重新加以闡釋的成份〔註8〕。

《論語》有孔子讀《易》章編三絕，說的是當時即有讀書書寫的工具，而《穀梁傳》為何晚至戰國才書寫成？因為《穀梁傳》在混亂的師說中穩定下來是需要時間的。這些的理由可參考原始佛教在釋迦牟尼去世後弟子們開始收集佛的話然後舉行確認會議，或陽明學生於其生前就開始整理師說，仍碰到老師真正意思的爭辯。《春秋》這部經典，孔子有弟子三千，碰到傳承《春秋》的說法也會引起爭辯。《穀梁傳》當然有信其說的群眾，累積到足以支持其成為傳承《春秋》的其中一脈。

《穀梁傳》的文字不應該是孔子所講一字一句的記錄，因為就《三傳》的內文就有差異，說明雖皆孔子所傳，也會有不同。所以是孔子傳《春秋》時，弟子所聽，傳之幾代，弟子漸漸枝葉繁茂，各有所體會，眾說紛紜，難定出唯一的版本，所以各立門派，各擁說法，有學生支持，便成為師法、家法的先聲。傳文之傳的原因如此，所以已不像《論語》「子曰」，如此近孔子。甚至會有經師的領悟，誤被奉為孔子所言。

〔註7〕葛志毅，〈今文經學與口說傳業～試析古代的講學傳業方式及其文化歷史原因〉，《歷史教學》一九九四年第五期（一九九四年5月），總第三六六期，頁4。

〔註8〕謝金良，〈穀梁傳的真偽和寫作時代考辨〉，《福建論壇》（文史哲版）1996年第二期（總第九十三期）（1996年4月）。收入複印報刊資料《歷史學》一九九六第七期（1996年8月），頁46。

顧頡剛說：

> 《春秋》本是一部魯國的史書，給他（孔子）這樣一修改，就成了他
> 的政治哲學，而且是他爲後來的天子制定的一部法典了。因爲他恐怕觸動
> 了當時有權有勢的人們的怒氣，妨礙了他的安全，所以只把這些意思口傳
> 給弟子們。因爲弟子們口傳的不同，所以後來寫出時就成了幾部不同的《春
> 秋傳》〔註9〕。

有關《穀梁傳》著於竹帛的時間，現無實際的資料可確定，故學者僅能以推論的方
式來作判斷。

楊士勛云：

> 穀梁子名淑，字元始，魯人，一名赤，受經于子夏，爲經作傳，故曰：
> 穀梁傳孫卿，孫卿傳魯人申公，申公傳博士江翁，其後魯人榮廣大善穀梁，
> 又傳蔡千秋，漢宣帝好《穀梁》，擢千秋爲郎，由是《穀梁》之傳大行於
> 世〔註10〕。

楊氏說明了《穀梁傳》是受經於子夏的穀梁子所作。

梁煌儀說：

> 孔門解《春秋》者不只一家，凡沈子、穀梁子（一世）女子、或曰、
> 傳曰之等，明可考見。其初期或以口傳，及相當期間，漸成家法，遂以所
> 聞，著於竹帛，以事實論之，累積既富，自須形諸文字。職是之故，文義
> 相似者，所在多有。然當不至遲於浮丘伯，吾人疑穀梁子二世已著之竹帛
> 〔註11〕。

梁煌儀作傳承圖認爲：

> 春秋至孔子（公元前551～479年）至子夏（公元前507～420年）至穀梁一世
> （公元前470～400年）曾子、沈子（公元前475～405年）以上爲口傳～穀梁二世
> （公元前440～370年）著之竹帛至穀梁三世（公元前410～340年）至穀梁四世（公
> 元前380～310年）尸子（公元前390～330年）女子（公元前396～344年）至荀子
> （公元前340～245年）後世每有改益〔註12〕。

日人貝茂塚樹從戰國時代開始有將說話加以文書化、記錄化的傾向，說明戰國

〔註 9〕顧頡剛，《漢代學術史略》（北京：東方出版社，1996年1月），頁51。
〔註10〕楊士勛，〈春秋穀梁傳注疏序〉，《穀梁傳注疏》（臺北：藝文印書館，1997年8月），
　　　　頁3。
〔註11〕梁煌儀，〈《春秋穀梁傳》評介〉，《孔孟月刊》十八卷二期（1979年10月），頁35。
〔註12〕同註11，頁35。

時代記錄者是有意識的記錄說話〔註13〕。故從《春秋》與《穀梁傳》的記載形式不同，也可從此判斷《穀梁傳》這種記錄說話、口傳、對話的傾向來判斷成書年代在戰國。

由此可知，未書於竹帛前的流傳情形是弟子將孔子傳的《春秋》著述之義，由口傳到確定成文字的過程，它書於竹帛的時間已晚至戰國，它經過許多次的爭辨與質疑，然後才慢慢確定下來，所以非成於一時、一地、一人之手。

第二節　《穀梁傳》的師承

上節論及《穀梁傳》未書於竹帛前的情形，是成書前會碰到的情形。這節所要討論的是成書後的傳承到漢代記於史書間的師承狀況。傳統的說法是依《史記》、《漢書》所記載，進而推論出《穀梁傳》的師承，然而這師承的實際情形是否就是如此，可以重新加以檢討。

實際從《史記》、《漢書》記載加以考察，發現後人皆是直接將申公授瑕邱江公的《春秋》以為便是《穀梁春秋》，所以有師承關係的浮邱伯一直上推至荀子傳的都是《穀梁傳》。由以下所舉可知。

一、司馬遷云：

> 言《春秋》於齊、魯自胡毋生，於趙自董仲舒。……公孫弘以《春秋》白衣為天子三公，封以平津侯〔註14〕。

案：此言傳承《春秋》，並未區別《公羊傳》或《穀梁傳》。

二、班固云：

> 漢興，……言《春秋》，於齊則胡毋生，於趙則董仲舒〔註15〕。

案：說法與《史記》同，都以《春秋》學來談。

三、《鹽鐵論》：

〔註13〕貝塚茂樹，〈國語に現れた說話の形式〉，《貝塚茂樹著作集》（東京：中央公論社，昭和五十一年八月）第五卷，頁303～304。「說話が文書化，記錄化せられのは戰國時代に始まる傾向であった。その意味においては，この說話はむしろ戰國時代の成文記錄化を背景としているといえる側面をもっているのであるが，それにも係らず，說話の評者こそ說話を傳承し，これの記錄者であるという意識そのものは，評者がすなわちこの說話の口頭傳承の擔い手であった春秋時代の魯國の社會の慣習を漠然として反映していると見られる。」

〔註14〕司馬遷，《史記》，頁3118。

〔註15〕班固，《漢書》（北京：中華書局，1997年8月），頁3593。

包邱子（浮邱伯）與李斯俱事荀卿〔註16〕。

四、班固云：

申公（申培公），魯人也。少與楚元王交，俱事齊人浮邱伯受《詩》〔註17〕。

申公卒以《詩》、《春秋》授，而瑕邱江公盡能傳之，徒眾最盛〔註18〕。

案：《鹽鐵論》言浮伯邱受於荀子，《漢書・儒林傳》也只說受《詩》。最後「申公卒以《詩》、《春秋》授」是直接推論申公《春秋》也是浮伯邱所授的，而因爲浮邱伯與李斯俱事荀卿，所以《春秋》來源於荀子。但有關荀子的「春秋學」，《漢書・儒林傳》，並未說明。

五、司馬遷云：

故漢興至于五世之間，唯董仲舒名爲明於《春秋》，其傳公羊氏也〔註19〕。

案：此將董仲舒的《春秋》與公羊氏連繫。

六、司馬遷云：

胡毋生，齊人也。孝景時爲博士，以老歸教授。齊之言《春秋》者多受胡毋生，公孫弘亦頗受焉〔註20〕。

七、班固云：

胡毋生字子都，齊人也。治《公羊春秋》，爲景帝博士。與董仲舒同業，仲舒著書稱其德。年老歸於齊，齊之言《春秋》者宗事之，公孫弘亦頗受焉。而董生爲江都相，自有傳。

案：這說明胡毋生、董仲舒、公孫弘都治《公羊春秋》。

八、司馬遷云：

瑕邱江生爲《穀梁春秋》，自公孫弘得用，嘗集比其義，卒用董仲舒〔註21〕。

案：自此《穀梁春秋》別於《春秋》以《穀梁春秋》、《穀梁》、《春秋穀梁傳》、《穀梁傳》、「穀梁氏」、《穀梁章句》、「穀梁之學」之名見於史傳。

九、班固云：

瑕丘江公受《穀梁春秋》及《詩》於魯申公，傳子至孫爲博士。武帝時，江公與董仲舒並。仲舒通五經，……而丞相公孫弘本爲公羊學，比輯

〔註16〕《鹽鐵論》，《四部叢刊》正編（臺灣：臺灣商務印書館，1979 年 11 月）。
〔註17〕班固，《漢書》，頁 3608。
〔註18〕同註 17。
〔註19〕司馬遷，《史記》，頁 3128。
〔註20〕司馬遷，《史記》，頁 3128。
〔註21〕司馬遷，《史記》，頁 3129。

其義，卒用董生〔註22〕。

　　案：先秦到漢代的《春秋》傳承在《史記》、《漢書》中分別了《公羊春秋》與《穀梁春秋》。並說明瑕邱江生受《春秋》於申公，爲《穀梁春秋》。

　　一直到今天，《穀梁傳》的師承問題，皆是承繼《史記》、《漢書》的記載。如：章權才說：

　　　　《春秋》，傳《穀梁》的瑕邱江公是魯申公的弟子，申公師事浮邱伯，

　　而浮邱伯則是荀子的門人〔註23〕。

王熙元研究〈《穀梁傳》傳授源流考〉：

　　　　考源流爲孔子作《春秋》傳子夏，子夏傳穀梁子，穀梁子傳荀卿（間

　　有數世相傳），荀卿傳毛亨、浮丘伯，浮丘伯傳申公〔註24〕。

有關《穀梁傳》的師承，後人藉漢代的史書記載，似乎將漢代以前的師承脈絡建立起來，但實際上《史記》、《漢書》並未記載上節所討論的穀梁子，僅上推至荀子而已。而到荀子的時代，據梁煌儀的推論應已成書，但爲何至瑕邱江生才將《穀梁春秋》分別出來？所以筆者認爲，《穀梁傳》於戰國雖已書於竹帛，但只是傳承《春秋》的一種說法，隨時間與孔子越來越遠，《穀梁傳》漸漸成爲理解《春秋》的一種固定的說法，所以地位漸漸比其他經說更重要，因此傳承《春秋》開始可以以《穀梁春秋》獨立出來。

　　自瑕邱江公後的《穀梁傳》傳承，因《史記》、《漢書》記載詳明，所以師承關係是清楚的。如：

江藩云：

　　　　傳《穀梁》者，瑕邱江公受於魯申公，其學寖微，惟榮廣、浩星公二

　　人受焉。蔡千秋、周慶、丁姓皆從廣受《穀梁》，千秋又事浩星公，爲學

　　最篤。宣帝即位，聞衛太子好《穀梁》，乃詔千秋與公羊家並說，上善《穀

　　梁》說，後又選郎十人從千秋受。會千秋病死，徵江公孫爲博士，詔劉向

　　受《穀梁》欲令助之〔註25〕。

王國維考證漢代「春秋穀梁博士」：

　　　　周慶、丁姓，《漢書·儒林傳》，梁周慶幼君、丁姓子孫皆從榮廣受《穀

〔註22〕班固，《漢書》，頁3617。

〔註23〕章權才，《兩漢經學史》（臺北：萬卷樓圖書公司，1995年5月），頁37。

〔註24〕王熙元，〈《穀梁傳》傳授源流考〉，《孔孟月刊》二十八期（1974年8月），頁219～236。

〔註25〕江藩，《國朝漢學師承記》（北京：中華書局，1998年12月），頁143～144。

梁》，慶、姓皆爲博士，姓至中山太傅〔註26〕。

此外《漢書・藝文志》記載《春秋》與《三傳》是分別刊行的。

《春秋古經》十二篇，經十一卷。公羊、穀梁二家。

《左氏傳》三十卷。左丘明，魯太史。

《公羊傳》十一卷。公羊子，齊人。

《穀梁傳》十一卷。穀梁子，魯人。

《公羊外傳》五十篇。

《穀梁外傳》二十篇。

《公羊章句》三十八篇。

《穀梁章句》三十三篇。

《公羊雜記》八十三篇。

《公羊顏氏記》十一篇。

古之王者世有史官，君舉必書，所以愼言行，昭法式也。左史記言，右史記事，事爲《春秋》，言爲《尙書》，帝王靡不同之。周室既微，載籍殘缺，仲尼思存前聖之業，乃稱曰：「夏禮吾能言之，杞不足徵也；殷禮吾能言之，宋不足徵也。文獻不足故也，足則吾能徵之矣。」以魯周公之國，禮文備物，史官有法，故與左丘明觀其史記，據行事，仍人道，因興以立功，就敗以成罰，假日月以定曆數，藉朝聘以正禮樂。有所褒諱貶損，不可書見，口授弟子，弟子退而異言。丘明恐弟子各安其意，以失其眞，故論本事而作《傳》，明孔子不以空言說《經》也。《春秋》所貶損大人當世君臣，有威權勢力，其事實皆形於《傳》，是以隱其書而不宣，所以免時難也。及末世口說流行，故有公羊、穀梁、鄒、夾之傳。四家之中，公羊、穀梁立於學官，鄒氏無師，夾氏未有書〔註27〕。

這說明漢代之後，傳承《穀梁傳》的文本幾乎固定。

這節所說明的是關於《穀梁傳》書於竹帛後，到漢代的史書記載，這段時間的師承。若從典籍的記載，原本傳《春秋》的，到瑕丘江公一變爲《穀梁春秋》。此說明戰國到漢代的「傳學」雖已形成，但身份尚未完全確定，都是傳《春秋》的說法，到了瑕丘江公時的前後，《穀梁傳》、《公羊傳》才獨立出來。

〔註26〕王國維，《漢魏博士題名考》（臺北：臺灣商務印書館，1976年12月），頁42～44。

〔註27〕班固，《漢書》，頁1712～1715。

第三節　《穀梁傳》與《春秋》的合刊

　　上面兩節將《穀梁傳》的形成與師承過程說明。這節所要討論的是《穀梁傳》原本與《春秋》是分別刊行的典籍，後來才合刊，這也是《穀梁傳》形成的一個階段。因爲解釋《春秋》是以口授、口傳，它可以因爲口說而將某段傳文解釋某段經文的彈性變大。而而合刊時要面對固定的型式，如何與《春秋》經文保有準確的對應關係，是這節所要討論的。

　　加賀榮治認爲《傳》的形成是爲解明《春秋經》的義，其與《經》是一體的〔註28〕。

　　《穀梁傳》與《春秋》的經、傳關係無法分割，當沒有《春秋》原文的《穀梁傳》是無法閱讀的，也無從得知它的意義。所以傳《穀梁傳》時，無論其是否是單獨刊行的文本，《春秋》也一定一起被傳誦著。但合刊時會碰到《經》、《傳》對應的問題，筆者發現合刊者會因傳文的解釋來爲經、傳文作一切割的動作。有兩種情形，一是不更動經文，一是將經文分成兩段以上。例如：

一、不更動經文

（一）隱公十年《春秋》：「六月，壬戌，公敗宋師于管。」《穀梁傳》：「內不言戰，舉其大者也〔註29〕。」

　　　《春秋》：「辛未，取郜〔註30〕。」

　　　《春秋》：「辛巳，取防。」《穀梁傳》：「取邑，不日。此其日何也？不正其乘敗人而深爲利取二邑，故謹而日之也〔註31〕。」

　案：此三段爲三件不同時間發生的事，故應爲三條獨立的經文。但是《穀梁傳》於經文「辛巳，取防。」下有發傳，同時說明前一條經文「辛未，取郜。」書日的意義。這說明當《穀梁傳》單獨刊行時，它這條傳文自然是對應兩條經文，但當它合刊時，《穀梁傳》並非將此二條經文當作一條經文看待。如將此二條經文合併後發傳「辛未，取郜。辛巳，取防。」仍然分開爲兩條經文。故合刊時的處理攸關《經》、《傳》的對應讀法，在這組《經》、《傳》關

〔註28〕加賀榮治，〈鄭玄の《春秋三傳》解釋について〉，收於《日本中國學會創立五十年記念論文集》（東京：汲古書院，平成十年十月十日），頁373。「《春秋經》のもつ義（意味：精神）の解明をめざす《傳》として形成されて來たものであり，《經》と一體をなすものであつた。」

〔註29〕《穀梁傳注疏》（臺北：藝文印書館，1997年8月），頁25。

〔註30〕同註29。

〔註31〕同註29。

係中，《穀梁傳》並未因解釋而將兩段經文合併爲一。

（二）僖公十年《春秋》：「晉里克弑其君卓及其大夫荀息。」《穀梁傳》：「以尊及卑也。荀息閑也〔註 32〕。」

　案：此經文因傳文的發傳，並未將經文分開爲兩條經文。

（三）桓公十三年《春秋》：「十有三年，春，二月，公會紀侯、鄭伯。己巳及齊侯、宋公、衛侯、燕人戰，齊師、宋師、衛師、燕師敗績。」《穀梁傳》：「其言及者，由內及之也。其曰戰者，由外言之也。戰稱人，敗稱師，重眾也。其不地，於紀也〔註 33〕。」

　案：《春秋》於經文中出現兩次時間單位，就編年體，應只有最前面有時間單位，作爲區別。中間又出現時間單位，是可以分別爲兩條經文，但《穀梁傳》有時是以一條經文來解釋。

（四）僖公十九年《春秋》：「繒子會盟于邾。己酉，邾人執繒子，用之。」《穀梁傳》：「微國之君，因邾以求與之盟，人因己以求與之盟，己迎而執之，惡之。故謹而日之也。用之者，叩其鼻以衈社也〔註 34〕。」

　案：經文書寫二次時間，代表時間並非同一時間，但《穀梁傳》同時解釋，連繫二者的關係，所以經文合刊時併爲一條。

（五）文公七年《春秋》：「七年，春，公伐邾。三月，甲戌，取須句。」《穀梁傳》：「取邑，不日。其其日何也？不正其再取，故謹而日之也〔註 35〕。」

　案：經文書寫二次時間，代表時間並非同一時間，但因合刊時併爲一條。

（六）文公八年《春秋》：「公孫敖如京師。不至而復。丙戌，奔莒。」《穀梁傳》：「不言所至，未如也。未如則未復也。未如而日如，不廢君命也。未復而日復，不專君命也。其如，非如也。其復，非復也。唯奔莒之爲信，故謹而日之也〔註 36〕。」

　案：經文書寫二次時間，代表時間並非同一時間，但因《穀梁傳》發傳時的對象同時說明兩條經文，所以合刊時併爲一條。

二、分割經文

（一）桓公二年《春秋》：「二年，春，王正月，戊申，宋督弑其君與夷。」《穀梁傳》：

〔註 32〕《穀梁傳注疏》，頁 81。
〔註 33〕《穀梁傳注疏》，頁 38。
〔註 34〕《穀梁傳注疏》，頁 88。
〔註 35〕《穀梁傳注疏》，頁 102。
〔註 36〕《穀梁傳注疏》，頁 103。

「桓無王，其曰王何也？正與夷之卒也〔註37〕。」

《春秋》：「及其大夫孔父。」《穀梁傳》：「孔父先死，其曰及何也？書尊及卑，春秋之義也。孔父之先死何也？督欲弒君，而恐不立，於是乎先殺孔父，孔父閑也〔註38〕。」

案：《春秋》經文應為「二年，春，王正月，戊申，宋督弒其君與夷及其大夫孔父。」但因為與《穀梁傳》合刊時傳文分為二，經文也就分為二條。這說明《穀梁傳》有片段說明的傾向，就是針對經文某部分解釋，可以將同一條《經》、《傳》分開。

（二）僖公三十年《春秋》：「秋，衛殺其大夫元咺。」《穀梁傳》：「稱國以殺，罪累上也。以是為訟君也。衛侯在外，其以累上之辭言之何也？待其殺而後入也。」

《春秋》：「及公子瑕。」《穀梁傳》：「公子瑕，累也。以尊及卑也〔註39〕。」

案：此經文因傳文的發傳，將經文分開為兩條經文。

（三）僖公十五年《春秋》：「三月，公會齊侯、宋公、陳侯、衛侯、鄭伯、許男，盟于牡丘。」《穀梁傳》：「兵車之會也〔註40〕。」

《春秋》：「遂次于匡。」《穀梁傳》：「遂，繼事也。次，止也。有異也〔註41〕。」

案：經文應為「三月，公會齊侯、宋公、陳侯、衛侯、鄭伯、許男，盟于牡丘遂次于匡。」但因傳文將解釋分為兩部分，所以經文也被分別為兩條。

（四）宣公三年《春秋》：「三年，春，王正月，郊牛之口傷。」《穀梁傳》：「之口，緩辭也。傷自牛作也〔註42〕。」

《春秋》：「改卜牛，牛死，乃不郊。」《穀梁傳》：「事之變也。乃者，亡乎人之辭也〔註43〕。」

案：因傳文將解釋分為兩部分，所以經文也被分別為兩條。

（五）宣公十一年《春秋》：「丁亥，楚子入陳。」《穀梁傳》：「入者，內弗受也。日入，惡入者也。何用弗受也？不使夷狄為中國也〔註44〕。」

《春秋》：「納公孫寧、儀行父于陳。」《穀梁傳》：「納者，內弗受也。輔人之

〔註37〕《穀梁傳注疏》，頁 29。
〔註38〕《穀梁傳注疏》，頁 29。
〔註39〕《穀梁傳注疏》，頁 94。
〔註40〕《穀梁傳注疏》，頁 83。
〔註41〕同註 40。
〔註42〕《穀梁傳注疏》，頁 117。
〔註43〕同註 42。
〔註44〕《穀梁傳注疏》，頁 121。

不少＝能民而討猶可。入人之國，制人之上下，使不得其君臣之道不可〔註
45〕。」

案：因傳文將解釋分爲兩部分，所以經文也被分別爲兩條。

　　以上是《春秋》經文與《穀梁傳》傳文合刊時所產生的影響。《穀梁傳》於口傳
時，《春秋》的經文是固定的。而合刊時當《穀梁傳》有一條傳文解釋兩條經文的情
形，合刊者時就會將經文合併爲一條。另外《穀梁傳》針對一條經文有兩部分的解
釋時，合刊者會將經文分開來。這樣的處理方式，優點是讓讀者有比較容易知道傳
文的解釋對象，缺點是改變經文與傳文的原貌。現在的版本會出現經文、傳文的統
計數量不一，也是因爲如何判斷一條經文的標準不同。

〔註45〕同註44。

第三章 《穀梁傳》解經的根源問題

第一節 《穀梁傳》「傳」字的意義

　　第三章所要討論的是《穀梁傳》解經的根源問題，包括第一節對《穀梁傳》「傳」字意義的討論，第二節討論《穀梁傳》的訓詁問題。

　　《穀梁傳》與《春秋》的關係，是一種主從關係，《穀梁傳》是為了解釋《春秋》而產生。而《穀梁傳》是透過什麼方式達到這目的，這就是「傳」的本質。

　　許慎云：

　　　　傳，遽也。從人專聲。

段玉裁注：

　　　　《周禮》：「行夫掌邦國傳遽。」注云：「若今時傳乘騎驛而使者。」……

　　　　凡展轉引伸之稱皆曰傳，而傳注流傳皆是也〔註1〕。

此說明「傳」字有遞相傳授的意思，引伸為傳注的稱呼。但這並無法將《穀梁傳》「傳」字的意義說明清楚。

　　范甯云：

　　　　凡《傳》以通《經》為主〔註2〕。

案：范甯對《傳》的目的，認為以通經為主。

　　鍾文烝云：

　　　　《春秋》之書，事事有其矩，事事從心而為之，不易變易，相因相成，

〔註 1〕（漢）許慎撰，（清）段玉裁注，《說文解字注》（臺北：黎明文化公司，1996 年 8 月），頁 381。

〔註 2〕范甯，〈春秋穀梁傳序〉，《穀梁傳注疏》（臺北：藝文印書館，1997 年 8 月），頁 6。

欲求《春秋》義例者，當知斯意。然則其說如之何？曰：「《穀梁》備矣〔註
3〕。」

案：鍾氏說到《春秋》是一部處處有規矩的書，這些規矩的準則就是義例，而這些
義例的闡述，在《穀梁傳》中是完備的。所以可以說「傳」字的內容就是保存了義
例的說明。

　　鍾文烝又云：

　　　　《經》義則口受於夫子，《經》文則遞相傳錄也。「錄」或作「繆」字，
　　　　蓋誤。考諸董仲舒《春秋繁露》俞序篇有如閔子、子貢、子夏、曾子、子
　　　　石、公肩子、世子、子池之倫，皆以此《經》為授受之業，但其義則徒有
　　　　口說而無書，其有書亦但如穀梁子所引「傳曰」之類，實非專書，蓋自穀
　　　　梁，始有專書矣。

案：此部分鍾氏提出《傳》是保存孔子的經義〔註4〕。

　　日人對「傳」的解釋，把「傳」與中國傳統的注疏之學放一起談，當成一種注
釋，然而「傳」字的解釋方式也不限於一種方式，同時《穀梁傳》與《春秋》之間
並不只是注釋關係，它與《春秋》有更為密切的傳授關係。

　　常石茂認為傳的意思是注釋書〔註5〕。案：注釋是幫助經文的理解。

　　重澤俊郎認為儒家對一定範圍內的古聖典作創造的解釋學〔註6〕。案：創造的
解釋與經文之間，因解釋者有創造性的說明，將經典的內涵更擴大。

　　根本誠認為註疏是對原典解釋，需要考慮原典表現不足的地方加以補足。解釋
原典的方式有對原典批評的註釋，如評註。還有進一步校正，及在原典的基礎上加
新資料，增修等〔註7〕。案：根本誠的說法認為，解釋還包括補充，校正。

〔註3〕鍾文烝，〈論經〉，《春秋穀梁經傳補注》（北京：中華書局，1996年7月），頁13。
〔註4〕鍾文烝，〈論傳〉，《春秋穀梁經傳補注》，頁27。
〔註5〕常石茂、稻田孝，《春秋を讀む》（東京：勁草書房，1988年1月10日），頁3。「『傳』
　　　とは『注釋書』の意で。」
〔註6〕重澤俊郎，〈經學の本質〉，《原始儒家思想と經學》（東京：岩波書店，昭和二十四
　　　年八月二十日），頁195。「儒家が經と呼ぶ所の一定範圍の古聖典に對して為す所の
　　　創造的解釋學なりと謂ふことが出來る。」
〔註7〕根本誠，〈中國思想における訓詁疏註〉，《中國古典思想の研究》（東京：現代アジ
　　　ア出版會，昭和四十六年一月二十日），頁52。「註疏の如きは，原典だけでは解釋
　　　しにくいとか，表現不足だとかに考えられた點を必要だと思われることをもって
　　　補足し，その解釋を理解しやすからしめたものであり，評註の如きは，原典を批
　　　評的に註釋したものであり，新修の如きは，校正を一步進め，原典を基礎に新資
　　　料を加えて，これを增修したり，あるいは再構成したりしたものであるなどこれ
　　　である。けれどもその多くは殆ど原典を認承した上に立っての解釋だとみてよ

　　關口順在分析吉川幸次郎與重澤俊郎二人對於中國經學的認識後以簡單的對比說明吉川幸次郎以訓詁爲重點，重視客觀、是古典學。重澤俊郎則強調新義的創造、重視義理重點，是主觀的、思想的，是經典學〔註8〕。案：這兩者的看法是不同的，解釋的內容因爲注釋原則的歧異，注釋的結果就不同。

　　加賀榮治認爲注釋作成的言語解釋是從史實解釋等的累積〔註9〕。案：加賀榮治補充注釋的解釋是史實解釋的累積，即解釋的來源必須根據前人的解釋所形成的共識。

　　以上說明前人與日人對於中國傳統的經典詮釋的理解與對傳、注疏的一種闡述。這也是這節所要釐清《穀梁傳》「傳」字的問題。

　　另外劉禾從文學理論談重寫的意義，認爲必須提出自己的解釋與歷史的說明，才有重寫的意義。這也說明「傳」如果與《春秋》的說法都一致，價值爲何？事實上《穀梁傳》的解釋或敘述也有著重寫性質，但更重要的是《穀梁傳》明確的知道它的對象爲《春秋》。

　　劉禾說：

　　　　重寫文學史近來成了越來越多的人所關心的問題，但『重寫』意味著什麼？我認爲，僅用一種敘事去取代或是補充另一種敘事似乎不值得那麼大驚小怪，類似的工作有史以來就沒有中斷過。況且任何『寫』都已經是某種程度的重寫。關鍵在能不能對這些敘事（包括準備要寫的）提出自己的解釋與歷史的說明，也就是說『重寫』的大前提在於重新認識現代文學的性質和它的歷史語境〔註10〕。

筆者將《穀梁傳》的傳文加以分析，發現「傳」的意思很豐富，就目的而言，是爲

い。そしてその解釋も理解を求めていることではあるが，いわゆる近代の哲學的な解釋學 Hermeneutic というようなものではなくて，常識的な意味に止まるものである。」

〔註8〕關口順，〈經書觀形成過程の一考察〉，收於山下龍二教授退官紀念《中國學論集》（東京：研文社，平成二年十月二十日），頁467。「この二つの『解釋學』は，經學史を通して見られるその顯著な特質を，おのおの系統的に示している。ます，その特質を簡單に對比してみよう。吉川：解きあかし、訓詁重點、客觀的、學術的、古典學的。重澤：新義の創造、義理重點、主觀的、思想的、經典學的。」

〔註9〕加賀榮治，〈鄭玄の《春秋三傳》解釋について〉，收於《日本中國學會創立五十年記念論文集》（東京：汲古書院，平成十年十月十日），頁361。「注釋を作成し得るだけの言語解釋：史實解釋等の蓄積がなかつたためだ。」

〔註10〕劉禾，《語際書寫～現代思想史寫作批判綱要》（上海：三聯書店，1999年10月），頁191。

了解釋《春秋》。但其方法卻很多種：筆者將之區分為十種類別：包括「定義」〔註11〕、「理由」、「傳例同訓詁」、「說明」、「推論」、「轉而論」、「規定」、「或曰」、「轉語」、「故事」。《穀梁傳》傳文的組成可以區分這十種類別。

一、「定義」：

是指《穀梁傳》所下的定義。這包括對經文文字的定義與一種觀念的定義，如《穀梁傳》隱公元年：「及者何？內為志焉爾。」〔註12〕，如《穀梁傳》隱公元年：「春秋成人之美，不成人之惡〔註13〕。」以這種定義方式發傳的傳文，有三百七十二次。

二、「理由」：

是指《穀梁傳》為解釋而提出一具體肯定的答案，如《穀梁傳》隱公元年「公何以不言即位？成公志也〔註14〕。」以這種說明理由方式發傳的傳文，有三百七十五次。

三、「傳例同訓詁」：

是指《穀梁傳》傳文中對詞句的意義解釋，這些當中有些是與他經共同的解釋，如《穀梁傳》隱公元年「賵者何也？乘馬曰賵、衣衾曰襚、貝玉曰含、錢財曰賻」〔註15〕，有些是《穀梁傳》中特定的說法，因此成為一種傳例，如《穀梁傳》隱公四年「衛人者，眾辭也〔註16〕。」以這種傳例同訓詁方式發傳的傳文，有一百六十九次。

四、「說明」：

是指《穀梁傳》為解釋而補充的說法，是一種不具主觀意識的說明，如《穀梁傳》隱公元年「儀，字也〔註17〕。」以這種說明方式發傳的傳文，有五百一十九次。

五、「推論」：

是指《穀梁傳》在解釋的時候有運用邏輯的推演過程，如《穀梁傳》文公二年「先親而後祖也，逆祀也。逆祀，則是無昭穆也。無昭穆，則是無祖也。無祖，則無天也。故曰文無天，無天者，是無天而行也。君子不以親親害尊尊，此春秋之義

〔註11〕參見論文附錄，《穀梁傳例》。
〔註12〕《穀梁傳注疏》（臺北：藝文印書館，1997年8月），頁10。
〔註13〕《穀梁傳注疏》，頁9。
〔註14〕同註13。
〔註15〕《穀梁傳注疏》，頁11。
〔註16〕《穀梁傳注疏》，頁20。
〔註17〕《穀梁傳注疏》，頁10。

也。」或用判斷的方式，如「救者善，則伐者不正矣〔註18〕。」以這種推論方式發傳的傳文，有二十五次。

六、「轉而論」：

是指《穀梁傳》中間，有些在原論述中接著談另一個問題，如桓公四年《春秋》：「四年，春，正月，公狩于郎〔註19〕。」《穀梁傳》：「四時之田，皆爲宗廟之事也。春曰田、夏曰苗、秋曰蒐、冬曰狩。四時之田用三焉，唯其所先得，一爲乾豆，二爲賓客，三爲充君之庖〔註20〕。」以這種轉而論方式發傳的傳文，有二百零五次。

七、「規定」：

是用禮制爲準則來規範的標準，如《穀梁傳》隱公元年「禮，賵人之母則可，賵人之妾則不可〔註21〕。」以這種規定方式發傳的傳文，有一百五十四次。

八、「或曰」：

是指除了傳文本身，另有引他人說法的都稱或曰，如隱公二年《春秋》：「紀子伯、莒子，盟于密。」《穀梁傳》：「或曰：紀子伯、莒子，而與之盟。或曰：年同、爵同，故紀子以伯先也〔註22〕。」以這種或曰方式發傳的傳文，有五十五次。

九、「轉語」：

是指經文原本不是這樣子寫，而因爲避諱等原因而改寫，《穀梁傳》會將理由說出來，如隱公元年《春秋》：「夏，五月，鄭伯克段于鄢。」《穀梁傳》：「克者何？能也。何能也？能殺也。何以不言殺？見段之有徒眾也〔註23〕。」以這種轉語方式發傳的傳文，有一百四十八次。

十、「故事」：

是指《穀梁傳》直接用故事的敘述方式呈現經文的背景，如《穀梁傳》僖公三十三年「秦伯將襲鄭。百里子與蹇叔子諫曰：『千里而襲人，未有不亡者也。』秦伯曰：『子之冢木已拱矣，何知？』師行。百里子，與蹇叔子，送其子而戒之曰：『女死必於殽之巖唫之下，我將尸女於是。』師行。百里子與蹇叔子隨其子而哭之，秦伯怒曰：『何爲哭吾師也。』二子曰：『非敢哭師也，哭吾子也，我老矣，彼不死，則我死矣。』晉人與姜戎，要而擊之殽，匹馬隻輪無反者〔註24〕。」以這種故事方

〔註18〕《穀梁傳注疏》，頁99。
〔註19〕《穀梁傳注疏》，頁31。
〔註20〕同註19。
〔註21〕《穀梁傳注疏》，頁11。
〔註22〕《穀梁傳注疏》，頁14。
〔註23〕《穀梁傳注疏》，頁10。
〔註24〕《穀梁傳注疏》，頁95。

式發傳的傳文，有二十七次。

從傳文分析結果，可以發現《穀梁傳》的發傳方式是複合型的發傳。「傳」字的意義就包含這十種方式。然而主要的部分是「說明」與「理由」，筆者先就這構成《穀梁傳》內容的主要方式來說明。

一、《穀梁傳》中的「說明」

（一）隱公三年《春秋》：「夏，四月，辛卯，尹氏卒。」《穀梁傳》：「尹氏者何也？天子之大夫也〔註25〕。」

　案：這部分的傳文是將尹氏的身份說明出來。若非天子的大夫，按《穀梁傳》的定義，外大夫不書卒，所以將尹氏的身份說明則知道其被書寫下來的原因。

（二）隱公三年《春秋》：「秋，武氏子來求賻。」《穀梁傳》：「武氏子者何也？天子之大夫也〔註26〕。」

　案：這部分的傳文是將武氏子的身份說明出來。既然是天子的大夫，卻不稱大夫的稱謂，而直接稱姓氏，是因為天子服喪未畢，還未稱王。所以不能指派大夫出使。若無這身份的說明，武氏子將不知為何人、何身份，貶天子的意義就無法彰顯。

（三）隱公五年《春秋》：「秋，衛師入郕。」《穀梁傳》：「郕，國也〔註27〕。」

　案：《穀梁傳》說明衛人入郕，是入他國。入有貶意，因為諸侯之間有正常的朝會盟見之禮，所以書入他國是非友好的表示。

（四）隱公五年《春秋》：「螟。」《穀梁傳》：「蟲災也〔註28〕。」

　案：《穀梁傳》說明「螟」字代表蟲災，後人范甯隨傳文意思沒有另外的解釋，若沒有傳文說明，則「螟」字的意義，後人解經會有不同的理解。如《公羊傳》：「何以書？記災也。」何休云：「隱公張百金之魚，設苛令急治，以禁民之所致。」何休解釋發生災的原因是隱公的行為導致。當《穀梁傳》純粹只說明「螟」字的意義是自然災害，就不會產生過度的解釋。

（五）隱公七年《春秋》：「滕侯卒。」《穀梁傳》：「滕侯無名〔註29〕。」

　案：此傳文說夷狄的制度，夷狄國君，少曰世子，長曰君。不正的夷狄國君才會有名。此滕侯卒不書名，是因為這位滕侯是嫡長，所以無名，是正的。

〔註25〕《穀梁傳注疏》，頁 15。
〔註26〕《穀梁傳注疏》，頁 15。
〔註27〕《穀梁傳注疏》，頁 21。
〔註28〕同註 27。
〔註29〕《穀梁傳注疏》，頁 22。

（六）隱公七年《春秋》：「冬，天王使凡伯來聘。戎伐凡伯于楚丘以歸。」《穀梁傳》：
「凡伯者何也？天子之大夫也〔註30〕。」

案：傳文說明凡伯代表天子來聘，其身份是天子的大夫。爲尊天子，將戎捉了凡
伯一人書寫成伐國的伐。以表明天子派的大夫就像一個諸侯國般重要。

（七）隱公七年《春秋》：「冬，天王使凡伯來聘。戎伐凡伯于楚丘以歸。」《穀梁傳》：
「楚丘，衛之邑也〔註31〕。」

案：《穀梁傳》說明楚丘是衛的城邑，又說明戎將凡伯帶回衛國，以見戎並非是
戎，而是衛國的貶稱。

（八）隱公八年《春秋》：「辛亥，宿男卒。」《穀梁傳》：「宿，微國也〔註32〕。」

案：《穀梁傳》說明宿男之宿，是微國之名，其以國爲氏，當爲宿國之君。

（九）桓公元年《春秋》：「鄭伯以璧假許田。」《穀梁傳》：「許田者，魯朝宿之邑也
〔註33〕。」

案：鄭伯用璧來換魯國的地，《穀梁傳》說明這地是魯國朝見天子，前一晚夜宿
的地方。強調魯不朝於周。

（十）桓公元年《春秋》：「冬，十月。」《穀梁傳》：「春秋編年，四時具而後爲年〔註
34〕。」

案：《穀梁傳》說明《春秋》編年，四時都要記載。

　　以上這些是從傳文中分析並將之分類爲「說明」。《穀梁傳》這些「說明」不是
一種義例或微言大義，但是這些傳文卻是《穀梁傳》最多的發傳形式。這就是說，《穀
梁傳》有一部分是交代書寫褒貶的標準，但是有更多的說明，是要讓讀經者能進入
《春秋》經文的情境、背景。當這些人物身份都知道後，從「定義」、「規定」的標
準，就可以去判斷經文爲何要寫的理由。如果去除這些說明，《春秋》的人，身份就
無法明白，也就無法判斷是否有僭越或違背身分的行爲。

二、《穀梁傳》中的「理由」

（一）隱公七年《春秋》：「齊侯使其弟年來聘。」《穀梁傳》：「其弟云者，以其來接
於我，舉其貴者也〔註35〕。」

〔註30〕《穀梁傳注疏》，頁 23。
〔註31〕同註 30。
〔註32〕同註 30。
〔註33〕《穀梁傳注疏》，頁 28。
〔註34〕《穀梁傳注疏》，頁 29。
〔註35〕《穀梁傳注疏》，頁 23。

案：《穀梁傳》有規定諸侯之尊，弟兄不得以屬通。從此來看，經文是貶齊侯之
弟年，但因爲其來聘於魯國，故表明其身份的尊貴，使魯國也是尊貴的。

（二）隱公七年《春秋》：「冬，天王使凡伯來聘。戎伐凡伯于楚丘以歸。」《穀梁傳》：
「國而曰伐，此一人而曰伐何也？大天子之命也〔註36〕。」

案：《穀梁傳》定義是國而曰伐，凡伯一人又非國家，爲何經文書寫伐凡伯？理
由是爲了大天子之命。

（三）隱公九年《春秋》：「庚辰，大雨雪。」《穀梁傳》：「八日之間，再有大變，陰
陽錯行，故謹而日之也〔註37〕。」

案：《穀梁傳》將爲何書日的理由說明出來，這說明的理由是具體的。若不將理
由說明出來，就無法理解《春秋》書日的原因，以爲只是記載日期的符號。

（四）隱公九年《春秋》：「俠卒。」《穀梁傳》：「隱不爵大夫何也？曰：不成爲君也
〔註38〕。」

案：俠是魯國的大夫，但爲何不稱其爲大夫？理由是魯隱公並不當自己是即位的
國君，他只是暫替桓公的職位，他將讓位與桓公，所以不命俠爲大夫。

（五）隱公十年《春秋》：「辛巳，取防。」《穀梁傳》：「取邑不日，此其日何也？不
正其乘敗人而深爲利，取二邑，故謹而日之也〔註39〕。」

案：《穀梁傳》說明爲何書日的理由。說明魯公乘人戰敗，貪利，連取宋國二邑。
此書日是有義的。

（六）桓公二年《春秋》：「冬，公自至唐。」《穀梁傳》：「桓無會而其致何也？遠之
也〔註40〕。」

案：桓公弑隱公，爲了貶斥桓公，凡其外會盟皆不書致宗廟，即不將告廟之事書
寫出來，表達宗廟不接受弑君、弑兄之人。但桓公出遠門與夷狄盟，是有危
險的。從魯國立場言，桓公雖不正，卻也不容魯國國君有危險，所以書其致
宗廟，表示平安歸來。

（七）桓公三年《春秋》：「公會齊侯于讙。夫人姜氏至自齊。」《穀梁傳》：「其不言
翬之以來何也？公親受之于齊侯也〔註41〕。」

案：因爲是公子翬到齊國迎夫人文姜，所以《穀梁傳》解釋爲何回到魯國時不說

〔註36〕同註35。
〔註37〕《穀梁傳注疏》，頁25。
〔註38〕《穀梁傳注疏》，頁25。
〔註39〕同註38。
〔註40〕《穀梁傳注疏》，頁30。
〔註41〕《穀梁傳注疏》，頁31。

公子翬回來？理由是魯公親自到魯國邊界迎接文姜，同時與齊侯會面。魯君親迎為重，故公子翬就略而不提。

（八）桓公五年《春秋》：「春，王正月，甲戌、己丑，陳侯鮑卒。」《穀梁傳》：「鮑卒何為以二日卒之？春秋之義，信以傳信，疑以傳疑。陳侯以甲戌之日出，己丑之日得，不知死之日，故舉二日以包也〔註42〕。」

案：《穀梁傳》將經文書寫兩個日期的理由說明。若傳文沒有將書二日的理由揭示，則後人無法知道為何這經文書寫兩次日期的原因。

（九）桓公五年《春秋》：「冬，州公如曹。」《穀梁傳》：「外相如不書。此其書何也？過我也〔註43〕。」

案：《穀梁傳》的定義是其他諸侯國的大夫出使，《春秋》不書。這條經文之所以書寫的理由是州公經過魯國的國境，所以書寫下來。

（十）桓公六年《春秋》：「蔡人殺陳佗。」《穀梁傳》：「其曰陳佗何也？匹夫行，故匹夫稱之也〔註44〕。」

案：陳佗是陳國之君，卻以陳佗言之，是因為他做了匹夫才會做的事，故以匹夫之名稱之，不稱陳侯。

「理由」，就像是問答過程中提出解答般。這些理由不是定義、規定，它是一種說法，是具體的。它能解決許多經文書寫的原因。

《穀梁傳》的傳文解經方式有一半是說明與理由。因此可知「傳」字並非只解釋義例，也不只是單字的注釋，它有較多的部分是「說明」。這並不是說義例或訓詁不重要，而是將《穀梁傳》「傳」字的意義，還原它本身的性質。就《穀梁傳》的「傳」字而言，是複合型的解經，然而主要是透過「說明」與「理由」的形式來發傳。

第二節　《穀梁傳》的訓詁

《穀梁傳》的傳文其解釋有否遵循文字的本義，還是多隨文釋義、因文生義？這是此章節所要解決的問題。《穀梁傳》的傳文中有許多文字的訓解，透過這些訓解能明白當時文字使用的意義。而對文字意義的解釋，可透過訓詁的方法來確定文字意義使用的情形，如是否為最早的使用者？是否具普遍性？是否是範圍內的特殊解釋等。

〔註42〕《穀梁傳注疏》，頁32。
〔註43〕《穀梁傳注疏》，頁33。
〔註44〕同註43。

許愼云：

蓋文字者，經藝之本，王政之始，前人所以垂後，後人所以識古〔註45〕。

文字是意義傳遞的媒介，而文字的意義因解說不同會有不同的理解，漢代古文經出自孔壁，異於當時通行之隸書，因而今、古文家各據一說。許愼所以蒐羅篆文、古籒、群籍，編纂成《說文解字》一書，以闡明文字條例與文字正確的訓詁。〔註46〕所以當用《穀梁傳》的字義與許愼《說文解字》的字義比較，可以看出字義是否有變化，與《穀梁傳》的訓解是否是通行的解釋。

《穀梁傳》有很多的字詞、字義的說明，這些成爲這本書底下必須統一的規定，因此當閱讀《穀梁傳》時，將這些說法提出與其他對字詞、字義的解釋可以比較出，這是《穀梁傳》的專門用法，還是合理的訓詁。

以下就《穀梁傳》中訓詁的部分舉例分析：

（一）隱公元年《春秋》：「三月，公及邾儀父盟于眛。」《穀梁傳》：「父，猶傅也。男子之美稱也〔註47〕。」

案：《說文》於父字下云：

父，巨也。家長率教者。從又舉杖〔註48〕。

《說文》於甫字下云：

甫，男子之美稱也。從用父，父亦聲。

段玉裁注：

《春秋》：「公及邾儀父盟于蔑。」《穀梁傳》曰：「儀，字也。父，猶傅也。男子之美稱也。」《士冠禮》：「字辭曰：伯某甫仲叔季，惟其所當注，伯仲叔季，長幼之稱。甫是丈夫之美稱。」按：甫者，男子美稱。某甫者，若言尼甫、嘉甫、孔甫。……凡男子皆得稱之，以男子始冠之稱，引伸爲始也，又引伸爲大也。……甫亦通用父，同音假借也〔註49〕。

《說文》於傅字下云：

傅，相也。從人尃聲。」段玉裁注：「《左傳》：『鄭伯傅王。注曰：傅，相也。賈子曰：『傅，傅之德義，古假借爲敷字。』如禹敷土，亦作禹傅

〔註45〕（漢）許愼撰，（清）段玉裁注，《說文解字注》，頁771。

〔註46〕陳新雄，〈說文解字之條例〉，《木鐸》第十期（臺北：中國文化大學中文系，1984年6月），頁51～52。

〔註47〕《穀梁傳注疏》，頁10。

〔註48〕（漢）許愼撰，（清）段玉裁注，《說文解字注》，頁116。

〔註49〕（漢）許愼撰，（清）段玉裁注，《說文解字注》，頁129。

土是也。亦爲今之附近字，如凡言附著是也。』〔註50〕」

范甯云：

> 傳，師傳〔註51〕。

王鳳陽說：

> 夫和父古同源，都是成年男子的稱呼。分化的夫，側重於指壯年的男子，父則指老年男子。……上古時代是尊老的時代，正因爲如此，老年男子的稱呼也就成爲老年男子的敬稱，以至於成爲男子的美稱。」又「甫作爲古代男子名字下的美稱，其實是父的分化字，當父成爲男性長輩通稱之後，爲區別，作爲男子美稱的父，就經常寫作甫了〔註52〕。」

由是可知，至漢代許愼時，父與甫的使用已有分別，而《穀梁傳》保留父字，因意義的擴展過程中，一字多義的現象。而「傳」字的解釋，《說文解字》解釋爲「相」，是在旁輔助的意思，段注舉《左傳》「鄭伯傳王」，意爲入朝廷輔佐王事。是動詞。范甯直接說是師傳，指的是身份。因爲除了《尚書·周官》有明文：「太師、太傳、太保，茲惟三公……少師、少傳、少保曰三孤。」的說法外，「傳」字在《穀梁傳》襄公三十年：「婦人之義，傳母不在，宵不下堂。」指的是伴隨夫人，教導禮節的隨從〔註53〕。因此范甯將「傳」字義解釋成師傳。此是與《說文解字》略有不同，但也可說字義於全文的脈絡中解釋比較能符合文意。同時最重要的是《穀梁傳》將兩個不同的解釋都放到「父」字底下來解釋，說明既有輔佐王事的臣子身份，同時也是一種對邾儀父加以稱讚，以男子之美稱來書寫。

（二）隱公元年《春秋》：「秋，七月，天王使宰咺，來歸惠公仲子之賵。」《穀梁傳》：

> 「賵者何也？乘馬曰賵、衣衾曰襚、貝玉曰含、錢財曰賻〔註54〕。」

案：《說文解字》未收賵、賻二字。

王鳳陽說：

> 賵、賻都是送給喪家的幫助辦喪事的禮物。《荀子·大略》：『貨財曰賻，輿馬曰賵。』〔註55〕」

案：荀子說法與《穀梁傳》同。

《說文》於襚字下云：

〔註50〕（漢）許愼撰，（清）段玉裁注，《說文解字注》，頁376。

〔註51〕《穀梁傳注疏》，頁10。

〔註52〕王鳳陽，《古辭辨》（長春：吉林文史出版社，1993年6月），頁351～352。

〔註53〕王鳳陽，《古辭辨》，頁387～388。

〔註54〕《穀梁傳注疏》，頁11。

〔註55〕《荀子》（臺北：中華書局，1983年4月）卷十九，頁4。

襚，衣死人也。從衣遂聲。春秋傳曰：『楚使公親襚。』」段玉裁注：
「《士喪禮》：『君使人襚。』注襚之言遺也。《公羊傳》曰：『車馬曰賵，
貨財曰賻，衣被曰襚。』注襚猶遺也。遺是助死之禮。知生者賵、賻，知
死者贈襚〔註56〕。

《說文》於含字下云：

含，嗛也。從口今聲。

段注：

《禮樂志》：『吟青黃』以吟爲含〔註57〕。

王鳳陽說：

嗛是猿猴類的頰囊，猴類取食先儲於頰囊中，所以含也表示人將食物
放在嘴裏〔註58〕。

從以上所言，《穀梁傳》與《士喪禮》的說法一致。而《說文解字》未收賵、賻二字，
含字有關喪事的用法也未明言。

（三）隱公三年《春秋》：「三月，庚辰，天王崩。」《穀梁傳》：「高曰崩、厚曰崩、
　　　尊曰崩，天子之崩，以尊也〔註59〕。」

　案：《說文》於崩字下云：

崩，山壞也。從山朋聲。

段注：

引伸之天子死曰崩〔註60〕。

范甯說明：

「高曰崩」如梁山崩、「厚曰崩」如沙鹿崩〔註61〕。

由是可知，崩字由許愼說「山壞」是其本義，引伸至天子卒，因天子尊貴而以崩書
之。

（四）隱公三年《春秋》：「秋，武氏子來求賻。」《穀梁傳》：「歸死者曰賵，歸生者
　　　曰賻〔註62〕。」

　案：此《穀梁傳》所言與何休說法不同，何休云：

〔註56〕（漢）許愼撰，（清）段玉裁注，《說文解字注》，頁401。
〔註57〕（漢）許愼撰，（清）段玉裁注，《說文解字注》，頁56。
〔註58〕王鳳陽，《古辭辨》，頁748。
〔註59〕《穀梁傳注疏》，頁15。
〔註60〕（漢）許愼撰，（清）段玉裁注，《說文解字注》，頁445。
〔註61〕同註59。
〔註62〕《穀梁傳注疏》，頁15。

　　　　賵猶覆也。賻猶助也。皆助生送死之禮。襚猶遺也。遺是助死之禮。

　　知生者，賵、賻，知死者，贈、襚〔註63〕。

然二者藉此訓解保留當時禮制。

（五）隱公四年《春秋》：「冬，十有二月，衛人立晉。」《穀梁傳》：「衛人者，眾辭
　　　也。……得眾也〔註64〕。」

　案：《說文》於人字下云：

　　　　人，天地之性，最貴者也。此籀文象臂脛之形。凡人之屬皆從人〔註65〕。

　案：《穀梁傳》將人解爲眾人，就是很多衛國人。人是普遍不分的代稱用法。

（六）隱公五年《春秋》：「五年，春，公觀魚于棠。」

　　　《穀梁傳》：「常事曰視，非常曰觀〔註66〕。」

　案：《說文》於視字下云：

　　　　視，瞻也。從見示聲〔註67〕。

《說文》於見字下云：

　　　　見，視也。從目人，凡見之屬皆從見〔註68〕。

《說文》於觀字下云：

　　　　觀，諦視也。從見雚聲〔註69〕。

段注：

　　　　審諦之視也。《穀梁傳》曰：『常事曰視，非常曰觀。』凡以我諦視物
　　　曰觀，使人得以諦視我亦曰觀。猶之以我見人，使人見我皆曰視。一義之
　　　轉移，本無二音也。而學者強爲分別，乃使《周易》一卦而平去錯出，支
　　　離殆不可讀，不亦固哉〔註70〕。

由以上所知，許愼雖分別「視」與「觀」不同，但並非如同《穀梁傳》的分法。且
段注以爲是學者強爲分別。而從字書來說《穀梁傳》或有強爲分別的情形，但若從
《穀梁傳》爲建立《春秋》經文的書寫凡例來說，表明此書中的規定是必須的，也
是透過《穀梁傳》理解《春秋》時必須認同的。

〔註63〕《公羊傳注疏》（臺北：藝文印書館，1997年8月），頁28。
〔註64〕《穀梁傳注疏》，頁20。
〔註65〕（漢）許愼撰，（清）段玉裁注，《說文解字注》，頁369。
〔註66〕《穀梁傳注疏》，頁21。
〔註67〕（漢）許愼撰，（清）段玉裁注，《說文解字注》，頁412。
〔註68〕同註67。
〔註69〕同註67。
〔註70〕同註67。

（七）隱公五年《春秋》：「秋，衛師入郕。」《穀梁傳》：「將卑師眾，曰師〔註71〕。」
　　案：《說文》於師字下云：

　　　　師，二千五百人爲師。從帀。自，四帀，眾意也。」段注：「《小司徒》曰：
　　『五人爲伍，五伍爲兩，五兩爲卒，五卒爲旅，五旅爲師。』師眾也。京師者，
　　大眾之稱，眾則必有主之者〔註72〕。

《穀梁傳》以將卑師眾曰師。除定義「師」是眾辭外，多一項條件，就是將卑。范
甯注：「將卑，非卿〔註73〕。」而這也是《穀梁傳》所特定的訓解。
（八）隱公五年《春秋》：「九月，考仲子之宮。」《穀梁傳》：「考者何也？考者，成
　　　之也，成之爲夫人也〔註74〕。」
　　案：《說文》於考字下云：

　　　　考，老也。從老省丂聲。

段注：

　　　　凡言壽考者，此字之本義也。引伸之爲成也。凡《禮記》『皇考』，《春
　　秋》『考仲子之宮』皆是也〔註75〕。

范甯云：

　　　　立其廟，世祭之。成夫人之禮〔註76〕。

由上可知，許慎說考之本義爲老也。而段注說引伸爲「成」也。然所引之例取《禮
記》、《穀梁傳》，因此從《禮記》、《穀梁傳》的說法可知其說是用「成」字解，並可
能是現在可見將考字作成字解的最早文字記錄。因此《穀梁傳》有些似乎強爲之解
的訓解也應當重新檢視，或許古書用法即有如此解，非解經人強爲之解。
（九）隱公五年《春秋》：「初獻六羽。」《穀梁傳》：「初，始也〔註77〕。」
　　案：《說文》於初字下云：

　　　　初，始也。從刀衣，裁衣之始也。

段注：

　　　　裁，製衣也。製衣以鍼，用刀則爲製之始。引伸爲凡始之稱〔註78〕。

〔註71〕《穀梁傳注疏》，頁21。
〔註72〕（漢）許慎撰，（清）段玉裁注，《說文解字注》，頁275。
〔註73〕《穀梁傳注疏》，頁20。
〔註74〕《穀梁傳注疏》，頁21。
〔註75〕（漢）許慎撰，（清）段玉裁注，《說文解字注》，頁402。
〔註76〕同註74。
〔註77〕《穀梁傳注疏》，頁21。
〔註78〕（漢）許慎撰，（清）段玉裁注，《說文解字注》，頁180。

《說文》於始字下云：

　　　始，女之初也。從女台聲。

段注：

　　　　　《釋詁》曰：『初，始也。』此與初爲互訓，初、裁皆衣之始也。基

　　　者，牆之始也〔註79〕。

案：初，始也。是當時已固定的說法。

（十）隱公五年《春秋》：「宋人伐鄭圍長葛。」《穀梁傳》：「苞人民、毆牛馬，曰侵

　　　〔註80〕。」

　　案：《說文》於侵字下云：

　　　漸進也。從人又持帚，若掃之進。又，手也。」

段注：

　　　　　漸當作，漸漸進也。侵之言駸駸也。水部，浸淫隨理也。浸淫亦作侵

　　　淫，又侵陵亦漸逼之意。《左傳》曰：「無鐘鼓曰侵。」《穀梁傳》曰：「苞

　　　人民、毆牛馬，曰侵。」《公羊傳》曰：「觕者曰侵，精者曰伐。」又《穀

　　　梁傳》曰：「五穀不升謂之大侵〔註81〕。」

范甯云：

　　　制其人民，毆其牛馬，賊去之後則可還反〔註82〕。

案：侵字，本義爲漸進。段注言漸逼。而《左傳》、《公羊傳》、《穀梁傳》則將侵字
解釋於戰爭時一種實際動作的解釋。

（十一）隱公五年《春秋》：「宋人伐鄭圍長葛。」《穀梁傳》：「斬樹木、壞宮室，曰
　　　　　伐〔註83〕。」

　　案：《說文》於伐字下云：

　　　伐，擊也。從人執戈。一曰敗也。亦斫也。

段注：

　　　　　伐謂擊刺之。按此伐之本義也，引伸之乃爲征伐。《左傳》：「擊之以

　　　戈是也。

引伸之義伐敗。《穀梁傳》曰：「斬樹木、壞宮室，曰伐。」敗者，毀也〔註84〕。

〔註79〕（漢）許慎撰，（清）段玉裁注，《說文解字注》，頁623。
〔註80〕《穀梁傳注疏》，頁22。
〔註81〕（漢）許慎撰，（清）段玉裁注，《說文解字注》，頁378。
〔註82〕《穀梁傳注疏》，頁22。
〔註83〕同註82。
〔註84〕（漢）許慎撰，（清）段玉裁注，《說文解字注》，頁385。

范甯云：

　　樹木斬不復生，宮室壞不自成，故其危害重也〔註85〕。

《穀梁傳》對伐字的解釋與侵字相對，但程度不同、對象不同，因此不純然只是言征伐、戰爭，而是達到這條件才是伐。

（十二）隱公六年《春秋》：「春，鄭人來輸平。」《穀梁傳》：「輸者，墮也〔註86〕。」

　　案：《說文》於輸字下云：

　　　　輸，委輸也。從車俞聲。

段注：

　　　　　　委者，委隨也。委輸者，委隨書寫也。引申之，凡傾寫皆曰輸。輸於彼則彼贏，而此不足，故勝負曰贏輸。不足則如墮壞然。故《春秋》：「鄭人來輸平」《公羊》、《穀梁》皆曰：「輸者，墮也〔註87〕。」

對段注而言，輸者，墮也。是引伸義。然《公羊傳》、《穀梁傳》卻都以輸字為墮壞義來解。

（十三）隱公八年《春秋》：「春，宋公、衛侯遇于從垂。」《穀梁傳》：「不期而會曰遇〔註88〕。」

　　案：《說文》於遇字下云：

　　　　遇，逢也〔註89〕。

遇字有逢的意思，而《穀梁傳》訓解「不期而會」是未經安排、偶然的不期而遇。

（十四）隱公九年《春秋》：「春，天王使南季來聘。」《穀梁傳》：「聘，問也〔註90〕。」

　　案：《說文》於聘字下云：

　　　　聘，訪也。從耳甹聲。

段注：

　　　　按女部，曰：聘，問也。二字義略同〔註91〕。

許慎云：

　　　　娉，問也。從女甹聲。

段注：

〔註85〕《穀梁傳注疏》，頁22。
〔註86〕同註86。
〔註87〕（漢）許慎撰，（清）段玉裁注，《說文解字注》，頁734。
〔註88〕《穀梁傳注疏》，頁23。
〔註89〕（漢）許慎撰，（清）段玉裁注，《說文解字注》，頁72。
〔註90〕《穀梁傳注疏》，頁24。
〔註91〕（漢）許慎撰，（清）段玉裁注，《說文解字注》，頁598。

　　　　凡娉女，及聘問之禮，古皆用此字。娉者，專辭也。聘者，汎詞也。

　　經傳既以聘代之，聘行而娉廢矣〔註92〕。

《說文》於問字下云：

　　　　問，訊也。從口門聲。

段注：

　　　　言部曰訊問也。引伸爲禮之聘問也。

　　由上所知，許慎以爲娉字乃聘之古字。而《穀梁傳》則將二字義結合來談，「聘」是天子對諸侯有「聘」禮。而「聘」禮的內容則是「問」諸侯。

（十五）隱公九年《春秋》：「三月癸酉，大雨震電。」

　　《穀梁傳》：「震，雷也〔註93〕。」

　案：《說文》於震字下云：

　　　　震，劈歷振物者。從雨辰聲。《春秋傳》曰：「震夷伯之廟。」

段注：

　　　　劈歷，疾雷之名〔註94〕。

許慎言震以劈歷振物，段注言疾雷。然段注：「《釋天》曰：『疾雷爲霆』，《倉頡篇》曰：『霆，霹靂也。』然則古謂之霆，許謂之震〔註95〕。」所以許慎與段注的說法與《穀梁傳》同。卻與《釋天》、《倉頡篇》不同。

（十六）隱公九年《春秋》：「三月癸酉，大雨震電。」《穀梁傳》：「電，霆也〔註96〕。」

　案：《說文》於電字下云：

　　　　電，激燿也。

段注：

　　　　　　孔沖遠引《河圖》云：『陰陽相薄爲雷，陰激陽爲電，電是雷光。』

　　　《穀梁傳》曰：『電，霆也。』古義霆電不別，許意則統言之。謂之雷，

　　　自其震物言之謂之震。自其餘聲謂之霆。自其光燿辭之電。

《說文》於霆字下云：

　　　　霆，雷餘聲鈴鈴。所以挺出萬物。從雨廷聲〔註97〕。

段玉裁認爲《穀梁傳》保留古義，所以霆、雷不分，到了許慎時則解釋雷說自其震

〔註92〕（漢）許慎撰，（清）段玉裁注，《說文解字注》，頁628。
〔註93〕《穀梁傳注疏》，頁24。
〔註94〕（漢）許慎撰，（清）段玉裁注，《說文解字注》，頁577。
〔註95〕同註94。
〔註96〕同註93。
〔註97〕（漢）許慎撰，（清）段玉裁注，《說文解字注》，頁577。

物言之謂之震，自其餘聲謂之霆。自其光燿謂之電。

　　由以上的例子我們可以發現，《穀梁傳》中的訓詁，有些是與許慎所言的本義相同，但因爲《說文解字》本是後出之作，許慎雖保留漢代所見的古字古義，然來源依段玉裁所舉亦是依據先秦典籍所使用的文義。由是可以發現《穀梁傳》有許多訓詁與本義不同，段玉裁認爲是引伸義，只是先秦典籍，包括《穀梁傳》已有這樣解釋的用法。所以這些無法找出來源的解釋都可當作《穀梁傳》本身的傳例，讀《穀梁傳》必須接受這些傳例，因此筆者稱此傳例同訓詁，便是當這些沒有來源的訓解也是訓詁，因爲都是在解釋單字或單詞的意義。

第四章　《穀梁傳》解經的形式問題

第一節　《穀梁傳》的無傳現象

　　第四章所要討論的是《穀梁傳》解經的形式問題。形式問題是從傳文的外在形式來探討。筆者分為無傳與重發傳和用事件始末釋經與故事釋經四種不同的形式。第一節與第二節從傳文的無傳與重發傳，說明《穀梁傳》如此發傳的意義。第三節與第四節從傳文的發傳除以單條傳文對應單條經文外也可用事件始末的方式來解經，與《穀梁傳》有部分的傳文是以敘述一篇故事的方式發傳，這種形式的意義為何？是這節所要探討的。

　　《春秋》有經文但《穀梁傳》並沒有解釋的情形，這種情形稱為「無傳」。這無傳的原因，應是孔子傳授時未講，或弟子遺漏了。《春秋》經文有一千八百八十八條。《穀梁傳》無傳者，達一千一百五十八條。當閱讀《春秋》遇到無傳，在《穀梁傳》並非無傳文便不得理解《春秋》的意思。因為無傳時若真的很想知《春秋》經文的意思，勉強仍可以將相同經文底下，《穀梁傳》曾有訓解過的傳文來解釋相同的經文文字的意義，將這些相同的例子歸納後，會有共同的原則，這就是「傳例」。《穀梁傳》是有無傳現象，但不會因無傳而不得解經，反而透露傳例的成立。

一、無傳的情形

　　《穀梁傳》的無傳情形，可分為三種。一是《穀梁傳》無傳，二是無事之傳，三是經傳皆無文字。

（一）《穀梁傳》無傳

　　《穀梁傳》並非於每條經文下都有傳文。例如：

1、隱公二年：

《春秋》：「秋八月庚辰，公及戎盟於唐。」

《穀梁傳》無傳〔註1〕。

2、僖公二十七年

《春秋》：「乙巳，公子遂帥師入杞。」

《穀梁傳》無傳〔註2〕。

（二）無事之傳

1、桓公元年

《春秋》：「冬十月」

《穀梁傳》：「無事焉，何以書，不遺時也，春秋編年四時具而後爲年〔註3〕。」

案：此冬十月下無經文，故《傳》無事可解，是無事之《傳》。而《穀梁傳》說
明了經文記載「冬十月」的理由。

（三）經傳皆無文字

1、桓公四年及七年，秋、冬二季，既無經文也無傳文。

若依《穀梁傳》：「無事焉，何以書，不遺時也，春秋編年四時具而後爲年〔註4〕。」
的說法，則桓公四年與七年，秋、冬雖無事，至少要書時以不遺時也，春秋編年四
時具而後爲年。但此二年《春秋》無經文，《穀梁傳》也無傳文，並未說明原因。

2、桓公十四年

《春秋》：「夏五，鄭伯使其弟禦來盟。」

《穀梁傳》：「……孔子曰聽遠音者，聞其疾而不聞其舒，望遠者，察其貌而不
察其形，立乎定、哀以指隱、桓，隱、桓之日遠矣，夏五傳疑也〔註5〕。」

孔子面對「資料」的未書不敢妄添，穀梁子面對《春秋》少一個字也不敢妄添，
而將孔子傳疑的理由說明。

第一種無傳，我們可以透過其他傳例來瞭解，第二種無傳，因爲《穀梁傳》有
說是編年的關係，所以解決了。第三種無傳連經文都沒有，只能存疑。

二、無傳時注疏者的解釋

孔子修《春秋》面對處理前的資料有不了解的「事」，其作法是信以傳信，疑以

〔註1〕《穀梁傳注疏》（臺北：藝文印書館，1997年8月），頁13。

〔註2〕《穀梁傳注疏》，頁92。

〔註3〕《穀梁傳注疏》，頁29。

〔註4〕同註3。

〔註5〕《穀梁傳注疏》，頁39。

傳疑。穀梁子作傳，其方式依循孔子，把孔子如此修的原因說明。即孔子修《春秋》呈現結果，傳文說明理由。就《穀梁傳》的形式問題，無傳或不發傳似乎只需從《春秋》與《穀梁傳》來談。但從《穀梁傳》底下范甯與楊士勛的注疏，我們發現這個問題他們已經有解決的方式，替經文找出理由，並加以解釋。

（一）桓公二年

　　《春秋》：「滕子來朝。」

　　《穀梁傳》無傳。

　　范甯云：「隱十一年稱侯，今稱子蓋時王所黜。」

　　楊士勛云：「釋曰周公之制爵有五等，所以疑其黜陟，今傳無貶爵之文，明降爵非春秋之義，又且此時周德雖衰，尚為天下宗主，滕今降爵明是時王所黜〔註6〕。」

　　案：《穀梁傳》無傳，范甯提出為時王所黜，楊士勛隨范甯發議論。

（二）桓公十五年

　　《春秋》：「秋九月鄭伯突入於櫟。」

　　《穀梁傳》無傳。

　　范甯云：「櫟，鄭邑也。突不正書入，明不當受。」

　　楊士勛云：「觀范之注其事必然，但舊無此解，不敢定或當以惡入者，即內不當受，傳文互舉之，其實不異，理亦通耳〔註7〕。」

　　案：此經無傳，范甯從其他傳文「入者，內弗受也。」來解釋入字。這就是運用傳例，楊士勛雖不完全認同，但范甯用的是傳文，所以說理亦可通。

（三）桓公十六年

　　《春秋》：「夏，四月，公會宋公、衛侯、陳侯、蔡侯，伐鄭。」

　　《穀梁傳》無傳。

　　范甯云：「蔡常在衛上，今序陳下蓋後至。」

　　楊士勛云：「釋曰桓五年蔡人、衛人、陳人從王伐鄭，此春公會宋公、蔡侯、衛侯于曹，是蔡常在衛上，今在下故知後至〔註8〕。」

　　案：楊士勛隨范甯的說法，但說法是推論出來的。

　　當《穀梁傳》無傳時，注疏者有些可以找出充分的理由加以解釋，但因為無傳文的保證，有些解釋他們自己也會存疑。注疏者，決定所要解釋的對象，決定解釋

〔註6〕《穀梁傳注疏》，頁29。

〔註7〕《穀梁傳注疏》，頁40。

〔註8〕《穀梁傳注疏》，頁41。

的內容、方向、角度，但大原則仍需依循經文。

（四）桓公八年

《春秋》：「天王使家父來聘。」

《穀梁傳》無傳。

范甯云：「家父天子大夫。家氏，父字。」

楊士勛云：「釋曰何休云中大夫故不稱伯仲，范意或然〔註9〕。」

案：《穀梁傳》無傳，范甯有解釋，楊士勛有補充。

（五）桓公十七年

《春秋》：「葵巳，葬蔡桓侯。」

《穀梁傳》無傳。

范甯云：「徐邈曰葬者臣子之事，故書葬者皆以公配謚，此稱侯蓋蔡臣子失禮，故即所稱以示過。」

楊士勛云：「釋曰何休云蔡季賢而桓侯不能用故貶之。杜預云疑謬誤，范以爲臣子失禮稱侯，既就其所稱以示過，三傳無文，各以意說〔註10〕。」

案：楊士勛面對無傳時亦不敢以范甯爲是，因無傳文來保證范甯是對的。但也由此來讓注疏者有機會來體會，經文原意或《穀梁傳》會如何解釋。

三、《穀梁傳》無傳的解決方法

面對《穀梁傳》無傳時，注疏者如范甯以推論的方式或引他人的說法來解釋，楊士勛用制度來解釋外，還可以用《穀梁傳》本身歸納出來的「傳例」來解釋。

（一）隱公二年：

《春秋》：「秋八月庚辰，公及戎盟於唐。」

《穀梁傳》無傳〔註11〕。

案：《穀梁傳》雖無傳，但隱公元年三月《春秋》：「公及邾儀父盟于昧。」《穀梁傳》：「及者，內爲志焉爾〔註12〕。」又云：「不日，其盟渝也〔註13〕。」由此可知，「及」字表示魯公是主動提及這次盟會的人。「書日」是表示此次盟會並未渝也。因此可以從這兩種「傳例」的解釋來理解這次會盟的情形。

〔註 9〕《穀梁傳注疏》，頁 36。

〔註10〕《穀梁傳注疏》，頁 41。

〔註11〕《穀梁傳注疏》，頁 13。

〔註12〕《穀梁傳注疏》，頁 10。

〔註13〕同註 12。

（二）桓公十一年

《春秋》：「十有一年，春，正月齊人、衛人、鄭人，盟於惡曹。」

《穀梁傳》無傳〔註14〕。

此條經文《穀梁傳》無解釋，但透過傳例也可以解釋明白。

1、「不日，其盟渝也。」隱元年三月《春秋》：「公及邾儀父盟于眛。」《穀梁傳》：「不日，其盟渝也〔註15〕。」

2、「卑者之盟不日」，隱元年九月《春秋》：「及宋人盟于宿。」《穀梁傳》：「及者何？內卑者也。宋人外卑者也。卑者之盟不日〔註16〕。」

3、「諸侯三盟」，隱八年秋七月《春秋》：「庚午，宋公、齊侯、衛侯，盟于瓦屋。」《穀梁傳》有：「外盟不日，此其日何也？諸侯之參盟於是始故謹而日之也〔註17〕。」此參盟非始例，故不須書日。

4、「惡曹爲某地」，桓元年四月《春秋》：「丁未，公及鄭伯盟于越。」《穀梁傳》：「及者內爲志焉爾。越，盟地之名也〔註18〕。」惡曹爲盟之地名也。

5、「舉正月謹始也」，隱元年《春秋》：「春王正月。」《穀梁傳》：「雖無事必舉正月，謹始也。」范甯：「隱公之始年，周王之正月〔註19〕。」

6、「不書王」，范甯：「桓有月無王，以見不奉王法爾〔註20〕。」

7、「首月書時」，桓公元年《春秋》：「冬，十月。」《穀梁傳》：「無事焉，何以書？不遺時也，春秋編年四時具而後爲年〔註21〕。」

由以上的「傳例」可以將《春秋》的經文加以解釋，並有所據。

（三）僖公二十七年

《春秋》：「乙巳，公子遂帥師入杞。」

《穀梁傳》無傳。〔註22〕

但隱公元年《春秋》：「夏五月，莒人入向。」《穀梁傳》：「入者，內弗受也。」〔註23〕、隱公二年《春秋》：「無侅帥師入極。」《穀梁傳》：「入者，內弗受也〔註24〕。」

〔註14〕《穀梁傳注疏》，頁37。
〔註15〕《穀梁傳注疏》，頁10。
〔註16〕《穀梁傳注疏》，頁11。
〔註17〕《穀梁傳注疏》，頁24。
〔註18〕《穀梁傳注疏》，頁29。
〔註19〕《穀梁傳注疏》，頁9。
〔註20〕同註18。
〔註21〕同註20。
〔註22〕《穀梁傳注疏》，頁92。
〔註23〕《穀梁傳注疏》，頁10。

可知「入」是「內弗受」。

由是可知，《穀梁傳》確有無傳的情形，且為數不少。經過分析有三種類型，只有第一種的無傳我們需要去解決。後來的《穀梁傳》注疏者也有對無傳的地方作註解，只是有些是推論，並沒有確切的證據，所以筆者從相同的傳例來解釋無傳的部分，應是比較安全保守的。

第二節　《穀梁傳》的重發傳現象

重發傳的意思為傳文相同的文字重複出現。並不是所有相同經文文字底下都會有相對的傳文發傳。例如，會、盟、入、伐、會、及等出現的次數很多，但傳文卻不會每次都發傳。這表示重複出現相同文字的傳文應有特殊的意義。筆者將重發傳的現象區別為兩種情形，一是造成文義上的加強效果，一是文字雖同，但意義不同所以重發傳。

一、造成文義上的加強效果

例如文姜出會，《春秋》記錄了文姜出境的事，達七次，這在《春秋》的經文中只有此例。《穀梁傳》則以「婦人既嫁不踰竟」來發傳，說明文姜違禮與不正。因為《春秋》記載了很多次但文姜出境的地點不同，所以《穀梁傳》針對行為上的違禮，重複發傳讓文姜的出會這行為，有很強烈的加強效果於《春秋》的記載針對一個人的意義上。

（一）莊公二年，《春秋》：「冬，十有二月，夫人姜氏會齊侯于糕。」《穀梁傳》：「婦人既嫁不踰竟，踰竟非正也。婦人不言會，言會非正也。饗，甚矣〔註25〕。」

（二）莊公五年，《春秋》：「夏，夫人姜氏如齊師。」《穀梁傳》：「師而曰如，眾也。婦人既嫁不踰竟，踰竟非禮也〔註26〕。」

（三）莊公七年，《春秋》：「七年春，夫人姜氏會齊侯于防。」《穀梁傳》：「婦人不會。會，非正也〔註27〕。」

（四）莊公七年，《春秋》：「冬，夫人姜氏會齊侯于穀。」《穀梁傳》：「婦人不會。會，非正也〔註28〕。」

〔註24〕《穀梁傳注疏》，頁 13。
〔註25〕《穀梁傳注疏》，頁 46。
〔註26〕《穀梁傳注疏》，頁 48。
〔註27〕同註 26。
〔註28〕《穀梁傳注疏》，頁 49。

（五）莊公十五年，《春秋》：「夏，夫人姜氏如齊。」《穀梁傳》：「婦人既嫁不踰竟，
　　　踰竟非禮也〔註29〕。」

（六）莊公十九年，《春秋》：「夫人姜氏如莒。」《穀梁傳》：「婦人既嫁不踰竟，踰
　　　竟非正也〔註30〕。」

（七）莊公二十年，《春秋》：「二十年春，王二月，夫人姜氏如莒。」《穀梁傳》：「婦
　　　人既嫁不踰竟，踰竟非正也〔註31〕。」

　　這些重發傳在文義上的加強效果，使得「婦人既嫁不踰竟」這項規定凸顯出來，
同時也強調文姜的不斷出境。

二、文字雖同，但意義有區別。

　　《穀梁傳》也有重發傳時並非針對一個人而重發傳，而是在不同的事下都有相
同的經文時，怕讀《春秋》以為一字一句皆有義的情形下，意義不明，所以重發傳，
以讓解《春秋》時，沒有疑慮。

（一）隱公二年

　　《春秋》：「夏五月莒人入向。」《穀梁傳》：「入者，內弗受也。向，我邑也〔註32〕。」

（二）隱公二年

　　《春秋》：「無侅率師入極。」《穀梁傳》：「入者，內弗受也。極，國也。苟焉以
入人為志者，人亦入之矣。不稱氏者，滅同姓貶之〔註33〕。」

（三）隱公五年

　　《春秋》：「秋衛師入方郕。」《穀梁傳》：「入者，內弗受也。郕，國也。將卑師
眾曰師〔註34〕。」

　　這三則例子《春秋》都言「入」，但放於全文來看。第一是他國入我魯邑。第二
是我入他國。第三是他國入他國。所以當經文在不同的情形下都用「入」字，是否會
有不同的意義？因此《穀梁傳》需要在此發傳以說明「入者，內弗受也。」的意義。

〔註29〕《穀梁傳注疏》，頁 53。
〔註30〕《穀梁傳注疏》，頁 57。
〔註31〕同註 30。
〔註32〕《穀梁傳注疏》，頁 13。
〔註33〕同註 32。
〔註34〕《穀梁傳注疏》，頁 21。

第三節 《穀梁傳》單條釋經與事件始末

　　《公羊傳》與《穀梁傳》多是一條傳文直接對應解釋所屬的經文，因此事件的前因後果不如《左傳》交代的清楚。筆者稱此解經方式爲「單條釋經」。然而《春秋》本身的記載就含有事件始末的關聯。因此閱讀《穀梁傳》時可以將《春秋》經文本身所蘊含的事件性來幫助《穀梁傳》的解經。

　　《穀梁傳》的發傳是以單條傳文對應單條經文的形式。而單條的意義是指發生在當下，沒有過去也沒有未來，所以《穀梁傳》不像《左傳》會於傳文中補充《春秋》此事件的前因後果，它的解釋就是《春秋》這條經文所限制下的人、事、時、地、物。而當《春秋》記錄同一人或同一事，於不同時間陸續發生而被記載下時，這段時間還有其他的事就會穿插在這些傳文之中。但因同一事件會自然連繫，即敘述雖有中斷，會因閱讀而出現結合。所以這節所要探討的就是《春秋》所提供出來事件始末與《穀梁傳》單條釋經的關係。

　　歷史上發生的事已經發生，不論孔子要不要書寫下來，就「它」而言已經發生。因此只是孔子選擇書寫或不書寫出來，編年體的記載方式會讓兩件以上歷時性的事被交叉的記載在《春秋》。

一、《穀梁傳》用《春秋》提供的事件始末解經

　　經文依時間書寫著，有許多重複出現的人，就有成爲一個故事的可能。如魯國國君，經文把有關的事都記載下來，因此透過《春秋》可以將魯君的事串聯成生平的故事。雖然經文不是爲交代一個故事而書寫，但透過故事或事件始末的記載可以幫助一些讀不懂的經文，藉由看似不相干的經文，加以「連結」〔註35〕事件始末，來幫助瞭解。例如：

（一）關於魯莊公身世的問題

　　《春秋》桓公六年：「九月，丁卯，子同生。」

　　《穀梁傳》：「疑故志之。時曰：同乎人也〔註36〕。」

1、魯莊公不可能爲齊襄公之子的原因

（1）楊士勛云：「釋曰文姜以桓三年入，至今四年矣，未有適齊之云〔註37〕。」

　案：楊士勛認爲文姜嫁來魯國後已經四年，沒有到齊國。

〔註35〕「連結」有二種。其一是《春秋》本身因人物、事件的關聯性（事件性）的自我連結；其二是讀者對經文的可能連結。可以區分成「經內的故事」與「經外的故事」。

〔註36〕《穀梁傳注疏》，頁33。

〔註37〕《穀梁傳注疏》，頁34。

（2）鍾文烝云：「君子案史記既書夫人至，又至子同生，使習其讀者，知夫人嫁
　　　魯四年而生子，中間無如齊，出會之事，則文姜雖惡，而疑可疑矣〔註38〕。」

　案：鍾文烝也認為文姜沒到齊國。

（3）傅隸樸說：「按莊公之非齊襄私生子，朱熹之說極為有力，他說：『桓三年夫
　　　人姜氏至自齊，六年子同生，十八年桓公乃與夫人如齊，則莊公誠非齊侯之
　　　子矣。』此理朱熹能見於千年之後，而謂孔子之聖，竟於當時疑而不能決，才
　　　書之於經，使後人去猜疑，荒謬無理〔註39〕。」

　案：以上三人都太相信孔子《春秋》無事不記，所以當《春秋》沒有記文姜出齊，
　　　就無以為證。但從《史記》或《竹書紀年》對於周天子崩事與《春秋》對照，
　　　《春秋》有未書的情形，說明不能以《春秋》為當時歷史的全部記錄。

2、魯莊公為齊襄公之子，可能的說法

（1）范甯云：「莊公母文姜，淫于齊襄，疑非公之子〔註40〕。」

　案：范甯從傳文的語意推論，疑字為魯莊公非魯桓公之子。

（2）楊士勛云：「云疑者，蓋文姜未嫁之時已與襄公通，後桓公殆為妻淫見殺，則
　　　其間雖則適魯，襄公仍尚往來，故疑之也〔註41〕。」

　案：楊士勛提到齊襄公仍有往來，所以亦有嫌疑。

（3）鍾文烝云：「其所以疑者，時謂姜氏未嫁已亂其兄。」且「案《山海經》『伯陵
　　　同吳權之妻阿女緣婦。』郭璞曰：『同猶通言淫之也。』或當依彼作解，因其
　　　名同謂是姜氏同通乎人所生。」且「〈毛詩序〉曰：『人以為齊侯之子焉。』是
　　　當時齊、魯之人有此語〔註42〕。」

　案：鍾文烝舉文字訓解通與同的意思來解釋。

　　以上范甯、楊士勛、傅隸樸之說可知，言不可能的理由為文姜三年入魯國，六
年生子同，中未有和齊襄公往來，故不可能為齊襄公之子。而言可能的理由乃未嫁
時已亂其兄。或間有來往。

　案：桓公五年《春秋》：「夏，齊侯、鄭伯，如紀〔註43〕。」范甯云：「外相如不

〔註38〕鍾文烝，《春秋穀梁經傳補注》（北京：中華書局，1996 年 7 月），頁 99。
〔註39〕傅隸樸，《春秋三傳比義》（臺北：臺灣商務印書館，1983 年 5 月），頁 104。
〔註40〕《穀梁傳注疏》，頁 34。
〔註41〕同註 40。
〔註42〕鍾文烝，《春秋穀梁經傳補注》，頁 99。
〔註43〕《穀梁傳注疏》，頁 32。

書，過我則書，例時〔註 44〕。」楊士勛云：「蓋齊侯出竟西行而逢鄭伯遂與至紀，途過於魯，故得記之〔註45〕。」此皆說明齊侯於桓六年九月之一年前曾過魯，而「過」的停留時間並不確定，但知夏季是停留的開端。則以時間推算之，子同有爲齊襄公子的可能性甚大。

這就是利用《春秋》所提供的事件來與《穀梁傳》單條釋經的補充。

（二）天王來聘，請求協助的可能

桓公四年，《春秋》：「夏，天王使宰渠伯糾來聘〔註46〕。」

桓公五年夏，《春秋》：「天王使任之子來聘。」《穀梁傳》：「任叔之子者，錄父以使子也，故微其君臣而著其父子不正，父在子代仕之辭也〔註47〕。」

案：此二聘，一無傳，一有傳，然皆未言來聘的目的。《周禮》有記載天子時聘之禮：「天子時聘以結諸侯之好，殷覜以除邦國之慝間，問以諭諸侯之志。」鄭玄云：「時者亦無常期，天子有事，諸侯使大夫來聘，親以禮見之禮而遣之所以結其恩好也。」《穀梁傳》可以針對單條經文以天王派使的人不正，或來者無禮釋義，似乎已足矣。但間隔一年天王二聘，就經文言，頻率太近，必有事、必有義。因無義不書，而義何？也許只是不正，但見桓五年，不禁令人有此聯想。

桓公五年，《春秋》：「秋，蔡人、衛人、陳人，從王伐鄭。」《穀梁傳》：「舉從者之辭也，其舉從者之辭何也，爲天王諱伐鄭也，鄭同姓之國也，在乎冀州，於是不服，爲天子病矣〔註48〕。」

案：蓋鄭國不服天子，必有時日，天王乃力邀諸侯伐鄭，以申王命，相信聯合部隊的連絡，調集是需要花時間的，故桓公四年夏、桓公五年夏天王皆來聘相問，然魯桓公總是拒絕，故伐鄭，沒有魯國。

這種褒貶義，可推想：

1、天王來聘爲戰事乃不正，與魯國立場不和，故書以明也。

2、魯桓公不服王威亦不知以義從之，申君臣之道微以貶之。

二、《穀梁傳》用《穀梁傳》本身的事件始末解經

《穀梁傳》釋經在解釋此經文書寫之理，不說故事，故不須介紹完整的事件始

〔註44〕同註43。
〔註45〕同註43。
〔註46〕同註43。
〔註47〕同註43。
〔註48〕《穀梁傳注疏》，頁32。

末，若有一些敘述語言亦只在對此條經文的說明。雖然如此，《穀梁傳》卻仍重視事件始末對於完整釋經的幫助。例如：

（一）僖公十七年，《春秋》：「冬，十有二月，乙亥，齊侯小白卒。」《穀梁傳》：「此不正其日之何也？其不正前見矣。其不正之前見何也？以不正入虛國故稱嫌焉爾〔註49〕。」

　　案：此非齊侯小白於僖十七年冬十有二月有何不正之事。而是當要進行「蓋棺論定」時，《穀梁傳》提出的依據。而不正書日是因為之前的原因，不同「諸侯日卒正也。」的傳例，即諸侯卒，正則書日，不正則不書日，齊桓公不正書日，違反傳例，所以要說明。這裡指的是莊公九年，齊小白入于齊之事件。《春秋》經文：「齊小白入于齊。」《穀梁傳》：「大夫出奔反，以好日歸，以惡日入。齊公孫無知弒襄公。公子糾、公子小白不能存出亡。齊人殺無知而迎公子糾于魯，公子小白不讓公子糾先入，又殺之于魯。故曰齊小白入于齊惡之也〔註50〕。」

　　所以透過前面的經文可以幫助理解這條傳文所言不正的理由。同樣的例子，如衛侯晉與鄭伯突，諸侯不正，了卒卻書日的原因都可透過前面經文所揭示的不正原因來理解。

（二）桓公十二年冬《春秋》：「丙戌，衛侯晉卒〔註51〕。」

　　案：諸侯日卒，正也。若不經傳文的幫助，則會誤以經文書日的理由來解衛侯晉為正，但透過齊桓公相同的理由可以知道衛侯晉卒書日是不正的。

　　見隱公四年《春秋》：「冬，十有二月，衛人立晉。」《穀梁傳》：「衛人者，眾辭也。立者不宜立者也。晉之名惡也。其稱人以立之何也？得眾也。得眾則是賢也，賢則其日不宜立何也？春秋之義，諸侯與正不與賢也〔註52〕。」說明衛侯晉並非嫡子，所以不正。

（三）莊二十有一年《春秋》：「夏，五月，辛丑，鄭伯突卒〔註53〕。」

　　見桓十有一年《春秋》：「突歸于鄭。」《穀梁傳》：「日突，賤之也。日歸，易辭也。祭仲易其事，權在祭仲也。死君難臣道也。今立惡而黜正，惡祭仲也〔註54〕。」說明鄭伯突於鄭國篡奪為君，所以書日不正。

〔註49〕《穀梁傳注疏》，頁85。
〔註50〕《穀梁傳注疏》，頁50。
〔註51〕《穀梁傳注疏》，頁38。
〔註52〕《穀梁傳注疏》，頁20。
〔註53〕《穀梁傳注疏》，頁57。
〔註54〕《穀梁傳注疏》，頁38。

　　以齊侯小白爲例，《春秋》：「冬，十有二月，乙亥，齊侯小白卒。」《穀梁傳》：「此不正其日之何也？其不正前見矣。其不正之前見何也？以不正入虛國故稱嫌焉爾。」以「前見」爲立論根據。若我們只以「單傳釋單經」來看，事實上《穀梁傳》亦已對不正的理由提供說明，這樣已達到「經」義的表達，而又以事件始末的幫忙，則對《春秋》更無疑問。

　　由以上的論述可知，《穀梁傳》本身的單條釋經是可以成立，但若《穀梁傳》透過事件始末的經文與傳文來對單條傳文解釋可以提供更完整的理解。

　　故《春秋》不應排斥《穀梁傳》釋經由「單條釋經」與「事件始末釋經」。《穀梁傳》亦應由「單條」與「事件始末」來釋經。

第四節　《穀梁傳》的故事釋經

　　這節所要探討的是《穀梁傳》用敘述故事的文字來發傳，在《穀梁傳》中有二十七次。如此的發傳形式的意義爲何？是這節所要探討的。筆者分兩種，一爲簡短的敘述故事，一爲長的敘述故事。

一、短的敘述故事

（一）桓公二年《春秋》：「春，王正月，戊申，宋督弒其君與夷及其大夫孔父。」
　　　　《穀梁傳》：「督欲弒君而恐不立，於是乎先殺孔父，孔父閑也〔註55〕。」
　　案：這簡短的敘述，卻將宋督的內心描述與動作都敘述出來。

（二）桓公三年《春秋》：「九月，齊侯送姜氏于讙。」《穀梁傳》：「父戒之曰：『謹慎從爾舅之言。』母戒之曰：『謹慎從爾姑之言。』諸母般申之曰：『謹慎從爾父母之言。』〔註56〕」
　　案：《穀梁傳》將父母送女依依不捨的言語，表達在父母親的諄諄告誡上。

（三）桓公六年《春秋》：「蔡人殺陳佗。」《穀梁傳》：「陳侯憙獵，淫獵于蔡。與蔡人爭禽，蔡人不知其是陳君也，而殺之〔註57〕。」
　　案：這段敘述包含兩部分，前面兩句說明故事的背景，後面三句則敘述過程。

（四）莊公九年《春秋》：「齊小白入于齊。」《穀梁傳》：「齊公孫無知弒襄公。公子糾、公子小白不能存，出亡。齊人殺無知而迎公子糾於魯。公子小白不讓公

〔註55〕《穀梁傳注疏》，頁29。
〔註56〕《穀梁傳注疏》，頁31。
〔註57〕《穀梁傳注疏》，頁33。

　　　子糾先入，又殺之于魯〔註58〕。」

　　案：此描述齊侯小白即位的過程。

（五）僖公元年《春秋》：「冬，十月，壬午，公子友帥師敗莒師于麗，獲莒挐。」
　　　《穀梁傳》：「公子友謂莒挐曰：『吾二人不相說，士卒何罪？』屏左右而相搏，
　　　公子友處下，左右曰：『孟勞』，孟勞者，魯之寶刀也。公子友以殺之〔註59〕。」

　　案：這敘述將公子友獲莒挐的過程，並有多人的對話，將緊張的氣氛描述出來。

（六）僖公四年《春秋》：「楚屈完來盟于師，盟于召陵。」《穀梁傳》：「屈完曰：『大
　　　國之以兵向楚，何也？』桓公曰：『昭王南征不反，菁茅之貢不至，故周室不
　　　祭。』屈完曰：『菁茅之貢不至，則諾，昭王南征不反，我將問諸江。』〔註
　　　60〕」

　　案：借二人相互質問的對話，描述過程。

（七）僖公十二年《春秋》：「夏楚人滅黃。」《穀梁傳》：「貫之盟。管仲曰：『江、
　　　黃遠齊而近楚，楚為利之國也，若伐而不能救，則無以宗諸侯矣。』桓公不
　　　聽，遂與之盟，管仲死，楚伐江，滅黃，桓公不能救，故君子閔之也〔註61〕。」

　　案：故事與經文的關係是將前因借敘述說明。

（八）僖公二十三年《春秋》：「冬，十有一月，己巳，朔，宋公及楚人戰于泓。宋
　　　師敗績。」《穀梁傳》：「宋公與楚人戰于泓水之上。司馬子反曰：『楚眾我少，
　　　鼓險而擊之，勝無幸焉。』襄公曰：『君子不推人危，不攻人厄，須其出。』
　　　既出，旌亂於上，陳亂於下。子反曰：『楚眾我少，擊之，勝無幸焉。』襄公
　　　曰：『不鼓不成列，須其成列而後擊之。』則眾敗而身傷焉，七月而死〔註62〕。」

　　案：《穀梁傳》透過司馬子反與宋公的對談中，描述宋公敗績的原因。

（九）文公六年《春秋》：「晉殺其大夫陽處父。」《穀梁傳》：「夜姑殺者也，夜姑之
　　　殺奈何？曰：『晉將與狄戰，使狐夜姑為將軍，趙盾佐之。』陽處父曰：『不
　　　可，古者君之使臣也，使仁者佐賢者，不使賢者佐仁者，今趙盾賢，夜姑仁，
　　　其不可乎。』襄公曰：『諾。』謂夜姑曰：『吾始使盾佐女，今女佐盾矣。』
　　　夜姑曰：『敬諾。』襄公死，處父主竟上事，夜姑使人殺之〔註63〕。」

　　案：故事敘述了陽處父為何被夜姑所殺的原因。

〔註58〕《穀梁傳注疏》，頁 50。
〔註59〕《穀梁傳注疏》，頁 70。
〔註60〕《穀梁傳注疏》，頁 73。
〔註61〕《穀梁傳注疏》，頁 82。
〔註62〕《穀梁傳注疏》，頁 89。
〔註63〕《穀梁傳注疏》，頁 101。

（十）文公十一年《春秋》：「冬，十月，甲午，叔孫得臣敗狄于鹹。」《穀梁傳》：「傳曰：長狄也，弟兄三人，佚宕中國，瓦石不能害。叔孫得臣，最善射者也，射其目，身橫九畝，斷其首而載之，眉見於軾〔註64〕。」

案：此敘述將叔孫得臣所敗的狄人形象。

（十一）宣公二年《春秋》：「秋，九月，乙丑，晉趙盾弒其君。」《穀梁傳》：「其以罪盾，何也？曰：『靈公朝諸大夫而暴彈之，觀其辟丸也。』趙盾入諫，不聽，出亡，至於郊。趙穿弒公，而後反趙盾。史狐書賊曰：『趙盾弒公。』盾曰：『天乎！天乎！予無罪。孰爲盾而忍弒其君者乎。』史狐曰：『子爲正卿，入諫不聽，出亡不遠，君弒，反不討賊，則志同，志同則書重，非子而誰。』故書之曰『晉趙盾弒其君夷皋者，過在下也〔註65〕。』」

案：此故事將當時的史家所對趙盾的評斷與趙盾的辯駁都敘述出來。

（十二）宣公九年《春秋》：「陳殺其大夫泄治。」《穀梁傳》：「陳靈公通于夏徵舒之家，公孫寧、儀行父，亦通其家，或衣其衣，或衷其襦，以相戲於朝。泄治聞之，入諫曰：『使國人聞之則猶可，使仁人聞之則不可。』，君愧於泄治，不能用其言而殺之〔註66〕。」

案：故事描述了泄治因遭陳侯所惡的原因。

（十三）成公元年《春秋》：「冬，十月。」《穀梁傳》：「季孫行父禿，晉郤克眇，衛孫良夫跛，曹公子手僂，同時而聘於齊。齊使禿者御禿者，使眇者御眇者，使跛者御跛者，使僂者御僂者。蕭同姪子，處臺上而笑之，聞於客，客不說而去，相與立胥閭而語，移日不解。齊人有知之者，曰：『齊之患，必自此始矣〔註67〕。』」

案：此月無經文，《穀梁傳》發傳，其描述非常生動。

（十四）襄公二十五年《春秋》：「十有二月，吳子謁伐楚門于巢卒。」《穀梁傳》：「吳子謁伐楚至巢，入其門，門人射吳子，有矢創，反舍而卒〔註68〕。」

案：此描述吳子受矢創而亡的原因。

（十五）襄公三十年《春秋》：「五月，甲午，宋災，伯姬卒。」《穀梁傳》：「伯姬之舍失火，左右曰：『夫人少辟火乎！』伯姬曰：『婦人之義，傅母不在，宵

〔註64〕《穀梁傳注疏》，頁108。
〔註65〕《穀梁傳注疏》，頁116。
〔註66〕《穀梁傳注疏》，頁119。
〔註67〕《穀梁傳注疏》，頁128。
〔註68〕《穀梁傳注疏》，頁159。

不下堂。』左右又曰：『夫人少辟火乎！』伯姬曰：『婦人之義，保母不在，宵不下堂。』遂逮乎火而死，婦人以貞爲行者也，伯姬之婦道盡矣，詳其事，賢伯姬也〔註69〕。」

案：此故事描述了伯姬爲堅守婦道而亡。

（十六）昭公四年《春秋》：「秋，七月，楚子、蔡侯、陳侯、許男、頓子、胡子、沈子、淮夷，伐吳。執齊慶封殺之。」《穀梁傳》：「靈王使人以慶封令於軍中曰：『有若齊慶封弒其君者乎？』慶封曰：『子一息，我亦且一言。』曰：『有若楚公子圍，弒其兄之子而代之爲君者乎？』軍人粲然皆笑，慶封弒其君，而不以弒君之罪罪之者，慶封不爲靈王服也，不與楚討也〔註70〕。」

案：此敘述慶封爲楚所殺的過程。

（十七）昭公十九年《春秋》：「夏，五月，戊辰，許世子止弒其君買。」《穀梁傳》：「止曰：『我與夫弒者，不立乎其位。』以與其弟虺，哭泣歠饘粥，嗌不容粒，未踰年而死〔註71〕。」

案：此敘述許世子止因哭泣歠饘粥，嗌不容粒而亡。

（十八）昭公二十九年《春秋》：「夏，四月，庚子，叔郳卒。」《穀梁傳》：「季孫意如曰：『叔倪無病而死，此皆無公也，是天命也，非我罪也。』〔註72〕」

案：此雖只有一句，但卻用代言的話敘述了季孫意如說非其罪。

（十九）定公四年《春秋》：「冬，十有一月，庚午，蔡侯以吳子及楚人戰于伯舉。楚師敗績。」《穀梁傳》：「其欲存楚奈何？昭王之軍敗而逃，父老送之，曰：『寡人不肖，亡先君之邑，父老反矣，何憂無君，寡人且用此入海矣。』父老曰：『有君如此其賢也，以眾不如吳，以必死不如楚。』相與擊之，一夜而三敗吳人，復立〔註73〕。」

案：此將吳子反敗爲勝的過程。

二、長的敘述故事

（一）僖公二年《春秋》：「虞師、晉師滅夏陽。」《穀梁傳》：「滅夏陽而虞虢舉矣。虞之爲主乎滅夏陽，何也？晉獻公欲伐虢，荀息曰：『君何不以屈產之乘，垂

〔註69〕《穀梁傳注疏》，頁162。
〔註70〕《穀梁傳注疏》，頁166。
〔註71〕《穀梁傳注疏》，頁177。
〔註72〕《穀梁傳注疏》，頁181。
〔註73〕《穀梁傳注疏》，頁189。

棘之璧，而借道乎虞也？』公曰：『此晉國之寶也，如受吾幣而不借吾道，則如之何？』荀息曰：『此小國之所以事大國也，彼不借吾道，必不敢受吾幣，如受吾幣，而借吾道，則是我取之中府，而藏之外府，取之中廄，而置之外廄也。』公曰：『宮之奇存焉，必不使受之也。』荀息曰：『宮之奇之爲人也，達心而懦，又少長於君，達心則其言略，懦則不能彊諫，少長於君則君輕之，且夫玩好在耳目之前，而患在一國之後，此中知以上，乃能慮之，臣料虞君，中知以下也。』公遂借道而伐虢。宮之奇諫曰：『晉國之使者，其辭卑，而幣重，必不便於虞。』虞公弗聽，遂受其幣而借之道。宮之奇諫曰：『語曰：脣亡則齒寒，其斯之謂與！』挈其妻子以奔曹，獻公亡虢，五年而後舉虞，荀息牽馬操璧而前曰：『璧則猶是也，而馬齒加長矣〔註74〕。』」

案：此故事寫晉師欲滅虢國，借道虞國，五年之後又將虞國滅了。這段敘述將後來才發生的事也於敘述中先說了。

（二）僖公十年《春秋》：「晉殺其大夫里克。」《穀梁傳》：「夷吾曰：『是又將殺我乎？』故殺之不以其罪也。其爲重耳，弒奈何？晉獻公伐虢，得麗姬，獻公私之，有二子，長曰：奚齊，稚曰：卓子，麗姬欲爲亂，故謂君曰：『吾夜者夢夫人趨而來曰：吾苦畏，胡不使大夫將衛士而衛冢乎？』公曰：『孰可使』曰：『臣莫尊於世子，則世子可。』故君謂世子曰：『麗姬夢夫人趨而來曰：吾苦畏，女其將衛士而往衛冢乎？』世子曰：『敬諾。』築宮，宮成。麗姬又曰：『吾夜者夢夫人趨而來曰吾苦飢，世子之宮已成，則何爲不使祠也。』故獻公謂世子曰：『其祠。』世子祠，已祠，致福於君，君田而不在，麗姬以酖爲酒，藥脯以毒，獻公田來，麗姬曰：『世子已祠，故致福於君。』君將食，麗姬跪曰：『食自外來者，不可不試也。』覆酒於地而地賁，以脯與犬，犬死，麗姬下堂而啼呼曰：『天乎！天乎！國子之國也，子何遲於爲君？』君喟然歎曰：『吾與女未有過切，是何與我之深也？』使人謂世子曰：『爾其圖之。』，世子之傅里克謂世子曰：『入自明，入自明，則可以生，不入自明，則不可以生。』世子曰：『吾君已老矣，已昏矣，吾若此而入自明，則麗姬必死，麗姬死，則吾君不安，所以使吾君不安者，吾不若自死，吾寧自殺以安吾君，以重耳爲寄矣。』刎脰而死，故里克所爲弒者，爲重耳也，夷吾曰：『是又將殺我也。』〔註75〕」

案：這段敘述將晉國之前發生的過程詳加說明，並且非常的生動，也將里克弒其

〔註74〕《穀梁傳注疏》，頁70。
〔註75〕《穀梁傳注疏》，頁81。

君的原因都交代出來。

（三）僖公三十三年《春秋》：「夏，四月，辛巳，晉人及姜戎敗秦師于殽。」《穀梁傳》：「秦伯將襲鄭。百里子與蹇叔子諫曰：『千里而襲人，未有不亡者也。』秦伯曰：『子之冢，木已拱矣，何知？』師行。百里子，與蹇叔子，送其子而戒之曰：『女死必於殽之巖吟之下，我將尸女於是。』師行。百里子與蹇叔子隨其子而哭之，秦伯怒曰：『何爲哭吾師也。』二子曰：『非敢哭師也，哭吾子也，我老矣，彼不死，則我死矣。』晉人與姜戎，要而擊之殽，匹馬隻輪無反者〔註76〕。」

案：故事的敘述包括前言、過程與結果。

（四）成公二年《春秋》：「秋，七月，齊侯使國佐如師。己酉，及國佐盟于爰婁。」《穀梁傳》：「鞌，去國五百里。爰婁，去國五十里。一戰綿地五百里，焚雍門之茨，侵車東至海，君子聞之曰：『夫甚！』甚之辭焉。齊有以取之也，齊之有以取之，何也？敗衛師于新築，侵我北鄙，敖郤獻子，齊有以取之也。爰婁在師之外，郤克曰：『反魯、衛之侵地，以紀侯之甗來，以蕭同姪子之母爲質，使耕者皆東其畝，然後與子盟。』國佐曰：『反魯、衛之侵地，以紀侯之甗來，則諾。以蕭同姪子之母爲質，則是齊侯之母也，齊侯之母，猶晉君之母也，晉君之母，猶齊侯之母也。使耕者盡東其畝，則是終土齊也。不可。請一戰，一戰不克，請再，再不克，請三，三不克，請四，四不克，請五，五不克，舉國而授。』於是而與之盟〔註77〕。」

案：此故事將齊、晉間的談判過程交代出來。

（五）成公五年《春秋》：「梁山崩。」《穀梁傳》：「有崩道，則何以書也？曰：『梁山崩，壅遏河三日不流。』晉君召伯尊而問焉。伯尊來遇輦者，輦者不辟，使車右下而鞭之。輦者曰：『所以鞭我者，其取道遠矣。』伯尊下車而問焉，曰：『子有聞乎？』對曰：『梁山崩，壅遏河三日不流。』伯尊曰：『君爲此召我也，爲之奈何？』輦者曰：『天有山，天崩之，天有河，天壅之，雖召伯尊如之何？』伯尊由忠問焉。輦者曰：『君親素縞，帥群臣而哭之，既而祠焉，斯流矣。』伯尊至，君問之曰：『梁山崩，壅遏河三日不流，爲之奈何？』伯尊曰：『君親素縞，帥群臣而哭之，既而祠焉，斯流矣。』〔註78〕」

案：此故事將如何使梁山崩的災難解決。

〔註76〕《穀梁傳注疏》，頁 95。
〔註77〕《穀梁傳注疏》，頁 129。
〔註78〕《穀梁傳注疏》，頁 131。

（六）定公十年《春秋》：「公至自頰谷。」《穀梁傳》：「其危奈何？曰頰谷之會。孔子相焉，兩君就壇，兩相相揖，齊人鼓譟而起，欲以執魯君。孔子歷階而上，不盡一等，而視歸乎齊侯，曰：『兩君合好，夷狄之民，何為來為？』命司馬止之。齊侯逡巡而謝曰：『寡人之過也。』退而屬其二三大夫，曰：『夫人率其君與之行古人之道，二三子獨率我而入夷狄之俗，何為？』，罷會。齊人使優施舞於魯君之幕下。孔子曰：『笑君者，罪當死。』使司馬行法焉。首足異門而出。齊人來歸鄆讙龜陰之田者，蓋為此也。因是以見，雖有文事，必有武備，孔子於頰谷之會見之矣〔註79〕。」

案：此故事將孔子明禮與齊國的無禮有相對的比較。

　　由以上的舉例知道，短的敘述故事都是對經文的事件作單一時間的敘述，而長的故事敘述則會將事件的發展過程說明出來。二者相同的是並非對經文發揮義理，都在敘述經文的背景。透過這種以故事發傳的方式在《穀梁傳》中並不多，而長的敘述故事在敘述中同時呈現了經文中人物其言行的善惡。故這也是一種解經，並非單純的敘述故事。

〔註79〕《穀梁傳注疏》，頁191。

第五章 《穀梁傳》的著述原則

第一節 《穀梁傳》的定義與規定

　　第五章所要討論的是《穀梁傳》解經時的著述原則。《穀梁傳》依孔子《春秋》的內在義理、述作要旨來發傳，所以將《春秋》的著述原則說明出來。第一節由定義與規定這部分來探討《穀梁傳》善惡褒貶的定義與規定。第二節從轉語與轉而論來探討《穀梁傳》對《春秋》中因爲避諱、褒貶而更動經文文字的情形加以說明。轉而論是《穀梁傳》除了對經文文字解釋外，還有部分會加一段說法，這節會討論這些內容。第三節從或曰與推論來探討，或曰是指《穀梁傳》引用其他說法時會用或曰來表示，其與傳文本身是否有衝突需要加以檢討。推論是傳文的發傳過程有用邏輯的推演的方式來論述。

　　定義的部分是將《春秋》的褒貶意義，以道理陳述的方式，作爲發傳的內容。這與規定不同。規定的標準，其是從禮制，或有來源、具體的說法，來作爲發傳的內容。

　　日原利國注意到《公羊傳》、《穀梁傳》、《左氏傳》在解經時的特色，就是以行爲背後的動機，來作爲論定善惡的標準。他說《公羊傳》、《穀梁傳》、《左氏傳》特色，是倫理學的動機主義立場。論定行爲善惡，行爲事實的結果這些問題，在於意志純、不純，他們的立場在追求動機善惡。然後因動機如何來決定犯罪所適用的刑罰。一言以蔽之就是「論心定罪」〔註1〕。

〔註1〕日原利國，〈春秋學の發生と春秋三傳〉，《中國思想文學史》（京都：朋友書店，1999年7月），頁52。「公羊傳には、穀梁傳、左氏傳と違った特色や主張が。いくつかある。倫理學的には，動機主義に立つ。行爲の善惡を論定する場合，行爲事實や

案：這也是傳文所要傳達的，當能明白傳文所透露的意義，閱讀《春秋》時就能明白此人、此事，是善或惡。而定義與規定就是這些判斷背後的準則。

筆者將定義部分，分為七類。一是意義與文字的定義、二是對時月日的定義、三是書不書地的定義、四是志不志於《春秋》的定義、五是卒葬書不書的定義、六是有罪無罪的定義、七是對日食的定義。

一、定　義

（一）意義與文字的定義

所謂意義上的定義是指《穀梁傳》對於《春秋》述作的宗旨，屬於意義層面的部分，加以說明出來。它是一種概念，也可說是包含有儒家道德性的標準。

1、意義上的定義

春秋成人之美，不成人之惡。（隱公元年）

春秋之義，用貴治賤，用賢治不肖，不以亂治亂也。（昭公四年）

春秋不以嫌代嫌，棄疾主其事，故嫌也。（昭公十三年）

春秋貴義而不貴惠，信道而不信邪。（隱公元年）

孝子揚父之美，不揚父之惡。（隱公元年）

兄弟，天倫也。為子受之父，為諸侯受之君。（隱公元年）

已廢天倫，而忘君父，以行小惠，曰小道也。（隱公元年）

得眾則是賢也，賢則其曰不宜立何也？春秋之義，諸侯與正而不與賢也。（隱公四年）

有二事偶，則以後事致，後事小，則以先事致，其以伐楚致，大伐楚也。（僖公四年）

公子瑕，累也，以尊及卑也。（僖公三十年）以尊及卑也，荀息閑也。（僖公十年）

以尊遂乎卑，此言不敢叛京師也。（僖公三十年）

夷狄不言正不正。（文公元年）

內大夫可以會外諸侯。（文公二年）

君子不以親親害尊尊，此春秋之義也。（文公二年）

結果を問題とせず，意志の純、不純や，動機の善惡のみを追求する立場である。犯罪や刑罰の適用も，結果でなく動機の如何にょつて處置すでしとされる。客觀的に歡迎さるでき行爲，結果論的に善事と評される行動も，意志の不善，動機の不純な場合は，非難を免れない。事～事實～を問題とせず，心意な追求して罪を定める。この立場は，一言で「心を論じて罪を定む」と云われる。」

為尊者諱，敵不諱敗，為親者諱，敗不諱敵，尊尊親親之義也。（成公元年）

繼正即位，正也。（文公元年）

諸侯會而曰大夫盟，正在大夫也。（襄公十六年）

諸侯在而不曰諸侯之大夫，大夫不臣也。（襄公十六年）

諸侯之尊，弟兄不得以屬通。（襄公二十年）

楚無大夫。（成公二年）

案：此為意義上的定義。這些都是《穀梁傳》所揭示的《春秋》述作之義。而這些
　　定義多是意義上的陳述。

2、文字上的定義

所謂文字上的意義，是指《穀梁傳》對於《春秋》經文文字上所下的述作定義，
這些是讀《春秋》所要遵循的定義。

及者何？內為志焉爾。（隱公元年）

及者何？內卑者也。（隱公元年）

及防茲，以大及小也。（昭公五年）

及以會，尊之也。（僖公五年）

言及，則祖有尊卑。（哀公三年）

其言及者，由內及之也。（桓公十三年）

不言及者，為內諱也。（桓公十年）

不言及外狄。（宣公十一年）

不言其人，以吾敗也。（桓公十年）

不言出，在外也。（文公七年）

不言戰，以鄭伯也，為尊者諱恥，為賢者諱過，為親者諱疾。（成公九年）

不期而會曰遇。（隱公八年）

克者何？能也。何能也？能殺也。（隱公元年）

會者，外為主焉爾。（隱公二年）

會，事之成也。（莊公十四年）

入者，內弗受也。（隱公二年）

傳曰：言伐、言取，所惡也。（隱公四年）

民眾城小則益城，益城無極，凡城之志，皆譏也。（隱公七年）

孔父先死，其曰及何也？書尊及卑，春秋之義也。（桓公二年）

朝不言使。（僖公十四年）

朝不言使，言使非正也。（桓公九年）

弗遇者，志不相得也。（桓公十年）

遇者，志相得也。（隱公八年）

遇者，同謀也。（僖公十四年）

來盟，前定也。（桓公十四年）

來戰者，前定之戰也。（桓公十年）

內不言戰，言戰則敗也。（桓公十年）

其名，失國也。（桓公十一年）

戰稱人、敗稱師，重眾也。（桓公十三年）

自陳，陳有奉焉爾。（桓公十七年）

葬我君，接上下也。（桓公十八年）

繼故，不言即位，正也。（桓公元年）

繼弒君，不言即位，正也。（莊公元年）

繼故而言即位，與聞乎故也。（宣公元年）

命大夫，故不名也。（莊公元年）

國而曰伐。（莊公二年）

禮，婦人謂嫁曰歸，反曰來歸。（隱公二年）

婦人之義，嫁曰歸，反曰來歸。（成公五年）

大夫出奔反，以好曰歸，以惡曰入。（莊公九年）

州不如國，國不如名，名不如字。（莊公十四年）

救不言次，言次非救也。（僖公元年）

內不言獲。（僖公元年）

侵，淺事也。（僖公四年）

言大夫而不稱名姓，無命大夫也。（莊公二十六年）

言夫人必以其氏姓。（僖公八年）

言夫人而不以氏姓，非夫人也，立妾之辭也，非正也。（僖公八年）

雩，得雨曰雩，不得雨曰旱。（僖公十一年）

大夫不言公子、公孫，疏之也。（僖公十六年）

伐國不言圍邑。（僖公二十三年）

天子無出，出，失天下也。（僖公二十四年）

納者，內弗受也。（僖公二十五年）

人，微者也。（僖公二十六年）

侵，淺事也。（僖公二十六年）

薨稱公，舉上也。（文公元年）

歷時而言不雨，文不憂雨也。（文公二年）

小寢，非正也。（僖公三十三年）

路寢，正也。（成公十八年）

還者，事未畢也。（文公十三年）

來者，接內也。（宣公五年）

其曰來，卑也。（僖公二十九年）

其以官稱，無君之辭也。（文公十五年）

復者，事畢也，不專公命也。（宣公八年）

氏者，舉族而出之之辭也。（宣公十年）

內之前定之辭，謂之菑。（昭公七年）

外之前定之辭謂之來。（昭公七年）

稱行人，怨接於上也。（昭公八年）

邑曰火。（昭公九年）

國曰災。（昭公九年）

中國與夷狄不言戰，皆曰敗之。（公年）

稱國以弒其君，君惡甚矣。（成公十八年）

兩夷狄曰敗。（昭公十七年）

中國與夷狄亦曰敗。（昭公十七年）

非國不言圍。（昭公二十六年）

案：此為文字上的定義。《穀梁傳》這部分將《春秋》經文使用文字的意義加以說明。

意義上的定義在為經文的內在道德性的標準作定義。文字定義在為經文文字的書寫標準作定義。

（二）經文書不書時月日的定義

1、書　時

諸侯來朝，時，正也。（隱公十一年）

旱，時，正也。（僖公二十一年）

葬，時，正也。（成公十三年）

案：此為經文書時，正也的定義。《穀梁傳》對經文書「時」，凡有以上三種情形，則認為是正的，沒有貶意。

諸侯時卒，惡之也。（僖公十四年）

雩，不月而時。非之也，冬無為雩也。（成公七年）

案：此爲書時不正的定義。《穀梁傳》以諸侯卒書時與雩書時皆非之也。

　　螽，蟲災也。不甚則時。（僖公十五年）

　　朝，時。（桓公二年）

　　侵，時。（莊公十年）

案：此爲書時的定義。這並沒有褒貶之義，只是當有朝或侵的時候會書時。

2、不書時

　　案：沒有不書時的定義。

3、書　月

　　雩，月，正也。（僖公十一年）

　　雩，月。雩之正也。（定公元年）

案：此爲書月，正也的定義。凡雩則需書月，表示雩祭正也。

　　雖無事，必舉正月，謹始也。（隱公元年）

　　雨，月。（隱公九年）

　　螽，蟲災也。甚則月。（桓公五年）

　　滅國有三術，卑國月。（宣公十五年）

案：此爲書月的定義。這沒有褒貶義，是針對卑國或雨等的記載方式。

　　月葬，故也。（莊公三年）

　　致，月，故也。（莊公二十三年）

案：此爲書月有故的定義。凡葬有書月或諸侯致廟書月都表示另有內情。

4、不書月

　　公如京師不月，月，非如也。（成公十三年）

案：此爲公如京師不需書月，若有書月表示非如的定義。

5、書　日

　　大夫日卒，正也。（隱公元年）

　　諸侯日卒，正也。（隱公三年）

　　子卒，日，正也。不日，故也，有所見則日。（莊公三十二年）

　　日弒，正卒也。（昭公十九年）

案：此爲書日，正也的定義。凡大夫、諸侯、子，卒書日，是正也。

　　日入，惡入者也。（宣公十一年）

　　人因己以求與之盟，己迎而執之，惡之，故謹而日之也。（僖公十九年）

　　大夫國體也，而行婦道，惡之，故謹而日之也。（莊公二十四年）

　　大夫潰莒而之楚，是以知其上爲事也，惡之，故謹而日之也。（成公九年）

案：此為書日有惡的定義。其中書日除了表示惡事外，亦為強調此惡事而書日。

　　其日，未踰竟也。（宣公九年）

　　其日，重其變也。（僖公十四年）

　　其日，以其再致天子，故謹而日之。（僖公二十八年）

　　其日，未踰竟也。（宣公九年）

　　其日，莒雖夷狄，猶中國也。（成公九年）

　　其日，公也。（成公三年）

　　其日，正臧孫紇之出也。（襄公二十三年）

　　其日，亦以同日也。（昭公十八年）

　　其日，善是盟也。（昭公十三年）

　　日葬，危不得葬也。（僖公三十三年）

　　日之，甚矣，其不葬之辭也。（文公九年）

　　日其事，敗也。（宣公十二年）

　　日，歸。見知弒也。（襄公二十六年）

　　滅國有三術，中國謹日。（宣公十五年）

　　弒君者日。（昭公十三年）

　　善其成之會而歸之，故謹而日之。（昭公十三年）

　　內之大事，日。（定公元年）

案：此為書日的定義。書日的定義包括有正、有惡與作為解釋的一種意義的附予。

6、不書日。

　　不日卒，惡也。（隱公元年）

　　其不日，數渝，惡之也。（莊公十九年）

　　其不日，惡盟也。（襄公十九年）

　　其不日，子奪父政，是謂夷之。（襄公三十年）

案：此為不書日，惡也的定義。大夫日卒，正也；不日卒，則惡也。

　　不日，其盟渝也。（莊公九年）

　　不日，微國也。（僖公二十六年）

　　不日，疑戰也。（僖公元年）

　　不日，前定之盟，不日。（宣公七年）

　　其不日，微國也。（莊公十三年）

　　其不日，前定也。（僖公三年）

　　其不日，前定之盟，不日也。（文公七年）

桓盟雖內與，不日，信也。（莊公十三年）

桓盟不日。（僖公九年）

卑者之盟不日。（隱公元年）

取邑不日。（文公七年）

子卒不日，故也。（文公十八年）

滅國有三術，夷狄不日。（宣公十五年）

夷狄不日。（成公十二年）

卒，少進也。卒而不日，日，少進也。（襄公十八年）

案：此為不書日的定義。不書日有惡的意義，且不書日亦是作為意義附予的對象。

7、複合型

公如，往時，正也。（莊公二十三年）

公如，往時。致月，危致也。（定公八年）

往月，致時，危往也。（定公八年）

往月，致月，惡之也。（定公八年）

日卒，時葬，正也。（襄公七年）

月卒，日葬，非葬者也。（成公十五年）

中國日，卑國月，夷狄時。（襄公六年）

稱時、稱月、稱日、稱地，謹之也。（昭公十一年）

案：此為書時月日的定義。這些都是複合式的，需配合時月日一起來判斷。

（三）經文書地的定義

1、書　地

其地，於外也。（宣公九年）

其地，未踰竟也。（成公十七年）

諸侯死於外，地。（僖公四年）

夫人薨不地。地，故也。（僖公元年）

案：此為書地的定義。

2、不書地

夫人薨，不地。（僖公元年）

公薨不地，故也。（隱公十一年）

其不地，宿不復見也。（莊公十年）

不地，故也。（僖公二年）

諸侯死於國，不地。（僖公四年）

狩地。不地,不狩也。(哀公十四年)

案:此為不地的定義。

(四)經文志不志的定義

1、志

終時無冰則志。(成公元年)

其志,以同日也。(昭公十八年)

火不志,此何以志?閔陳而存之也。(昭公九年)

過我,故志之也。(襄公十五年)

天子志崩。(文公九年)

夷狄相敗,志也。(僖公十五年)

案:此為志的定義。說明了《春秋》記載的的原因。

2、不 志

御廩之災不志。(桓公十四年)

外災不書。(莊公十一年)

卑者不志。(莊公十七年)

婦人弗目也。(莊公二十一年)

親迎,恆事也,不志。(莊公二十四年)

外釋不志。(僖公二十一年)

惡事不致。(僖公二十六年)

天子志崩不志葬。(文公九年)

周災,不志也。(宣公十六年)

朕,淺事也,不志。(成公八年)

築,不志。(成公十八年)

會夷狄不致。(襄公十年)

惡事不致。(襄公十年)

外災不志。(文公三年)

兩下相殺,不志乎春秋。(昭公八年)

火不志。(昭公九年)

疾不志。(昭公二十三年)

案:此為不志的定義。這些定義說明《春秋》不記載的部分。

(五)經文關於葬卒的定義

1、書　葬

　　志葬，故也，危不得葬也。（莊公三年）

案：此為書葬的定義。

2、不書葬

　　君弒，賊不討，不書葬。（桓公十八年）

　　外夫人不書葬。（莊公四年）

案：此為不書葬的定義。

3、書　卒

案：沒有書卒的定義。

4、不書卒

　　內女也，未適人不卒。（僖公九年）

　　外夫人不卒。（莊公四年）

　　夷狄不卒。（襄公十八年）

案：此為不書卒的定義。

5、複合型

　　言葬不言卒，不葬者也。（莊公二十七年）

　　不日卒而月葬，不葬者也。（襄公三十年）

案：此為葬卒的定義。需要配合卒葬一起來判斷。

（六）經文以為有無罪的定義

1、有　罪

　　稱人以殺，殺有罪也。（隱公四年）

　　稱人以殺，誅有罪也。（文公七年）

　　稱人以殺，誅有罪也，鄭父累也。（文公九年）

　　稱人以殺大夫，殺有罪也。（莊公九年）

　　稱人以執大夫，執有罪也。（昭公八年）

　　稱國以殺，罪累上也，以是為訟君也。（僖公三十年）

　　稱國以殺，罪累上也。（文公六年）

　　大夫弒其君，以國氏者，嫌也。（隱公四年）

　　大夫弒其君，以國氏者，嫌也。弒而代之也。（莊公八年）

　　先名後刺，殺有罪也。（僖公二十八年）

　　不言大夫，惡之也。（襄公三十年）

案：此為有罪的定義。透過對人的稱謂來作不同的書寫定義。

2、無　罪〔公年〕

　　稱國以殺大夫，殺無罪也。〔僖公七年〕

　　稱國以放，放無罪也。〔宣公元年〕

　　稱國以殺其大夫，殺無罪也。〔宣公九年〕

　　先刺後名，殺無罪也。〔成公十六年〕

案：此爲無罪的定義。透過對人的稱謂來作不同的無罪定義。

（七）經文對日食的定義

1、言日不言朔，食晦日也。〔隱公三年〕

案：此爲食晦日的定義。又是說明日食提前一天發生。日食只會發生在朔日，若曆
　　法不準就會有日食發生於晦日的情形。

2、言日言朔，食正朔也。〔桓公三年〕

案：此爲食正朔的定義。日食發生在朔日。

3、言朔不言日，食既朔也。〔桓公十七年〕

案：此爲食既朔的定義。既者，盡也。范甯云：「既，盡也。盡朔一日，至明日乃食，
　　是月二日食也。」按其說是指日食發生在初二，晚了一天。

4、不言日，不言朔，夜食也。〔莊公十八年〕

案：此爲夜食的定義。

　　由以上的定義部分可以發現，《穀梁傳》對於定義，一部分是藉定義來分別善惡
褒貶，但一部分則是用來強調文字書寫的意義。

二、規　定

　　規定相較於定義的差別，規定的理由是禮制上的規定，是大家都需要共同遵守
的。定義部分則是於《春秋》之中所特別的定出來的。

　　這部分筆者將規定的對象分爲，一對婦人的規定，二、對父親的規定，三、對
諸侯的規定，四、對禮制的規定，五、對祭祀的規定。

（一）對婦人的規定

　　母以子氏。〔隱公元年〕

　　禮，賵人之母則可，賵人之妾則不可。〔隱公元年〕

　　禮，婦人謂嫁曰歸，反曰來歸。〔隱公二年〕

　　婦人既嫁不踰竟。踰竟，非正也。〔莊公二年〕

　　婦人在家制於父，既嫁制於夫。〔成公九年〕

從人者也，婦人在家制於父、既嫁制於夫、夫死從長子。婦人不專行，必有從也。（隱公二年）

夫人之義，從君者也。（隱公二年）

姪娣者，不孤子之意也，一人有子，三人緩帶。（文公十八年）

其見以災卒奈何？伯姬之舍失火，左右曰：「夫人少辟火乎！」伯姬曰：「婦人之義，傅母不在，宵不下堂。」左右又曰：「夫人少辟火乎！」伯姬曰：「婦人之義，保母不在，宵不下堂。」遂逮乎火而死，婦人以貞為行者也，伯姬之婦道盡矣，詳其事，賢伯姬也。（襄公三十年）

案：這是對婦人的規定。且是由當時形成的婦女觀之禮制來作規定。

（二）對父親的規定

禮，送女。父不下堂，母不出祭門，諸母、兄弟不出闕門。（桓公三年）

送女踰竟，非禮也。（桓公三年）

案：這是對父親的規定。由父親嫁女兒的過程中，以送女的禮制來規範當時的行為。

（三）對諸侯的規定

禮，尊不親小事，卑不尸大功。（隱公五年）

禮，庶子為君，為其母築宮，使公子主其祭也。於子祭，於孫止。（隱公五年）

禮，天子在上，諸侯不得以地相與也。（桓公元年）

諸侯之尊，弟兄不得以屬通。（隱公七年）

諸侯之嫁子於大夫，主大夫以與之。（宣公五年）

諸侯無粟，諸侯相歸粟，正也。（定公五年）

聘，弓鏃矢不出竟場，束脩之肉不行竟中。（隱公元年）

聘諸侯，非正也。（隱公九年）

天子無事，諸侯相朝，正也。（隱公十一年）

天子告朔于諸侯，諸侯受乎禰廟，禮也。（文公十六年）

逆女，親者也。（桓公三年）

逆女，親者也。使大夫，非正也。（隱公二年）

來者，來朝也。其弗謂朝何也？寰內諸侯，非有天子之命，不得出會諸侯。（隱公元年）

古者諸侯時獻于天子。以其國之所有，故有辭讓，而無徵求。（桓公十五年）

穀梁子曰：「舞夏，天子八佾、諸公六佾、諸侯四佾，初獻六羽，始僭樂矣。」（隱公五年）

　　尸子曰：「舞夏，自天子至諸侯皆用八佾，初獻六羽，始厲樂矣。（隱公五年）
案：這是對諸侯的規定。是由當時天子與諸侯間的禮制來作規範，透過這些共同的
　　規定來與當時的行爲相較，便可以判斷行爲的合禮與否。

（四）對禮制的規定

　　孔子曰：名從主人，物從中國。故曰：郜大鼎也。（桓公二年）

　　其謂之是來何也？以其畫我，故簡言之也，諸侯不以過相朝也。（桓公六年）

　　脩教明諭，國道也。平而脩戎事，非正也。（桓公六年）

　　以待人父之道待人之子，以內爲失正矣。（桓公九年）

　　築，禮也。于外，非禮也。（莊公元年）

　　築之爲禮，何也？主王姬者，必自公門出，於廟則已尊，於寢則已卑，爲之築，
　　節矣，築之外，變之正也。（莊公元年）

　　禮，有受命，無來錫命，錫命，非正也。（莊公元年）

　　納幣，大夫之事也。（莊公二十二年）

　　禮有納采，有問名，有納徵，有告期，四者備而後娶，禮也。（莊公二十二年）

　　禮，天子諸侯黝堊，大夫倉士，黈。（莊公二十三年）

　　丹楹，非禮也。（莊公二十三年）

　　禮，天子之桷，斲之，礱之，加密石焉。（莊公二十四年）

　　諸侯之桷，斲之，礱之。大夫斲之。（莊公二十四年）

　　士，斲木刻桷，非正也。（莊公二十四年）

　　男子之贄，羔鴈雉腒，婦人之贄，棗栗鍛脩，用幣，非禮也。（公年）

　　鼓，禮也。（莊公二十五年）

　　用牲，非禮也。（莊公二十五年）

　　天子救日，置五麾、陳五兵、五鼓，諸侯置三麾，陳三鼓、三兵，大夫擊門，
　　士擊柝，言充其陽也。（莊公二十五年）

　　因此以見天子至于士皆有廟，天子七廟，諸侯五，大夫三，士二。（僖公十五年）

　　然則何爲不言獲也？曰：古者不重創，不禽二毛，故不言獲，爲內諱也。（文公
　　十一年）

　　男子二十而冠，冠而列丈夫，三十而娶，女子十五而許嫁，二十而嫁。大室猶
　　世室也。（文公十二年）

　　周公曰：大廟，伯禽曰：大室，群公曰宮。（文公十三年）

　　古者天子六師，諸侯一軍，作三軍，非正也。（襄公二十一年）

　　古者天子封諸侯，其地足以容其民，其民足以滿城以自守也。（襄公二十九年）

古者公田什一。（哀公十二年）

古者公田為居，井灶蔥韭盡取焉。（宣公十五年）

古者什之，藉而不稅，初稅畝，非正也。（宣公十五年）

古者三百步為里，名曰井田，井田者，九百畝，公田居一，私田稼不善，則非吏，公田稼不善，則非民。（宣公十五年）

初稅畝者，非公之去公田，而履畝十取一也，以公之與民為已悉矣。（宣公十五年）

丘甲，國之事也。（成公元年）

秋大雩，非正也。（定公元年）

冬大雩，非正也。（定公元年）

五穀不升為大饑。一穀不升謂之嗛。二穀不升謂之饑。三穀不升謂之饉。四穀不升謂之康。五穀不升謂之大侵。（襄公二十四年）

大侵之禮，君食不兼味，臺榭不塗，弛侯，廷道不除，百官布而不制，鬼神禱而不死，此大侵之禮也。（襄公二十四年）

其見以伐楚卒，何也？古者大國過小邑，小邑必飾城而請罪，禮也。（襄公二十五年）

正也，因蒐狩以習用武事，禮之大者也。（昭公八年）

艾蘭以為防，置旃以為轅門，以葛覆質以為槷，流旁握，御轚者不得入，車軌塵，馬侯蹄，掩禽旅，御者不失其馳，然後射者能中，過防弗逐，不從奔之道也。（昭公八年）

面傷不獻，不成禽不獻，禽雖多，天子取三十焉，其餘與士眾，以習射於射宮，射而中，田不得禽，則得禽，田得禽而射不中，則不得禽，是以知古之貴仁義，而賤勇力也。（昭公八年）

案：這是對禮制的規定。這些禮制包括稅務、糧食儲存、房屋的顏色裝飾等。可以知道當時的規定是依身份而有不同。並且對民生的議題也非常重視。

（五）對祭祀的規定

四時之田，皆為宗廟之事也。春曰田、夏曰苗、秋曰蒐、冬曰狩。四時之田用三焉，唯其所先得，一為乾豆，二為賓客，三為充君之庖。（桓公四年）

烝，冬事也。（桓公七年）

春、夏興之，黷祀也。志不敬也。（桓公七年）

生服之，死行之，禮也。（莊公元年）

朝於廟，正也。於外，非正也。（莊公二十三年）

禮，柩在堂上，孤無外事，今背殯而出會，以宋子爲無哀矣。（僖公九年）

夏，四月，不時也。（僖公三十一年）

四卜，非禮也。（僖公三十一年）

免牲者，爲之緇衣熏裳，有司玄端奉送，至于南郊，免牛亦然。（僖公三十一年）

僖公葬而後舉諡，諡所以成德也，於卒事乎加之矣。（文公元年）

爲僖公主也，立主，喪主於虞，吉主於練。（文公二年）

作主壞廟，有時日於練焉。（文公二年）

壞廟，壞廟之道，易檐可也，改塗可也。（文公二年）

著袷嘗，袷祭者，毀廟之主，陳于大祖，未毀廟之主，皆升合祭於大祖。（公年）

先親而後祖也，逆祀也。（文公二年）

含一事也，賵一事也，兼歸之，非正也。（文公五年）

賵以早，而含已晚。（文公五年）

天子不以告朔，而喪事不數也。（文公六年）

求車猶可，求金甚矣。（文公九年）

禮，宗廟之事，君親割，夫人親舂，敬之至也，爲社稷之主，而先君之廟壞，極稱之，志不敬也。（文公十三年）

喪不貳事。（文公十六年）

雨不克葬，葬既有日，不爲雨止，禮也。（宣公八年）

雨不克葬，喪不以制也。（宣公八年）

免牲者，爲之緇衣繡裳，有司玄端，奉送至于南郊，免牛亦然。（成公七年）

免牲不日不郊，免牛亦然。（成公七年）

宮室不設，不可以祭，衣服不脩，不可以祭，車馬器械不備，不可以祭，有司一人不備其職，不可以祭。（成公十七年）

變之不葬有三，失德不葬，弒君不葬，滅國不葬。（昭公十三年）

君在祭樂之中，聞大夫之喪，則去樂卒事，禮也。（昭公十五年）

然則何爲不爲君也？曰：有天疾者，不得入乎宗廟。（昭公二十年）

葬既有日，不爲雨止，禮也。（定公十五年）

雨不克葬，喪不以制也。（定公十五年）

鼷鼠食郊牛角，改卜牛，志不敬也。（哀公元年）

夏四月郊，不時也，五月郊，不時也。（哀公元年）

郊三卜，禮也，四卜，非禮也，五卜，強也。（哀公元年）

卜免牲者，吉則免之，不吉則否。（哀公元年）

案：這是對祭祀的規定。包括對天地的祭祀與對宗廟祭祀的規矩。

規定這部分主要來源是禮制。透過這個普遍性的原則來要求婦人、諸侯、天子等都應遵守其規定。

這節從定義與規定來談因為它們有相同的性質，都是《穀梁傳》義理的部分。

第二節　《穀梁傳》的轉語與轉而論

這節從轉語與轉而論來探討《穀梁傳》的著述原則。轉語是指傳文將《春秋》文字有更動過的地方揭示並說明理由。轉而論是指傳文除了針對經文的文字解釋外，另外有一些的議論或說法會置於傳末。

轉語有部分是因避諱而改動經文。而諱的情形比較多人探討。如奚敏芳說：「《穀梁》論諱經文，凡二十八則，其中為內諱十二則，為內大惡諱一則，為尊者諱七則，為賢者諱兩則，為中國諱四則，為親者諱兩則。所諱之事，以為魯隱諱最多，其次是為周天子諱，再次是為中國諱，再次是為賢者諱、親者諱，末是為內大惡諱，各類所佔比例次序，與《左傳》近似。《穀梁傳》解經較為平實，對於《春秋》經文往往釋其理而失疏通之，未若《公羊傳》之蘊有濃厚政治理想熱忱〔註2〕。」而轉語有更多的部分是有目的性的，這也是《穀梁傳》所揭示出的。

一、轉　語

轉語有部分是因為某種需要，所以更動經文文字，這就是《春秋》的一字之褒貶。《穀梁傳》不只指出《春秋》何處有褒貶，更將理由說明。還有一部分是將《春秋》的用字以反面的意思來解釋。

筆者將轉語部分，分為一是有目的的更動經文文字，二是為避諱。

（一）轉語有目的的更動經文文字

1、隱公元年《春秋》：「鄭伯克段于鄢。」《穀梁傳》：「何以不言殺，見段之有徒眾也〔註3〕。」

案：《穀梁傳》云用克不用殺字的原因，也說明孔子的用法。

2、隱公元年《春秋》：「夏，五月，鄭伯克段于鄢。」《穀梁傳》：「段，弟也。而弗謂弟，公子也。而弗謂公子，貶之也〔註4〕。」

〔註2〕奚敏芳，〈春秋三傳諱例異同研究〉，《孔孟學報》第五十八期（1989年8月），頁284。
〔註3〕《穀梁傳注疏》（臺北：藝文印書館，1997年8月），頁10。
〔註4〕同註3。

案：這裡說明爲何不書公子段，是貶。

3、桓公八年《春秋》：「祭公來，遂逆王后于紀。」《穀梁傳》：「其不言使焉爲何也？不正其以宗廟之大事即謀於我，故弗與使也〔註5〕。」

案：此說明祭公爲天子大夫，不言天王使，表示其行爲不正。

4、桓公十一年《春秋》：「九月，宋人執鄭祭仲。」《穀梁傳》：「其曰人何也？貶之也〔註6〕。」

案：《穀梁傳》說明宋人爲宋公。是爲貶而稱人。

5、桓公十四年《春秋》：「宋人以齊人、蔡人、衛人、陳人，伐鄭。」《穀梁傳》：「以者不以者也〔註7〕。」

案：《春秋》經文用以字，《穀梁傳》說「以者，不以者也。」強調宋人的非正。這部分若非《穀梁傳》說明，無法呈現以字的意義。

6、莊公六年《春秋》：「夏，六月，衛侯朔入于衛。」《穀梁傳》：「其不言伐衛納朔何也？不逆天王之命也〔註8〕。」

案：因爲諸侯與天王的意見不同，須以天王爲是。

7、莊公十年《春秋》：「三月，宋人遷宿。」《穀梁傳》：「其不地，宿不復見也〔註9〕。」

案：由於宿這地方被宋國滅了，之後不曾出現，由不地來表達。

8、莊公二十四年《春秋》：「戊寅，大夫、宗婦用幣。」《穀梁傳》：「用者，不宜用者也〔註10〕。」

案：《穀梁傳》說明實際上大夫、宗婦用幣，但《穀梁傳》強調用者，不宜用也。

9、僖公四年《春秋》：「楚屈完來盟于師，盟于召陵。」《穀梁傳》：「楚無大夫，其曰屈完何也？以其來會桓，成之爲大夫也〔註11〕。」

案：楚無大夫但因與齊桓公會，所以成爲大夫。

10、宣公二年《春秋》：「晉趙盾弒其君。」《穀梁傳》：「穿弒也，盾不弒，而曰盾弒，何也？以罪盾也。」〔註12〕

案：本爲趙穿弒君，但爲強調趙盾的罪，所以言趙盾弒君。

〔註5〕《穀梁傳注疏》，頁36。
〔註6〕《穀梁傳注疏》，頁37。
〔註7〕《穀梁傳注疏》，頁40。
〔註8〕《穀梁傳注疏》，頁48。
〔註9〕《穀梁傳注疏》，頁51。
〔註10〕《穀梁傳注疏》，頁60。
〔註11〕《穀梁傳注疏》，頁73。
〔註12〕《穀梁傳注疏》，頁116。

由以上的部分可以知道，這些轉語的目的比較繁雜，或為貶斥、或為強調，但都因此而更動原來的面貌。

（二）轉語為避諱而更動經文文字

這部分的轉語，都是為諱而更動經文文字。

1、桓公元年《春秋》：「鄭伯以璧假許田。」《穀梁傳》：「非假而曰假，諱易地也〔註13〕。」

案：經文用假字，是為諱鄭伯與魯國私下易地。

2、莊公元年《春秋》：「三月，夫人孫于齊。」《穀梁傳》：「孫之為言猶孫也，諱奔也〔註14〕。」

案：經文用孫字來替代夫人出奔，以替其隱諱。

3、莊公二十七年《春秋》：「秋，公子友如陳葬原仲。」、《穀梁傳》：「不葬而曰葬，諱出奔也〔註15〕。」

案：公子友實際上是出奔，但為隱諱，所以言其是以葬原仲的名義出去。

4、莊公二十八年《春秋》：「臧孫辰告糴于齊。」、《穀梁傳》：「不言如，為內諱也〔註16〕。」

案：魯國缺糧故請齊國幫忙，但為為魯國諱，所以不言如，以為是臧孫辰自己的主意。

5、莊公三十年《春秋》：「夏，師次于陳。」《穀梁傳》：「欲救鄣而不能也，不言公，恥不能救鄣也〔註17〕。」

案：魯莊公無法救鄣，所以經文不書公，為其避諱。

6、莊公三十二年《春秋》：「公子慶父如齊。」《穀梁傳》：「此奔也，其曰如，何也？諱莫如深則隱，苟有所見，莫如深也〔註18〕。」

案：為公子慶父奔齊諱，故書寫其如齊。

7、僖公十七年《春秋》：「夏滅項。」《穀梁傳》：「何以不言桓公也？為賢者諱也。」〔註19〕

案：齊桓公滅項，是為惡行，但為賢者諱，故略其人。

〔註13〕《穀梁傳注疏》，頁28。
〔註14〕《穀梁傳注疏》，頁44。
〔註15〕《穀梁傳注疏》，頁62。
〔註16〕《穀梁傳注疏》，頁63。
〔註17〕《穀梁傳注疏》，頁64。
〔註18〕《穀梁傳注疏》，頁65。
〔註19〕《穀梁傳注疏》，頁85。

8、僖公二十二年《春秋》:「丁未,及邾人戰于升陘。」《穀梁傳》:「不言及之者,
　為內諱也〔註20〕。」

　案:因為戰敗所以為魯國諱,故不將魯君說出來。

9、僖公二十二年《春秋》:「丁未,及邾人戰于升陘。」《穀梁傳》:「不言其人,以
　吾敗也〔註21〕。」

　案:以魯國敗,為諱,所以不說敗於何人,而以邾人稱之。

10、文公二年《春秋》:「三月,乙巳,及晉處父盟。」《穀梁傳》:「不言公,處父伉
　也,為公諱也〔註22〕。」

　案:因為這次會盟晉處父驕伉,所以為魯公諱,不書。

　　以上這部分是為避諱而在經文文字上有所更動。其中包括為賢者諱、為尊者諱、
為親者諱。

二、轉而論

　　《穀梁傳》在傳文中除了解釋經文的話語,有部分傳文會有「轉而論」的情形。
所謂「轉而論」,是指有些《穀梁傳》在原論述中接著談另一個問題。這些傳文乍看
起來似乎與經文無關,所以需加以探討《穀梁傳》如此發傳的意義。

1、隱公二年《穀梁傳》:「知者慮、義者行、仁者守,有此三者,然後可以出會〔註
　23〕。」

　案:《穀梁傳》:「會者,外為主焉爾。」後文加上知者慮、義者行、仁者守,有
　　此三者,然後可以出會。藉以來說明公出會若無三者,則會有危險。

2、隱公五年《穀梁傳》:「伐不踰時,戰不逐奔,誅不填服。苞人民、毆牛馬曰侵。
　斬樹木、壞宮室曰伐〔註24〕。」

　案:《穀梁傳》說明了宋人伐鄭圍長葛。於傳末又對苞、侵、伐的定義,補充說
　　明。又交代了古人對戰事的處理方法。

3、桓公十四年《穀梁傳》:「孔子曰:『聽遠音者,聞其疾,而不聞其舒。望遠者,
　察其貌,而不察其形。立乎定、哀,以指隱、桓,隱、桓之日遠矣。夏,五,傳
　疑也。』〔註25〕」

<hr>

〔註20〕《穀梁傳注疏》,頁89。
〔註21〕《穀梁傳注疏》,頁89。
〔註22〕《穀梁傳注疏》,頁99。
〔註23〕《穀梁傳注疏》,頁12。
〔註24〕《穀梁傳注疏》,頁22。
〔註25〕《穀梁傳注疏》,頁39。

案：傳末對夏五傳疑的原因有所說明。這雖非對經文有所發義，但可說延伸了經
文另外的說法。

4、隱公十四年《春秋》：「秋，八月，壬申，御廩災。乙亥，嘗。」《穀梁傳》：「天
子親耕，以共粢盛。王后親蠶，以共祭服。國非無良農、工女也，以為人之所盡，
事其祖禰，不若以己所自親者也〔註 26〕。」

案：《穀梁傳》提出古代天子親耕、王后親蠶的說法。

5、莊公三年《穀梁傳》：「獨陰不生，獨陽不生，獨天不生，三合然後生〔註 27〕。」

案：《穀梁傳》於《春秋》：「五月，葬桓王。」中另外說明了當時對人的產生的
觀點。

6、莊公四年《春秋》：「冬，公及齊人狩于郜。」《穀梁傳》：「何為卑公也？不復讎，
而怨不釋，刺釋怨也〔註 28〕。」

案：《穀梁傳》於傳末對公狩于郜的事，從過去的齊、魯國仇，卻不復仇來貶斥。

7、莊公八年《穀梁傳》：「兵事以嚴終，故曰善陳者不戰，此之謂也。善為國者不師，
善師者不陳，善陳者不戰，善戰者不死，善死者不亡。」〔註 29〕

案：《春秋》：「甲午，治兵。」，《穀梁傳》對兵家的作戰原則加以描述。

8、莊公二十八年《穀梁傳》：「國無九年之畜，曰不足。無六年之畜曰急。無三年之
畜，曰國。非其國也。……古者稅什一，豐年補敗，不外求而上下皆足也，雖累
凶年民弗病也，一年不艾而百姓饑，君子非之〔註 30〕」

案：《穀梁傳》於此說明當時的稅務制度，與當時國家的儲糧制度。

9、莊公二十九年《穀梁傳》：「其言新有故也，有故，則何為書也？古之君人者，必
時視民之所勤，民勤於力，則功築罕，民勤於財，則貢賦少，民勤於食，則百事
廢矣〔註 31〕。」

案：《春秋》：「春，新延廄。」，《穀梁傳》對當時國君治理人民的方式，發表看
法。

10、僖公八年《穀梁傳》：「朝服雖敝，必加於上，弁冕雖舊，必加於首，周室雖
衰，必先諸侯〔註 32〕。」

〔註 26〕同註 25。
〔註 27〕《穀梁傳注疏》，頁 40。
〔註 28〕《穀梁傳注疏》，頁 48。
〔註 29〕《穀梁傳注疏》，頁 49。
〔註 30〕《穀梁傳注疏》，頁 63。
〔註 31〕同註 31。
〔註 32〕《穀梁傳注疏》，頁 78。

案：《穀梁傳》對當時諸侯應如何尊重周天子的方式說明出來。

11、昭公八年《穀梁傳》：「面傷不獻，不成禽不獻，禽雖多，天子取三十焉，其餘與士眾，以習射於射宮，射而中，田不得禽，則得禽，田得禽而射不中，則不得禽，是以知古之貴仁義，而賤勇力也〔註33〕。」

案：《穀梁傳》將當時狩獵之禮節說明出來。

12、哀公元年《穀梁傳》：「三月卜郊，何也？郊自正月，至于三月，郊之時也，我以十二月下辛，卜正月上辛，如不從，則以正月下辛，卜二月上辛，如不從，則以二月下辛，卜三月上辛，如不從則不郊矣〔註34〕。」

案：《穀梁傳》對當時郊祀的禮制，若遇變故，處理方式的說明。

13、哀公十四年《穀梁傳》：「其不言來，不外麟於中國也。其不言有，不使麟不恆於中國也〔註35〕。」

案：《穀梁傳》對於《春秋》：「西狩獲麟」一事的延伸，認為這條經文所要表達的是麟這動物，本是中國之獸。

由這些例子，我們知道轉而論的意義有二，一是對傳文的意義作延伸補充。二是另外說明了當時的制度與觀念以作補充，因此保留在傳文之中。透過這些補充，《穀梁傳》讓讀者對當時的情形有更多的認識，這也是《穀梁傳》解《春秋》已意識到時代變遷造成的不同，所以將這些當時的制度、觀念補充，對理解《春秋》是很有幫助的。從這方面來說，轉而論也是著述原則。

第三節　《穀梁傳》的或曰與推論

這節從或曰與推論來探討《穀梁傳》的著述原則。或曰是指引用他人的說法。推論是發傳的過程運用邏輯的推演來說明。

筆者將或曰的部分分為兩種，一是有引人名，二是無引人名。

一、或　曰

（一）有引人名

有引人名的部分是將引言人的名字標示出來。

1、隱公五年《春秋》：「初獻六羽。」《穀梁傳》：「尸子曰：『舞，夏，自天子至諸

〔註33〕《穀梁傳注疏》，頁168。
〔註34〕《穀梁傳注疏》，頁199。
〔註35〕《穀梁傳注疏》，頁205。

侯皆用八佾，初獻六羽，始厲樂矣。』〔註36〕」

案：此引尸子曰與穀梁子曰相左。穀梁子曰：「舞，夏，天子八佾，諸公六佾，諸侯四佾。初獻六羽，始僭樂矣。」可見二說並行於當時，不知何為正解，故信以傳信，疑以傳疑。

2、隱公十年《春秋》：「冬，曹伯使其世子射姑來朝。」《穀梁傳》：「尸子曰：『夫已多乎道。』〔註37〕」

案：此引尸子曰與傳文意義相左。《穀梁傳》：「朝不言使，言使非正也。使世子伉諸侯之禮，曹伯失正矣。諸侯相見曰朝，以待人父之道待人之子，以內為失正矣。內失正，曹伯失正，世子可以已矣，則是故命也。」《穀梁傳》認為曹伯失正，世子又成父之惡，故貶之。尸子說法不同，認為曹伯合道。

3、僖公十六年《春秋》：「是月六鷁退飛過宋都。」《穀梁傳》：「子曰：『石無知之物，鷁微有知之物，石無知，故日之，鷁微有知之物，故月之。君子之於物，無所苟而已，石鷁且猶盡其辭，而況於人乎，故五石六鷁之辭不設，則王道不亢矣。』〔註38〕」

案：此引孔子曰在補充說明《春秋》之記連如此細微之事都如此謹慎小心，何況對於人更是如此。

4、襄公二十三年《春秋》：「冬，十月，乙亥，臧孫紇出奔邾。」《穀梁傳》：「蘧伯玉曰：『不以道事其君者，其出乎。』〔註39〕」

案：《穀梁傳》：「其日，正臧孫紇之出也。」范甯云：「正其有罪」。而蘧伯玉言其出乎，范甯云：「必不見容」是從不見容於君，才出奔。所以蘧伯玉的引文是同於《穀梁傳》。

5、昭公四年《春秋》：「秋，七月，楚子、蔡侯、陳侯、許男、頓子、胡子、沈子、淮夷，伐吳。執齊慶封殺之。」《穀梁傳》：「孔子曰：『懷惡而討，雖死不服，其斯之謂與。』〔註40〕」

案：此引孔子曰在補充楚子懷惡而討齊慶封，慶封死而不服，強調春秋之義，用貴治賤，用賢治不肖，不以亂治亂也。

6、昭公十八年《春秋》：「夏，五月，宋、衛、陳、鄭，災。」《穀梁傳》：「或曰：

〔註36〕《穀梁傳注疏》，頁 21。
〔註37〕《穀梁傳注疏》，頁 37。
〔註38〕《穀梁傳注疏》，頁 84。
〔註39〕《穀梁傳注疏》，頁 159。
〔註40〕《穀梁傳注疏》，頁 166。

人有謂鄭子產曰：『某日有災。』子產曰：『天者神，子惡知之？是人也，同日爲
四國災也。』〔註41〕」

案：此引子產曰在破除神怪思想的附會、謠傳。

7、定公元年《春秋》：「戊辰，公即位。」《穀梁傳》：「沈子曰：「正棺乎兩楹之間，
然後即位也〔註42〕。」

案：魯昭公喪在外，故定公元年未言即位，到了夏天才即位。此引沈子曰，同時
說明先君喪，殯而後言即位。故與《穀梁傳》同。

　　由以上所舉，可知引有人名的話，目的在補充說明與加強論說。除了引尸子兩
次，都是相反的說法。而《穀梁傳》並非不同意尸子的說法，而是當時流傳二種說
法，因爲無法判斷誰是誰非，所以存疑二說。

（二）未引人名

　　無引人名的部分是，在引言人的上面沒有將名字書寫出來。

1、隱公二年《春秋》：「紀子伯、莒子，盟于密。」《穀梁傳》：「或曰：『紀子伯、莒
子，而與之盟。』或曰：『年同、爵同，故紀子以伯先也。』〔註43〕」

案：《穀梁傳》這兩段或曰說法一致，都以紀子爲伯所以列於先。

2、隱公八年《春秋》：「冬，十月，無侅卒。」《穀梁傳》：「無侅之名，未有聞焉。
或曰：『隱不爵大夫也。』或說曰：『故貶之也。』〔註44〕」

案：二說並非有所衝突，而是對無侅之名的說法，存二說。

3、桓公二年《春秋》：「宋督弒其君與夷及其大夫孔父。」《穀梁傳》：「或曰：『其不
稱名，蓋爲祖諱也，孔子故宋也。』〔註45〕」

案：《穀梁傳》對孔父不稱名的理由有一種說法，「臣既死，君不忍稱其名。」，
又引或曰的說法，二種說法並不衝突。

4、桓公六年《春秋》：「九月，丁卯，子同生。」《穀梁傳》：「疑故志之。時曰：『同
乎人也。』〔註46〕」

案：時曰，范甯說時曰是時人僉。都是說明莊公的身份有疑。

5、桓公八年《春秋》：「祭公來，遂逆王后于紀。」《穀梁傳》：「其曰：『遂逆王后，

〔註41〕《穀梁傳注疏》，頁177。
〔註42〕《穀梁傳注疏》，頁186。
〔註43〕《穀梁傳注疏》，頁14。
〔註44〕《穀梁傳注疏》，頁24。
〔註45〕《穀梁傳注疏》，頁29。
〔註46〕《穀梁傳注疏》，頁33。

故略之也。』或曰：『天子無外，王命之則成矣。』〔註47〕」

案：對不言使者的原因，有兩種說法。這二說法雖不同但不衝突。

6、莊公元年《春秋》：「齊師遷邢鄑郚。」《穀梁傳》：「或曰：『遷紀于邢鄑郚〔註48〕。』」

案：此或曰有補充說明的作用。

7、莊公二年《春秋》：「夏，公子慶父帥師伐于餘丘。」《穀梁傳》：「其一曰君在而重之也〔註49〕。」

案：凡攻國曰伐，今餘丘爲邾之邑，曰伐。《穀梁傳》說公子貴也。或曰：君在而重之。是補充說明。

8、莊公三年《春秋》：「五月，葬桓王。」《穀梁傳》：「傳曰：『改葬也。』〔註50〕」

案：傳曰：改葬。爲傳文確定說法，故傳曰是爲此段傳文下肯定的案語。

9、莊公三年《春秋》：「五月，葬桓王。」《穀梁傳》：「或曰：『郤尸以求諸侯〔註51〕。』」

案：或曰對改葬的原因提供一種說法，故在補充傳曰。

10、莊公三十一年《春秋》：「秋，築臺于秦。」《穀梁傳》：「或曰：『倚諸桓也，桓外無諸侯之變，內無國事越千里之險，北伐山戎，爲燕辟地，魯外無諸侯之變，內無國事，一年罷民三時，虞山林藪澤之利，惡內也。』〔註52〕」

案：《穀梁傳》對魯莊公用民不時來發傳，或曰是從與齊桓公對比來說明魯莊公之惡。二者說法相同。

11、文公三年《春秋》：「夏，五月，王子虎卒。」《穀梁傳》：「或曰：『以其嘗執重以守也。』〔註53〕」

案：《穀梁傳》對《春秋》爲何記載王子虎卒，說是之前其有來魯國會葬，或曰是說王子虎有功於鄭國。二者說法不同。

12、文公十一年《春秋》：「甲午，叔孫得臣敗狄于鹹。」《穀梁傳》：「傳曰：『長狄也。』〔註54〕」

〔註47〕《穀梁傳注疏》，頁36。
〔註48〕《穀梁傳注疏》，頁45。
〔註49〕《穀梁傳注疏》，頁46。
〔註50〕同註49。
〔註51〕《穀梁傳注疏》，頁46。
〔註52〕《穀梁傳注疏》，頁64。
〔註53〕《穀梁傳注疏》，頁100。
〔註54〕《穀梁傳注疏》，頁108。

案：《穀梁傳》由傳曰來說明，狄爲長狄，身橫九畝。

13、文公十二年《春秋》：「二月，庚子，子叔姬卒。」《穀梁傳》：「其一傳曰：『許嫁，以卒之也。』〔註55〕」

　　案：傳曰記載子叔姬卒的原因。《穀梁傳》的說法是子叔姬貴之也，是魯文公的母姊妹。

14、成公二年《春秋》：「六月，癸酉，季孫行父、臧孫許、叔孫僑如、公孫嬰齊，帥師會晉郤克、衛孫良夫、曹公子手，及齊侯戰于鞌。齊師敗績。」《穀梁傳》：「其日，或曰：『日其戰也。』或曰：『日，其悉也。』〔註56〕」

　　案：或曰說明二種書日的原因。

15、成公九年《春秋》：「杞伯來逆叔姬之喪以歸。」《穀梁傳》：「傳曰：『夫無逆出妻之喪而爲之也。』〔註57〕」

　　案：傳曰說禮制無丈夫逆出妻之喪的禮制。《穀梁傳》直接用傳曰的說法來發傳。

16、成公十三年《春秋》：「曹伯廬卒于師。」《穀梁傳》：「傳曰：閔之也〔註58〕。」

　　案：傳曰將此傳文爲何書寫曹伯廬卒的原因說明出來。

17、成公十六年《春秋》：「雨木冰。」《穀梁傳》：「傳曰：根枝折〔註59〕。」

　　案：《穀梁傳》：「雨而木冰也。志異也。」，而傳曰說明另一種解釋。

18、成公三十年《春秋》：「天王殺其弟佞夫。」《穀梁傳》：「傳曰：諸侯目不首惡，況於天子乎！〔註60〕」

　　案：傳曰說明爲何不替天王諱的理由，因爲殺母弟，所以太甚。

19、昭公元年《春秋》：「晉荀吳帥師敗狄于太原。」《穀梁傳》：「傳曰：『中國曰大原，夷狄曰大鹵，號從中國，名從主人。』〔註61〕」

　　案：傳曰對中國與夷狄的稱呼不同，加以說明。

　　從以上所舉的例子可將未引人名的「或曰」區分數種，一是傳曰，傳曰是代替傳文發傳，是在解釋原因。二是引的「或曰」與傳文意思相同。三是引的「或曰」是存兩種說法不同的說法，可是這兩種說法並不相左。四是引的「或曰」在補充傳

〔註55〕同註54。
〔註56〕《穀梁傳注疏》，頁129。
〔註57〕《穀梁傳注疏》，頁137。
〔註58〕《穀梁傳注疏》，頁139。
〔註59〕《穀梁傳注疏》，頁141。
〔註60〕《穀梁傳注疏》，頁162。
〔註61〕《穀梁傳注疏》，頁165。

文的說法。五是引的或曰與傳文意見相左，但這部分很少。

二、推　論

推論的部分，筆者分為二種。一是有問而回答時，用推論的方式說明；二是直接以推論言之。

（一）有問而回答時，用推論的方式說明

有問而回答時，用推論的方式說明，是指這部分傳文發傳的起因是從傳文本身自設的一個問題，然後針對這問題來回答。

1、隱公元年《穀梁傳》：「何以知其為弟也？殺世子母弟目君，以其目君，知其為弟也〔註62〕。」

案：《穀梁傳》說鄭段覬覦君位，所以其為鄭伯之弟，為同父異母的兄弟。因為只有母弟才有繼承權。

2、桓公二年《穀梁傳》：「何以知其先殺孔父也？曰：『子既死，父不忍稱其名；臣既死，君不忍稱其名。以是知君之累之也。』孔，氏。父，字諡也〔註63〕。」

案：《春秋》：「宋督弒其君與夷及其大夫孔父。」，《穀梁傳》以經文的孔父，孔是氏，父為諡號，是國君不忍稱死臣其名，說明孔父先死。

3、桓公六年《穀梁傳》：「何以知其是陳君也？兩下相殺，不道〔註64〕。」

案：《穀梁傳》從兩大夫相殺不道，而此有書之，明《春秋》：「蔡人殺陳佗」的陳佗是陳侯。

4、莊公十九年《穀梁傳》：「何以見其辟要盟也？媵，禮之輕者也，盟，國之重也，以輕事遂乎國重無說〔註65〕。」

案：此年《春秋》：「秋，公子結媵陳人之婦于鄄，遂及齊侯、宋公盟。」，《穀梁傳》認為以輕事遂乎國事無也，所以是魯國藉由媵婦來與齊侯、宋公盟。萬一齊、宋不與魯國盟，魯國則以媵婦的理由出去，並非被拒絕。

5、僖公元年《穀梁傳》：「是齊侯與？齊侯也。何用見其是齊侯也，曹無師，曹師者，曹伯也，其不言曹伯，何也？以其不言齊侯，不可言曹伯也。其不言齊侯，何也？以其不足乎揚，不言齊侯也〔註66〕。」

案：《穀梁傳》從齊侯較曹伯為尊，所以當齊侯稱齊師，雖曹國無師，亦因卑於

〔註62〕《穀梁傳注疏》，頁 10。
〔註63〕《穀梁傳注疏》，頁 29。
〔註64〕《穀梁傳注疏》，頁 33。
〔註65〕《穀梁傳注疏》，頁 57。
〔註66〕《穀梁傳注疏》，頁 69。

齊侯，所以稱曹師。

6、文公二年《穀梁傳》：「何以知其與公盟？以其日也。何以不言公之如晉？所恥也〔註67〕。」

案：《春秋》：「三月，乙巳，及晉處父盟。」，此次的會盟，《穀梁傳》認為是從經文書日代表魯僖公有參與，但為魯公避諱，所以不言公。

7、文公三年《穀梁傳》：「其逆者誰也？親逆而稱婦，或者公與。其速婦之也，曰公也〔註68〕。」

案：《穀梁傳》說逆婦的是文公，因為其親迎，於齊國就行婚禮，所以貶而不書名。

8、成公元年《穀梁傳》：「丘作甲，非正也。丘作甲之為非正，何也？古者立國家，百官具，農工皆有職以事上，古者有四民，有士民，有商民，有農民，有工民。夫甲，非人人之所能為也。丘作甲，非正也〔註69〕。」

案：《穀梁傳》從各司其職的立場說明，使一丘之人廢其職來作甲，非正。

9、成公十七年《穀梁傳》：「何以知公之不周乎伐鄭？以其以會致也〔註70〕。」

案：《穀梁傳》從公至自會，而不書公至自伐鄭，說明魯成公並未伐鄭。

以上有問而答的推論，其過程有將原因、理由放入推論作為論證。

（二）直接以推論言之

直接以推論來發傳是指它沒有經過類似前面的問答形式，而直接對《春秋》的經文文字作邏輯推論的判別。

1、桓公十四年《穀梁傳》：「夫嘗必有兼旬之事焉。壬申，御廩災，乙亥，嘗，以為未易災之餘而嘗也〔註71〕。」

案：《穀梁傳》從《春秋》未記載有關夫人重新親自舂米，推論此年秋，八月，壬申，御廩火災，乙亥嘗所用的米為災餘之米。

2、莊公六年《穀梁傳》：「王人卑者也，稱名貴之也。救者善，則伐者不正矣〔註72〕。」

案：《春秋》：「六年，春，王二月，王人子突救衛。」，《穀梁傳》從王人子突為貴且善，來說明則伐者不正。

〔註67〕《穀梁傳注疏》，頁99。
〔註68〕《穀梁傳注疏》，頁100。
〔註69〕《穀梁傳注疏》，頁128。
〔註70〕《穀梁傳注疏》，頁142。
〔註71〕《穀梁傳注疏》，頁39。
〔註72〕《穀梁傳注疏》，頁48。

3、莊公六年《穀梁傳》:「朔之名惡也。朔入逆,則出順矣。朔出入名,以王命絕之也〔註73〕。」

　　案:《春秋》:「夏,六月,衛侯朔入于衛。」,《穀梁傳》從衛侯朔爲王命所絕,來說明,其出入皆惡也。但爲分別出入,故以入國爲逆,出奔爲順。

4、僖公十五年《穀梁傳》:「夷伯,魯大夫也。因此以見天子至于士皆有廟,天子七廟,諸侯五,大夫三,士二〔註74〕。」

　　案:《春秋》:「已卯,晦,震夷伯之廟。」,《穀梁傳》從夷伯爲魯國大夫有廟,以推論天子至士都有廟。

5、文公二年《穀梁傳》:「躋,升也。先親而後祖也,逆祀也。逆祀,則是無昭穆也。無昭穆,則是無祖也。無祖,則無天也。故曰文無天,無天者,是無天而行也〔註75〕。」

　　案:《穀梁傳》因文公躋僖公,而對文公的行爲、心態作分析與評斷,來強調文公的非禮。

6、文公七年《穀梁傳》:「輟戰而奔秦,以是爲逃軍也〔註76〕。」

　　案:《春秋》:「晉先蔑奔秦。」,《穀梁傳》由上條經文「戊子,晉人及秦人戰于令狐。」而先蔑出奔敵國,所以稱逃軍。

7、文公七年《穀梁傳》:「不言所至,未如也。未如則未復也。未如而曰如,不廢君命也。未復而曰復,不專君命也。其如非如也,其復非復也。唯奔莒之事爲信〔註77〕。」

　　案:《穀梁傳》對《春秋》:「公孫敖如京師,不至而復,丙戌奔莒。」說明如字、復字、奔字,的意義。

8、成公十六年《穀梁傳》:「執者致,而不致,公在也〔註78〕。」

　　案:《春秋》:「九月,晉人執季孫行父舍之于苕丘。」,《穀梁傳》從執者不致說明魯成公也在。

9、襄公七年《穀梁傳》:「以其去諸侯,故逃之也〔註79〕。」

　　案:此年公會晉侯、宋公、陳侯、衛侯、曹伯、莒子、邾子于鄬。鄭伯髡原如會,

〔註73〕同註72。
〔註74〕《穀梁傳注疏》,頁83。
〔註75〕《穀梁傳注疏》,頁99。
〔註76〕《穀梁傳注疏》,頁103。
〔註77〕同註76。
〔註78〕《穀梁傳注疏》,頁141。
〔註79〕《穀梁傳注疏》,頁150。

　　　未見諸侯。說明因為鄭伯逃走，所以未並列於會盟之上。

10、定公元年《穀梁傳》：「定之始非正始也。昭無正終，故定無正始〔註80〕。」

　　案：從定公之先君昭公外喪無正終，所以定公無正始。

　　此部分是用非a即b的方式，推論說明經文的意義。

　　綜合以上對《穀梁傳》著述原則的探討，可以說明《穀梁傳》的發傳是有原則性的。

　　第一節的定義原則是，一部分是藉定義來分別善惡褒貶，但另一部分則是用來強調文字使用的意義。

　　第一節的規定原則是，規定這部分主要來源是禮制。透過這個普遍性的原則來要求婦人、諸侯、天子等都要按其規定來遵守。

　　第二節的轉語原則是，一是部分轉語的目的比較繁雜，或為貶斥、或為強調，但都因此而更動原來的面貌。二是為避諱而在經文文字上有所更動。其中包括為賢者諱、為尊者諱、為親者諱。

　　第二節的轉而論原則是，一是對傳文的意義作延伸補充。二是另外說明了當時的制度與觀念以作補充。透過這些補充，《穀梁傳》讓讀者對當時的情形有更多的認識，這也是《穀梁傳》解《春秋》已意識到時代變遷造成的不同，所以將這些當時的制度、觀念補充，對理解《春秋》是很有幫助的。

　　第三節的或曰原則是，有引人名的部分，目的在補充說明、加強論說。無引人名的部分，可以區分五種，一是傳曰，傳曰是代替傳文發傳，是在解釋原因。二是引的或曰與傳文意思相同。三是引的或曰是存兩種說法不同的說法，可是這兩種說法並不相左。四是引的或曰在補充傳文的說法。五是引的或曰與傳文意見相左，但這部分很少。因此或曰的主要目的有兩種，一在補充傳文的意思，二是當時流傳有二種說法，《穀梁傳》則將兩種說法都保留於傳文之中。

　　第三節的推論原則是，當《穀梁傳》用有問而答的推論時，其過程會將原因、理由放入推論作為論證。而直接推論的部分，則是用非a即b的方式，說明經文的意義。

　　綜合以上所論，《穀梁傳》確實將《春秋》的述作標準與述作方式揭示出來，我們將這些原則歸納整理出來，一方面瞭解《穀梁傳》的解經方法，一方面透過這些方法，更清楚的理解《春秋》。

〔註80〕《穀梁傳注疏》，頁186。

第六章 《穀梁傳》解經的時代反映

第一節 《穀梁傳》對天子、霸、伯的態度

　　第六章所要討論的是《穀梁傳》透過解經方法傳達意見的部。第一節討論《穀梁傳》對周天子、霸、伯的態度所表現的想法。第二節討論《穀梁傳》對家庭倫理的觀點。

　　有關春秋五霸的說法，是我們對春秋時代周天子衰微，諸侯強盛的一種認識。但從《穀梁傳》關於這方面的記載，我們發現《穀梁傳》將當時孔子如何表現尊周的態度與對這些僭越的諸侯的不認同，透過《春秋》表現出來。這種想法在當時必然不只是孔子一廂情願的想法，因爲代表晉國的《竹書紀年》對齊桓公的行爲也不表認同。所以我們藉《穀梁傳》這方面的記載，反映當時這種非主流的聲音。

　　齊桓公、晉文公行霸過程是不同的，其中《穀梁傳》未曾記載魯國尊信晉文公的內容，對齊桓公的認同在莊公二十七年，相較於《左傳》莊公十五年、《公羊傳》莊公十六年都晚。因此在《穀梁傳》的傳文表達出《春秋》只有勉強認同齊桓公一人，其他如宋襄公、晉文公等都只是一般的諸侯。

　　內藤虎次郎也注意到《穀梁傳》於齊桓霸業上的書寫曖昧〔註1〕。

　　小野澤精一在〈晉の文公說話にみられる霸者の性格について〉〔註2〕一文內

─────────────

〔註1〕內藤虎次郎，《支那上古史》第五章〈春秋時代〉，《內藤湖南全集》第十卷（東京：筑摩書房，昭和四十四年六月十日），頁116。「此等の中で齊の桓公が最も勝れ，管仲の政策がよかつた爲め齊國は大いに發展した。……この事は公羊傳には全くなく，たゞ左傳と穀梁傳に見えるのみである。然しその中穀梁傳のこゝの書き方は餘程曖昧である。」

〔註2〕小野澤精一，《中國古代說話の思想史的考察》（東京：汲古書院，昭和五十七年十

論述晉文公只取材《左氏傳》與《公羊傳》，並沒有《穀梁傳》的說法。如章節名「《左氏傳》《公羊傳》の文公記事にみられる霸者の性格規定」。

今本《竹書紀年》：「周釐王四年，晉猶不與齊桓公之盟〔註3〕。」《春秋》記載莊公十六年：「十有二月，會齊侯、宋公、陳侯、衛侯、鄭伯、許男、曹伯、滑伯、滕子，同盟于幽。」《穀梁傳》：「同者，有同也，同尊周也。不言公，外內寮一，疑之也〔註4〕。」

說明對齊桓公的霸主身份，不只是《穀梁傳》明確的不以爲然，同時晉國對於齊桓公的霸者身份也不認同。因此可證明《穀梁傳》的說法並非無據。

因此如宇都木章討論齊桓公、晉文公的霸業成就〔註5〕。或常石茂談論霸者產生的理由，說霸者是對抗異民族威脅且是同盟的主宰。『尊王攘夷』是因爲有實質的『攘夷』實力，成爲新主宰者〔註6〕。都是約定俗成的說法。

以下就對《穀梁傳》對齊桓公的記載加以探討。

一、《穀梁傳》關於齊桓公、晉文公行霸的記載

（一）莊公九年夏，《春秋》：「夏，公伐齊納糾。」《穀梁傳》：「當可納而不納，齊變而後伐。故乾時之戰不諱，則惡內也〔註7〕。」

案：此言魯國當於莊公八年十一月，齊無知弑齊君諸兒，九年春齊人殺無知，公及齊大夫盟于暨。當時便應納公子糾，不該到了夏天齊國內已有變故才興兵納糾。此應爲周天子依當國嫡長子封之。然而諸侯介入他國的繼承人選，雖可能主持正義然亦會有利益取捨。這種諸侯入他國立主的情形發生很多次，可見周室衰微。

（二）莊公九年，《春秋》：「夏，齊小白入於齊。」《穀梁傳》：「大夫出奔反，以好

二月十日），頁203。

〔註3〕《竹書紀年》（臺北：臺灣中華書局，1980年10月），頁15。

〔註4〕《穀梁傳注疏》（臺北：藝文印書館，1997年8月），頁53。

〔註5〕宇都木章，《春秋時代の戰亂》（東京：新人物往來社，1992年8月20日），頁52。「この時期は齊の桓公（在位，公元前六八五～前六四三）、晉の文公（在位，公元前六三六～前六二八）の霸業が成就し，中原の諸侯政治は全盛時代を迎えた。」

〔註6〕常石茂、稻田孝，《春秋を讀む》（東京：勁草書房，1988年1月10日），頁46。「ここに，新しい明星，『霸者』が生まれてくる理由があった。霸者は，異民族の威脅に對抗する同盟を主宰し（いわゆる『攘夷』），そのために古い周王の權威を『象徵』として利用した（いわゆる『尊王』）が，『尊王攘夷』のスロ|ガンはともあれ，實質的には，ここに『攘夷』を行ら實力のある，新しい主宰者が生誕したのである。」

〔註7〕《穀梁傳注疏》，頁50。

日歸，以惡日入。齊公孫無知弒襄公。公子糾、公子小白，不能存，出亡。
齊人殺無知，而迎公子糾於魯。公子小白不讓公子糾，先入，又殺之于魯，
故曰齊小白入于齊，惡之也〔註8〕。」

　案：《穀梁傳》所傳的義理，在於齊人所擁戴的是公子糾，而魯國支持的也是公
　　　子糾。故公子小白的即位不正。

　　以上言齊桓即位前的過程，並由傳文的敘述中得知魯國的立場乃支持公子糾。
這之中的原因可能隱藏著魯桓公為齊襄公所殺的傳聞代表著國仇，與魯國繼續必須
與齊國交往的過程中文姜的介入調停，所以至齊襄公死前齊、魯是友好的，至少沒
戰事。然而齊襄公一死，魯國介入齊國國君的繼承人的爭奪中，支持的又非即位之
人，導致齊、魯間的關係可以說到最惡劣的情況。故《穀梁傳》中對於齊桓公的種
種事業始終不肯鬆口承認，過程一直持續到莊公二十七年。

（三）莊公十三年，《春秋》：「十有三年春，齊人、宋人、陳人、蔡人、邾人會於北
　　　杏。」《穀梁傳》：「是齊侯、宋公也。其曰人，何也？始疑之。何疑焉？桓非
　　　受命之伯也，將以事授之者也。曰：可以矣乎？未乎。舉人，眾之辭也。」
　　　范甯：「言諸侯將權時推齊侯行使霸權。邵曰：『疑齊桓非受命之伯，侯推之
　　　便可以為伯乎？未也。』稱人，言非王命，眾受之以事〔註9〕。」

　案：《穀梁傳》的意思是說齊桓將有事於北杏之會授與諸侯，但齊桓並不是周天
　　　子所封命的伯，不能有踰越的舉動。范甯將焦點轉移，是諸侯們推舉齊桓使
　　　行伯事。《春秋》經文將眾諸侯的會面記成眾人的會面，貶低諸侯的身份以
　　　明此會不正。《穀梁傳》說的更清楚，齊桓非受王命，卻授事諸侯，是不可
　　　以的。范甯《春秋穀梁傳集解》則將問題導向是諸侯們推舉的。這樣責任就
　　　由齊桓本身的踰越，轉而為諸侯們的推舉，是諸侯都認同。不但解消齊桓的
　　　不正，又將諸侯的推舉成為正面的需求。這種差異應該可以說是范甯可能感
　　　覺到齊桓公並不是自願、主動。因此，如果如此評斷齊桓公是有些問題的，
　　　所以當他將問題的解釋著重在諸侯推舉上時，問題的焦點就轉移了。筆者想
　　　這對於閱讀本身是一種新發現。

（四）莊公十三年，《春秋》：「夏六月，齊人滅遂。」《穀梁傳》：「遂，國也。其不
　　　日，微國也〔註10〕。」

　案：滅國其事大也。當齊桓公的所作所為能得到周天子或中國諸侯的認同，此必

〔註 8〕同註7。
〔註 9〕《穀梁傳注疏》，頁52。
〔註10〕同註9。

是有益中國的功業，所以爲齊桓公諱而不稱其名。

（五）莊公十三年，《春秋》：「冬，公會齊侯盟于柯。」《穀梁傳》：「曹劌之盟也。信齊侯也。桓盟雖內與，不日，信也〔註11〕。」

　案：《穀梁傳》言齊侯之盟是有信的。但從莊公十六年的傳文可知，此之信不代表認同其爲天子封之伯者。

（六）莊公十四年，《春秋》：「十有四年春，齊人、陳人、曹人伐宋〔註12〕。」

（七）莊公十四年冬，《春秋》：「冬，單伯會齊侯、宋公、衛侯、鄭伯于鄄。」《穀梁傳》：「復同會〔註13〕。」

（八）莊公十五年，《春秋》：「十有五年春，齊侯、宋公、陳侯、衛侯、鄭伯會于鄄。」《穀梁傳》：「復同會〔註14〕。」

（九）莊公十五年，《春秋》：「秋，宋人、齊人、邾人伐郳〔註15〕。」

（十）莊公十六年，《春秋》：「夏，宋人、齊人、衛人伐鄭〔註16〕。」

（十一）莊公十六年，《春秋》：「冬十有二月，會齊侯、宋公、陳侯、衛侯、鄭伯、許男、曹伯、滑伯、滕子同盟于幽。」《穀梁傳》：「同者，有同也，同尊周也。不言公，外內寮一，疑之也〔註17〕。」

　案：以上《穀梁傳》對於齊桓公不斷的盟會與到處征伐並未評論，只是認爲齊桓公的伯事仍有存疑。

（十二）莊公十七年，《春秋》：「十有七年春，齊人執鄭詹〔註18〕。」

（十三）莊公十七年，《春秋》：「夏，齊人殲于遂。」《穀梁傳》：「殲者，盡也。然則何爲不言遂人盡齊人也。無遂之辭也。無遂則何爲言遂？其猶存遂也。存遂奈何？曰齊人滅遂，使人戍之，遂之因氏飲戍者，酒而殺之。齊人殲焉，此謂狎敵也〔註19〕。」

（十四）莊公十九年，《春秋》：「秋，公子結媵陳人之婦于鄄，遂及齊侯、宋公盟。」《穀梁傳》：「媵，淺事也。不志。此其志，何也？辟要盟也。何以見其辟要盟也。媵，禮之輕者也。盟，國之重也。以輕事遂乎國重，無說。其曰

〔註11〕《穀梁傳注疏》，頁52。
〔註12〕同註11。
〔註13〕同註11。
〔註14〕《穀梁傳注疏》，頁53。
〔註15〕同註14。
〔註16〕同註14。
〔註17〕同註14。
〔註18〕《穀梁傳注疏》，頁53。
〔註19〕同註18。

　　陳人之婦，略之也。其不日，數渝，惡之也〔註20〕。」

　　案：魯國與齊、宋盟，以結二國之好，來避危害，但此舉需隱諱，所以藉媵陳人
　　　　之婦爲隱諱。然《穀梁傳》亦以此爲貶齊國之不守信而盟渝。事實上齊、魯
　　　　間的國仇等，或大小國間的心態中，魯國寧願只信服周天子一人。

（十五）莊公十九年，《春秋》：「冬，齊人、宋人、陳人伐我西鄙。」《穀梁傳》：「其
　　　　日鄙，遠之也。其遠之何也？不以難遍我國也〔註21〕。」

（十六）莊公二十年，《春秋》：「冬，齊人伐我〔註22〕。」

（十七）莊公二十二年，《春秋》文：「秋七月，丙申，及齊高傒盟于防。」《穀梁傳》：
　　　　「不言公，高傒伉也〔註23〕。」

（十八）莊公二十二年，《春秋》：「冬，公如齊納幣。」《穀梁傳》：「納幣，大夫之
　　　　事也。有納采、有問名、有納徵、有告期，四者備而後娶，禮也。公之親
　　　　納幣，非禮也。故譏之〔註24〕。」

（十九）莊公二十三年，《春秋》：「二十有三年，春，公至自齊〔註25〕。」

（二十）莊公二十三年，《春秋》：「夏，公如齊觀社。」《穀梁傳》：「常事曰視；非
　　　　常曰觀。觀，無事之辭也。以是爲尸女也。無事不出竟〔註26〕。」

（二一）莊公二十三年，《春秋》：「公至自齊。」《穀梁傳》：「公如，往時正也。致
　　　　月，故也。如、往，月；致，月，有懼焉爾〔註27〕。」

　　案：莊公二十年齊國還伐魯國，莊公二十二年魯國娶齊女，因此有婚姻的關係。
　　　　齊、魯之間的問題藉姻親的關係得到緩和，這應該有助於改善魯國對齊桓行
　　　　霸的想法改變。

（二二）莊公二十三年，《春秋》：「公及齊侯遇于穀。」《穀梁傳》：「及者，內爲志
　　　　焉爾〔註28〕。」

（二三）莊公二十三年，《春秋》：「十有二月，甲寅，公會齊侯盟于扈〔註29〕。」

（二四）莊公二十四年，《春秋》：「夏，公如齊逆女。」《穀梁傳》：「親迎恆事也，

〔註20〕《穀梁傳注疏》，頁 57。
〔註21〕同註 20。
〔註22〕同註 20。
〔註23〕《穀梁傳注疏》，頁 58。
〔註24〕同註 23。
〔註25〕同註 23。
〔註26〕《穀梁傳注疏》，頁 59。
〔註27〕同註 26。
〔註28〕同註 26。
〔註29〕同註 26。

不志。此其志何也？不正其親迎於齊也〔註30〕。」

（二五）莊公二十三年，《春秋》：「秋，公至自齊。」《穀梁傳》：「迎者，行見諸、舍見諸。先至非正也〔註31〕。」

（二六）莊公二十六年，《春秋》：「秋，公會宋人、齊人伐徐〔註32〕。」

（二七）莊公二十七年，《春秋》：「夏六月，公會齊侯、宋公、陳侯、鄭伯同盟于幽。」《穀梁傳》：「同者，有同也，同尊周也。於是而受之諸侯也。其授之諸侯何也？齊侯得眾也。桓會不致，安之也。桓盟不日，信之也。信其信，仁其仁。衣裳之會十有一，未嘗有歃血之盟也，信厚也。兵車之會四，未嘗有大戰，愛民也〔註33〕。」

案：魯國又是姻親又是合盟，因而於此時齊國未有親伐於魯，《穀梁傳》於此終於認同齊桓公，並仍以其擁有伯者的地位是來源於尊周。

綜上所論，《春秋》經文與《穀梁傳》描述了當時齊桓公做了那些事，而這些事的過程，包括天子與魯國、諸侯們參與的情形。《穀梁傳》的敘述，有了比較準確的「說法」。包括齊、魯間的國仇與魯國承認齊為周封之伯的過程是經歷很久的時間。

二、《穀梁傳》關於晉文公行霸的記載

《穀梁傳》未明言晉文公何時即位，但僖公二十四年，《春秋》：「晉侯夷吾卒〔註34〕。」所以之後的晉侯指的就是晉文公。《穀梁傳》的傳文記載並沒有如對晉文公有認同的記載，反而處處對晉文公的行為加以貶斥，所以《穀梁傳》並不認同晉文公。

（一）僖公二十六年，《春秋》：「齊人侵我西鄙。」《穀梁傳》：「公追齊師至酅弗及。人，微者也。侵，淺事也。公之追之非正也。至酅，急辭也。弗及者，弗與也。可以及而不敢及也。其侵也，曰人。其追也，曰師。以公之弗及，大之也。弗及，內辭也〔註35〕。」

（二）僖公二十六年，《春秋》：「夏，齊人伐我北鄙〔註36〕。」

（三）僖公二十六年，《春秋》：「公子遂，如楚乞師。」《穀梁傳》：「乞，重辭也。何重焉？重人之死也。非所乞也。師出，不必反。戰，不必勝。故重之也〔註

〔註30〕《穀梁傳注疏》，頁59。
〔註31〕《穀梁傳注疏》，頁60。
〔註32〕《穀梁傳注疏》，頁61。
〔註33〕同註32。
〔註34〕同註32。
〔註35〕《穀梁傳注疏》，頁91。
〔註36〕同註35。
〔註37〕同註35。

37〕。」

（四）僖公二十六年，《春秋》：「冬，楚人伐宋圍閔。」《穀梁傳》：「伐國不言圍邑，
　　　此其言圍何也？以吾用其師，目其事也，非道用師也。公以楚師伐齊取穀。
　　　以者，不以者也。民者，君之本也。使民以其死，非其正也。公至自伐齊。
　　　惡事不致，此其致之何也？危之也〔註38〕。」

　案：以上《經》、《傳》說明了此時的魯國與親楚的衛國、莒國合盟，因而遭齊國
　　　侵伐。魯國不服，轉向楚國乞師。此時齊、晉是同盟，則魯國向楚也。也說
　　　明魯國與晉國的關係並不密切。

（五）僖公二十八年，《春秋》：「二十有八年春，晉侯侵曹，晉侯伐衛。」《穀梁傳》：
　　　「再稱晉侯忌也〔註39〕。」

（六）僖公二十八年，《春秋》：「三月丙午，晉侯入曹，執曹伯，畀宋人。」《穀梁
　　　傳》：「入者，內弗受也。日入，惡入者也。以晉侯而扞執曹伯，惡晉侯也。
　　　畀，與也。其日人何也？不以晉侯畀宋公也〔註40〕。」

　案：以上《穀梁傳》對晉文公的行為並不認同，所以惡晉文公。

（七）僖公二十八年，《春秋》：「夏四月己巳，晉侯、齊師、宋師、秦師及楚人戰于
　　　城濮。楚師敗績〔註41〕。」

　案：城濮之戰是晉文公接續齊桓公行霸的一個重要關鍵，他阻止了楚國侵犯中
　　　國，但《穀梁傳》所載，此時魯國曾向楚國求援，又對晉文公的行為貶斥，
　　　故對城濮之戰未表示意見。

（八）僖公二十八年，《春秋》：「衛侯出奔楚〔註42〕」

（九）僖公二十八年，《春秋》：「五月癸丑，公會晉侯、齊侯、宋公、蔡侯、鄭伯、
　　　衛子、莒子盟于踐土。」《穀梁傳》：「諱會天王也〔註43〕。」

　案：晉文公對於周天子而言，是保住了楚國向中國的挑戰。因此是明顯的有功於
　　　中國。魯國因城濮之戰楚師敗績，便與晉文公所代表的周天子一方盟于踐
　　　土。《穀梁傳》並沒說周天子有封晉文公為伯的事。

（十）僖公二十八年，《春秋》：「陳侯如會。」《穀梁傳》：「如會，外乎會也。於會

〔註38〕《穀梁傳注疏》，頁92。
〔註39〕《穀梁傳注疏》，頁92。
〔註40〕《穀梁傳注疏》，頁93。
〔註41〕同註40。
〔註42〕同註40。
〔註43〕同註40。

受命也〔註44〕。」

（十一）僖公二十八年，《春秋》：「公朝于王所。」《穀梁傳》：「朝不言所，言所者，非其所也〔註45〕。」

　　案：陳侯如會與公朝于王所，相互說明此會非眞心。

（十二）僖公二十八年，《春秋》：「六月，衛侯鄭自楚復歸于衛。」《穀梁傳》：「自楚，楚有奉焉爾。復者，復中國也。歸者，歸其所也。鄭之名，失國也〔註46〕。」

（十三）僖公二十八年，《春秋》：「衛元咺出奔晉〔註47〕。」

（十四）僖公二十八年，《春秋》：「公子遂如齊〔註48〕。」

（十五）僖公二十八年，《春秋》：「冬，公會晉侯、宋公、蔡侯、鄭伯、陳子、莒子、邾子、秦人于溫。」《穀梁傳》：「諱會天王也〔註49〕。」

（十六）僖公二十八年，《春秋》：「天王守于河陽。」《穀梁傳》：「全天王之行也，爲若將守而遇諸侯之朝也。爲天王諱也。水北爲陽，山南爲陽。溫，河陽也〔註50〕。」

（十七）僖公二十八年，《春秋》：「壬申，公朝于王所。」《穀梁傳》：「朝於廟，禮也。於外，非禮也。獨公朝與？諸侯盡朝也。其日，以其再致天子，故謹而日之。主善以內，目惡以外。言曰公朝，逆辭也。而尊天子。會于溫，言小諸侯。溫，河北地。以河陽言之，大天子也。日繫於月，月繫於時。壬申，公朝于王所。其不月，失其所繫也。以爲晉文公之行事，爲已傎矣〔註51〕。」

　　案：此同年二致天子，所言在褒獎魯僖公盡本份，無奈天子不在京師，雖非禮，不能不朝。《春秋》說明了魯國參與了中國之盟，而《穀梁傳》強調對周天子的尊崇，但也隱隱的透露著屬於魯國眞正的意思。當有所危難時，即中國的強國不正時，爲求生存魯國會乞師楚國。《穀梁傳》是有貶魯乞師於夷狄。但也保留了魯國不認同晉文公的態度。

〔註44〕《穀梁傳注疏》，頁93。
〔註45〕同註44。
〔註46〕同註44。
〔註47〕同註44。
〔註48〕同註44。
〔註49〕同註44。
〔註50〕同註44。
〔註51〕《穀梁傳注疏》，頁93。

（十八）僖公二十八年，《春秋》：「晉人執衛侯，歸之于京師。」《穀梁傳》：「此入而執，其不言入何也？不外王命於衛也。歸之于京師，緩辭也，斷在京師也〔註52〕。」

（十九）僖公二十八年，《春秋》：「衛元咺自晉復歸于衛。」《穀梁傳》：「自晉，晉有奉焉爾。復者，復中國也。歸者，歸其所也〔註53〕。」

（二十）僖公二十九年，《春秋》：「夏六月，公會王人、晉人、宋人、齊人、陳人、蔡人、秦人盟于翟泉〔註54〕」

（二一）僖公三十年，《春秋》：「秋，衛殺其大夫元咺。」《穀梁傳》：「稱國以殺，罪累上也，以是爲訟君也。衛侯在外，其以累上之辭言之何也？待其殺而後入也。及公子瑕，公子瑕，累也，以尊及卑也〔註55〕。」

（二二）僖公三十年，《春秋》：「衛侯鄭歸于衛。」

案：晉、楚間爲衛侯繼承人選有不同意見。《春秋》經文最後記載楚國支持的衛侯鄭歸于衛，並沒說衛侯不正，則此亦可凸顯晉文公之的選擇人選不正。

（二三）僖公三十年，《春秋》文：「晉人、秦人圍鄭〔註56〕」

（二四）僖公三十年，《春秋》：「公子遂如京師遂如晉。」《穀梁傳》：「以尊遂乎卑，此言不敢叛京師也〔註57〕。」

（二五）僖公三十二年，《春秋》：「冬十有二月己卯，晉侯重耳卒〔註58〕。」

（二六）僖公三十三年，《春秋》：「癸巳，葬晉文公。」《穀梁傳》：「日葬，危不得葬也。」〔註59〕

　　魯國的態度由《穀梁傳》的舖陳中有明確的說明，即對晉文公並不認同。同時《穀梁傳》對魯國自身的處境與想法充分的表現在對晉文公的態度與對楚國的態度上。

　　從《穀梁傳》的傳文可以確定《穀梁傳》在表達有關齊桓公、晉文公的想法上，是非常明確的，雖然它的說法並沒有受到以後學者的使用，但《穀梁傳》的說法卻表達周天子衰微時，魯國還是一直尊周天子，雖諸侯僭越，但孔子是可以透過書寫來表達不認同的想法。所以《穀梁傳》在解經方法上是透過一連串的、一致性的處

〔註52〕同註51。
〔註53〕《穀梁傳注疏》，頁94。
〔註54〕同註53。
〔註55〕同註53。
〔註56〕《穀梁傳注疏》，頁94。
〔註57〕同註56。
〔註58〕《穀梁傳注疏》，頁95。
〔註59〕《穀梁傳注疏》，頁96。

理有關孔子對齊桓公、晉文公的意見。

第二節　《穀梁傳》對家庭倫理的觀點

　　這節所要討論的是《穀梁傳》的傳文中有關家庭倫理觀點的描述，家庭倫理是有關家庭成員之間的關係，與家庭關係上應有的權力與義務。因為《穀梁傳》的傳文有許多的制度與家庭倫理的關係很密切，但又不以家庭倫理為最高的準則，所以是一種被覆蓋於政治與禮制下的想法。

　　白川靜於〈秩序の原理〉中提到原始秩序的建立從家族、氏族血緣關係為基礎，拓展至複雜的民族國家組織，這些都是為了建立秩序〔註60〕。

　　《穀梁傳》的家庭倫理觀是散見於傳文之中，同時它在傳統經學的研究角度下也是被覆蓋於政治與禮制之下，為有所糾正行為而提到的。所以要將這個議題獨立出來談就必須將相關的傳文摘錄出來，據此分析，或可補足前人所未論及的部分。

　　將傳文歸納為六個部分，分別為：政治制度下的君臣父子兄弟關係、婦人於古代家庭的角色、家事與國事、倫理與祭祀、父母與子女間的關係、夫妻間的關係。

（一）政治制度下的君臣父子兄弟關係

　　這部分是從君臣的關係下來看父子與兄弟間的倫理關係如何處理。

1、於君臣制度下的倫理關係

　　隱公元年，《春秋》：「元年，春，王正月。」《穀梁傳》：「雖無事，必舉正月，謹始也。公何以不言即位？成公志也。焉成之？言君之不取為公也。君之不取為公何也？將以讓桓也。讓桓正乎？曰不正。《春秋》成人之美，不成人之惡。隱不正而成之何也？將以惡桓也。其惡桓何也？隱將讓而桓弒之，則桓惡矣。桓弒而隱讓，則隱善矣。善則其不正焉何也？《春秋》貴義而不貴惠，信道而不信邪。孝子揚父之美，不揚父之惡。先君之欲與桓，非正也，邪也。雖然既勝其邪心以與隱矣。已探先君之邪志，而遂以與桓，則是成父之惡也。兄弟天倫也。為子受之父，為諸侯

〔註60〕白川靜，《白川靜著作集》（東京：平凡社，2000 年 3 月 15 日），冊七，頁 62。「古代の人びとの生活が文化的な段階に達した一つのめやすとして，家の觀念の成立をあげることができよう。家は集團の基礎單位であり，ながい世代にわたって作られた血緣の關係から生まれる。すなわちそれは歷史的に成立するものであるが，またおおむね地緣社會のなかで共同の生活を營む定著的な生活體である。そのような生活體の中心をなすものは祖靈の觀念であり，共同の祖靈を祭ることによって，その集團の秩序が維持される。したがって家の觀念は，定著的な農耕社會のなかで形成されることが多い。」

受之君，已廢天倫，而忘君父，以行小惠，曰小道也。若隱者，可謂輕千乘之國；
蹈道，則未也〔註61〕。」

　　案：國之大事中即位問題已是嫡長制度。從這傳文中我們可以知道子女對應父親
　　　　的態度爲「揚父之美，不揚父之惡。」此稱孝子。這其中已有一更大的原則
　　　　性是「貴義而不貴惠，信道而不信邪。」現在的說法是「不能愚孝」。當君王
　　　　命太子時就是一種君命的不能違逆；又從父子間的關係來說是不能讓父親的
　　　　惡成全。以達忠孝兩全。

2、君臣下的兄弟關係

（1）隱公元年，《春秋》：「夏五月，鄭伯克段于鄢。」《穀梁傳》：「克者何？能也。
　　　何能也？能殺也。何以不言殺？見段之有徒眾也。段，鄭伯弟也。何以知其爲
　　　弟也？殺世子母弟目君，以其目君，知其爲弟也。段，弟也，而弗謂弟，公子
　　　也，而弗謂公子，貶之也。段失子弟之道矣，賤段而甚鄭伯也。何甚乎鄭伯？
　　　甚鄭伯之處心積慮成於殺也。于鄢遠也。猶曰取之其母之懷中而殺之云爾，甚
　　　之也。然則爲鄭伯者宜奈何，緩追逸賊，親親之道也〔註62〕。」

　　案：兄弟於政治制度下就是君臣關係。當兄弟爲爭君位而需面對落敗一方時的處
　　　　理方式是「緩追逸賊」，《穀梁傳》稱此爲「親親之道」。就是兄弟天倫不能因
　　　　爲奪權而趕盡殺絕。

（2）隱公七年，《春秋》：「齊侯使其弟來聘。」《穀梁傳》：「諸侯之尊，弟兄不得以
　　　屬通。其弟云者，以其來接於我，舉其貴者也〔註63〕。」

　　案：雖是兄弟，然於君臣制度上亦有分別。

（3）莊公九年，《春秋》：「齊小白入于齊。」《穀梁傳》：「……公子糾、公子小白，
　　　不能存，出亡。齊人殺無知，而迎公子糾於魯。公子小白不讓公子糾，先入，
　　　又殺之于魯。故曰：『齊小白入于齊，惡之也。』」〔註64〕」

　　案：爲爭奪君位而兄弟相殘是惡也，即使即位仍然惡之，所以齊桓公不正。

（4）宣公十七年，《春秋》：「多，十有一月壬午，公弟叔肸卒。」《穀梁傳》：「其曰
　　　公弟叔肸，賢之也。其賢之何也？宣弒而非之也。非之則胡爲不去也。曰：兄
　　　弟也，何去而之。與之財，則曰我足矣。織屨而食，終身不食宣公之食。君子

〔註61〕《穀梁傳注疏》，頁9。
〔註62〕《穀梁傳注疏》，頁10。
〔註63〕《穀梁傳注疏》，頁23。
〔註64〕《穀梁傳注疏》，頁50。

以是為通恩也，以取貴乎春秋〔註65〕。」

案：《穀梁傳》對於兄弟間的親情是重視的，雖在制度上是君臣，但之間的親情不廢。

（5）襄公二十年，《春秋》：「陳侯之弟光出奔楚。」《穀梁傳》：「諸侯之尊，弟兄不得以屬通。其弟云者，親之也，親而奔之惡也〔註66〕。」

案：從君臣關係言兄弟，則當兄派弟出使時，不能以弟之名義出，要以職稱，以別君臣尊卑。

（6）襄公三十年，《春秋》：「天王殺其弟佞夫。」《穀梁傳》：「傳曰：諸侯目不首惡，況於天子乎。君無忍親之義，天子諸侯所親者，唯長子母弟耳。天王殺其弟佞夫，甚之也〔註67〕。」

案：君臣之下的兄弟天倫之親仍不能去之，所以貶抑兄殺弟。

（7）昭公八年，《春秋》：「八年春，陳侯之弟招，殺陳世子偃師。」《穀梁傳》：「鄉曰：陳公子招。今日：陳侯之弟招何也？曰：盡其親，所以惡招也。兩下相殺，不志乎《春秋》，此其志何也？世子云者，唯君之貳也，云可以重之存焉志之也。諸侯之尊兄弟不得以屬通，其弟云者，親之也，親而殺之，惡也〔註68〕。」

案：君臣之下的兄弟天倫之親仍不能去之，何況世子皆與陳侯之弟有親屬關係，殺之，故貶之。

3、君臣、政事下的父子關係

（1）桓公元年，《春秋》：「元年，春，王正月，公即位。」《穀梁傳》：「……繼故不言即位，正也。繼故不言即位之為正何也？曰：『先君不以其道終，則子弟不忍即位也。』繼故而言即位，則是與聞乎弒也。繼故而言即位是為與聞乎弒何也？曰：『先君不以其道終，已正即位之道而即位，是無恩於先君也。』〔註69〕」

案：即位問題仍以重視天倫為賢，所以傷父喪，不忍急迫於即位。

（2）桓公五年，《春秋》：「天王使任叔之子來聘。」《穀梁傳》：「任叔之子者，錄父以使子也。故微其君臣而著其父子，不正父在，子代仕之辭也〔註70〕。」

案：於政治制度下不同於一般情形可以子代父職，強調君王的任命。

（3）莊公元年，《春秋》：「元年，春，王正月。」《穀梁傳》：「繼弒君不言即位正也。

〔註65〕《穀梁傳注疏》，頁123。
〔註66〕《穀梁傳注疏》，頁157。
〔註67〕《穀梁傳注疏》，頁162。
〔註68〕《穀梁傳注疏》，頁167。
〔註69〕《穀梁傳注疏》，頁28。
〔註70〕《穀梁傳注疏》，頁32。

繼弒不言即位之爲正何也？曰：『先君不以其道終，則子不忍即位也。』〔註71〕」

案：父喪弟子不忍即位，尤其是先君被人所弒，更不忍即位，這也說明家庭的親
　　屬關係反映在政治制度上行爲的影響。

（4）僖公五年，《春秋》：「杞伯姬來朝其子。」《穀梁傳》：「……諸侯相見曰朝，伯
　　　姬爲志乎朝其子也。伯姬爲志乎朝其子，則是杞伯失夫之道矣。諸侯相見曰朝，
　　　以待人父之道，待人之子，非正也。故曰：杞伯姬來朝其子，參譏也〔註72〕。」

案：父子於政事上有不同禮儀，因爲職位不同。

（5）襄公三十年，《春秋》：「夏四月，蔡世子般弒其君固。」《穀梁傳》：「其不日，
　　　子奪父政，是謂夷之〔註73〕。」

案：不言臣弒君而說子奪父政是以倫理之常來貶爲夷。

　　由以上例子，可以知道君臣與父子或君臣與兄弟間的關係必須分爲兩個方面來
談。其一，就政治制度來談的話，一切以制度爲準則，無法以人情天倫來合理化。
其二，就非政治制度來談的話，卻又以天倫爲最重要的標準。

　　即位的君王就是當時一切的執行者，然由傳文的意見表達可以知道，對於當時
的倫理關係有著清楚的規定。

　　浦衛忠說：「在《穀梁傳》裡，君的至尊地位是以君臣的截然劃分而突出的，表
現在它把『世子』亦嚴格地劃分在臣的範疇〔註74〕。」

（二）婦人於古代家庭的角色

　　這部分從婦人的行爲與對婦人的規範來看其在家庭倫理的角色。

1、婦人於家庭的地位

（1）隱公二年，《春秋》：「冬，十月，伯姬歸于紀。」《穀梁傳》：「禮，婦人謂嫁曰：
　　　『歸』；反曰：『來歸』。從人者也，婦人在家，制於父。既嫁，制於夫。夫死
　　　從長子。婦人不專行，必有從也。伯姬歸于紀，此其如專行之辭，何也？曰：
　　　『非專行也，吾伯姬歸于紀，故志之也。』其不言使何也？逆之道微，無足道
　　　焉爾〔註75〕。」

〔註71〕《穀梁傳注疏》，頁44。
〔註72〕《穀梁傳注疏》，頁74。
〔註73〕《穀梁傳注疏》，頁161。
〔註74〕浦衛忠，〈論《春秋穀梁傳》所反映的社會和國家政治制度〉，《孔子研究》1995年第
　　　　四期，總第四十期（1995年12月）。收入複印報刊資料《歷史學》1996年第三期，
　　　　（1996年5月），頁23。
〔註75〕《穀梁傳注疏》，頁13。

案：這從禮制的規定中談家庭倫理，即婦人行事的徵詢對象爲「在家，制於父。既嫁，制於夫。夫死從長子。」強調婦人不專行。這是古代男尊女卑的觀念所致。另一方面，伯姬因爲是魯女所以在國家的立場來說等同於國事，所以被納入「國史」的書寫對象。即第一家庭的關係可以是國家的事。

（2）成公九年，經文：「夏，季孫行父如宋致女。」《穀梁傳》：「致者，不致者也。婦人在家制於父，既嫁制於夫。如宋致女，是以我盡之也。不正，故不與內稱也。逆者微故致女，詳其事，賢伯姬也〔註76〕。」

案：婦人於當時的身份是附屬於父親與丈夫的，沒有自己決定的權力。

2、婦從君

（1）隱公二年，《春秋》：「十有二月，乙卯，夫人子氏薨。」《穀梁傳》：「夫人薨，不地。夫人者，隱之妻也。卒而不書葬，夫人之義，從君者也〔註77〕。」

案：夫人之義，從君者也。喪事的記載還要依丈夫過世後才能記載。

（2）莊公二十二年，《春秋》：「癸丑，葬我小君文姜。」《穀梁傳》：「小君非君也。其曰君何也？以其爲公配，可以言小君也〔註78〕。」

案：婦人的稱號，因丈夫而有相對的尊稱。

（3）成公十五年，經文：「秋八月庚辰，葬宋共公。」《穀梁傳》：「月卒、日葬，非葬者也。此其言葬何也？以其葬共姬，不可不葬共公也。葬共姬則其不可不葬共公。何也？夫人之義，不踰君也，爲賢者崇也〔註79〕。」

案：婦人從夫，所以不能爲主要的成事者，必須是跟隨丈夫才能完成。

3、婦人嫁後的規矩

（1）莊公二年，《春秋》：「冬，十有二月，夫人姜氏會齊侯于糕。」《穀梁傳》：「婦人既嫁不踰竟，踰竟非正也。婦人不言會，言會非正也。饗，甚矣〔註80〕。」

案：婦人嫁後不能出境，這是婚姻制度內對於婦人的約束與限制。

（2）莊公五年，《春秋》文：「夏，夫人姜氏如齊師。」《穀梁傳》：「師而曰如，衆也。婦人既嫁不踰竟，踰竟非禮也〔註81〕。」

（3）莊公七年，《春秋》：「七年春，夫人姜氏會齊侯于防。」《穀梁傳》：「婦人不會。

〔註76〕《穀梁傳注疏》，頁137。
〔註77〕《穀梁傳注疏》，頁14。
〔註78〕《穀梁傳注疏》，頁58。
〔註79〕《穀梁傳注疏》，頁140。
〔註80〕《穀梁傳注疏》，頁46。
〔註81〕《穀梁傳注疏》，頁48。

會，非正也〔註82〕。」

（4）莊公七年，《春秋》：「多，夫人姜氏會齊侯于穀。」《穀梁傳》：「婦人不會。會，非正也〔註83〕。」

（5）莊公十五年，《春秋》：「夏，夫人姜氏如齊。」《穀梁傳》：「婦人既嫁不踰竟，踰竟非禮也〔註84〕。」

（6）莊公十九年，《春秋》：「夫人姜氏如莒。」《穀梁傳》：「婦人既嫁不踰竟，踰竟非正也〔註85〕。」

（7）莊公二十年，《春秋》：「二十年春，王二月，夫人姜氏如莒。」《穀梁傳》：「婦人既嫁不踰竟，踰竟非正也〔註86〕。」

（8）僖公五年，《春秋》：「杞伯姬來朝其子。」《穀梁傳》：「婦人既嫁不踰竟，踰竟非正也〔註87〕。」

（9）僖公二十五年，《春秋》：「宋蕩伯姬來逆婦。」《穀梁傳》：「婦人既嫁不踰竟。宋蕩伯姬來逆婦，非正也。其曰婦何也？緣姑言之之辭也〔註88〕。」

（10）僖公三十一年，《春秋》：「多，杞伯姬來求婦。」《穀梁傳》：「婦人既嫁不踰竟，杞伯姬來求婦，非正也〔註89〕。」

以上都是針對婦人出境的貶詞，無論婦人出境所為何事，都不能違反這規定。

4、婦人行為的責任在丈夫

僖公五年，《春秋》：「杞伯姬來朝其子。」《穀梁傳》：「……諸侯相見曰朝，伯姬為志乎朝其子也。伯姬為志乎朝其子，則是杞伯失夫之道矣。諸侯相見曰朝，以待人父之道，待人之子，非正也。故曰：杞伯姬來朝其子，參譏也〔註90〕。」

案：母為子的行為非正，其丈夫有責任。故婦人不專行，如專行則丈夫有責任。

由以上可知，婦人於家中（三從）或於制度上的地位是附屬於丈夫的。而由家庭的尊卑禮制來看，從夫至國家制度的規定從君也是如此。就是不能有所踰越。

（三）家事與國事

〔註82〕同註81。
〔註83〕《穀梁傳注疏》，頁49。
〔註84〕《穀梁傳注疏》，頁53。
〔註85〕《穀梁傳注疏》，頁57。
〔註86〕《穀梁傳注疏》，頁57。
〔註87〕《穀梁傳注疏》，頁74。
〔註88〕《穀梁傳注疏》，頁91。
〔註89〕《穀梁傳注疏》，頁95。
〔註90〕《穀梁傳注疏》，頁74。

這部分從魯君相關的親屬原本是家事，但因爲魯君的身份，使這些事直接關係到國事。

1、國事與魯君的關係

（1）隱公二年，《春秋》：「冬，十月，伯姬歸于紀。」《穀梁傳》：「禮，婦人謂嫁曰：『歸』；反曰：『來歸』。從人者也，婦人在家，制於父。既嫁，制於夫。夫死從長子。婦人不專行，必有從也。伯姬歸于紀，此其如專行之辭，何也？曰：『非專行也，吾伯姬歸于紀，故志之也。』其不言使何也？逆之道微，無足道焉爾〔註91〕。」

案：關於伯姬可以被記錄其事，是因爲其切近於魯國。而她的關係是與國君的血緣關係而被尊貴的。所以她的事就是魯君的事，就是魯國的事。

（2）莊公四年，《春秋》：「三月，紀伯姬卒。」《穀梁傳》：「外夫人不卒。此其言卒何也？吾女也。適諸侯則尊同，以吾爲之變卒之也〔註92〕。」

案：因爲是魯君的女兒，所以雖然她已外嫁他國，她的卒事，魯國還是會記載。

（3）莊公四年，《春秋》：「六月乙丑，齊侯葬紀伯姬。」《穀梁傳》：「外夫人不書葬，此其書葬何也？吾女也。失國，故隱而葬之〔註93〕。」

案：紀伯姬所嫁的紀國爲齊所滅，魯國痛心吾女，所以書寫。

（4）襄公三十年，《春秋》：「秋七月，叔弓如宋葬共姬。」《穀梁傳》：「外夫人不書葬，此其言葬何也？吾女也。卒災，故隱而葬之也〔註94〕。」

（5）僖公九年，《春秋》：「九月戊辰，諸侯盟于葵丘。」《穀梁傳》：「桓盟不日，此何以日，美之也。爲見天子之禁，故備之也。葵丘之會，陳牲而不殺，讀書加于牲上，壹明天子之禁。曰：毋雍泉、毋訖糴、毋易樹子、毋以妾爲妻、毋使婦人與國事〔註95〕。」

案：這裡提到國家的大事所應避免的是繼承君位時勿換庶子、勿以妾爲妻、勿讓婦人參與國事。這些都與君王有深切的血緣關係。說明制度上的規定不讓家庭倫理的人情干擾。

（6）僖公十年，《春秋》：「晉殺其大夫里克。」《穀梁傳》：「稱國以殺，罪累上也。里克弒二君與一大夫，其以累上之辭言之何也？其殺之不以其罪也，其殺之不

〔註91〕《穀梁傳注疏》，頁 13。
〔註92〕《穀梁傳注疏》，頁 47。
〔註93〕同註 93。
〔註94〕《穀梁傳注疏》，頁 162。
〔註95〕《穀梁傳注疏》，頁 80。

以其罪奈何？里克所爲殺者？爲重耳也。夷吾曰：「是又將殺我乎！」故殺之不以其罪也。其爲重耳弒奈何？晉獻公伐虢，得麗姬，獻公私之。有二子：長曰奚齊、稚曰卓子。麗姬欲爲亂，故謂君曰：『吾夜者夢夫人趨而來曰：「吾苦畏。」胡不使大夫將衛士而衛冢乎！』公曰：『孰可使？』曰：『臣莫尊於世子，則世子可。』故君謂世子曰：『麗姬夢夫人趨而來曰：「『吾苦畏。』女其將衛士而往衛冢乎？」世子曰：『敬諾。』築宮，宮成。麗姬又曰：『吾夜者夢夫人趨而來曰：「吾苦飢。」世子之宮已成，則何爲不使祠也。』故獻公謂世子曰：『其祠。』世子祠，已祠，致福於君，君田而不在，麗姬以酖爲酒，藥脯以毒，獻公田來。麗姬曰：『世子已祠，故致福於君。』君將食，麗姬跪曰：『食自外來者，不可不試也。』覆酒於地而地賁，以脯與犬，犬死。麗姬下堂而啼呼曰：『天乎！天乎！國子之國也，子何遲於爲君。』君喟然歎曰：『吾與女未有過切，是何與我之深也。』使人謂世子曰：『爾其圖之。』世子之傅里克謂世子曰：『入自明。入自明，則可以生；不入自明，則不可以生。』世子曰：『吾君已老矣，已昏矣。吾若此而入自明，則麗姬必死。麗姬死，則吾君不安。所以使吾君不安者，吾不若自死。吾寧自殺以安吾君，以重耳爲寄矣。』刎脰而死。故里克所爲弒者，爲重耳也。夷吾曰：『是又將殺我也。』〔註96〕」

案：這裡提到妾的介入爲自己的庶子爭奪君位，包括孝的問題，這些親屬關係原本是家事，但牽涉到整個國家的制度與政情的穩定，影響了國事，所以《穀梁傳》將這種情形說明。

2、祭祀與家庭論理

隱公五年，《春秋》：「九月，考仲子之宮。」《穀梁傳》：「考者何也？考者，成之也。成之爲夫人也。禮，庶子爲君，爲其母築宮，使公子主其祭也。於子祭，於孫止。仲子者，惠公之母，隱孫而脩之，非隱也〔註97〕。」

案：於禮規定著由倫理親疏所做的禮的規範。家庭倫理除了對親見的家人外且對過往的祖先亦有所規定。

3、家之倫理與書寫

桓公二年，《春秋》：「二年，春，王正月，戊申，宋督弒其君與夷及其大夫孔父。」《穀梁傳》：「曰：『子既死，父不忍稱其名。臣既死，君不忍稱其名。』以是知君之累之也。孔，氏。父，字。謚也。或曰：『其不稱名，蓋爲祖諱也。』孔子故宋也〔註

〔註96〕《穀梁傳注疏》，頁81。
〔註97〕《穀梁傳注疏》，頁21。
〔註98〕《穀梁傳注疏》，頁29。

98〕。」

案：《穀梁傳》提到孔父爲孔子先祖，所以書寫上爲親者隱諱。

4、家喪與國事

（1）僖公九年，《春秋》：「夏，公會宰周公齊侯、宋子、衛侯、鄭伯、許男、曹伯
于葵丘。」《穀梁傳》：「天子之宰，通于四海。宋其稱子何也？未葬之辭也。
禮，柩在堂上，孤無外事。今背殯而出會，以宋子爲無哀矣〔註99〕。」

案：非天子所傳應以喪事爲大，不見天子，由此可知天下以天子之命爲大，超越
親喪，除此之外，親喪爲重。

（2）文公二年，《春秋》：「八月丁卯，大事于大廟，躋僖公。」《穀梁傳》：「大事
者何？大是事也。著祫嘗，祫祭者，毀廟之主，陳于大祖，未毀廟之主，皆升
合祭於大祖。躋，升也。先親而後祖也，逆祀也。逆祀，則是無昭穆也；無昭
穆，則是無祖也；無祖，則無天也。故曰：文無天。無天者，是無天而行也。
君子不以親親害尊尊，此春秋之義也〔註100〕。」

案：在祭祀的制度上不允許親情來破壞。

由以上所知，和魯君有血緣關係的人可以因而成爲魯國的事，但這些人卻被要
求不能影響國事的制度。所以家庭倫理有它的先天條件而被特別看待，但是它不能
影響制度。另外家庭倫理除了親見之人，對於過往的祖先也有禮的規定。

（四）倫理與祭祀

這部分從祭祀制度所反映的倫理關係。

1、倫理與禮

閔公二年，《春秋》：「秋八月，辛丑，公薨。」《穀梁傳》：「不地，故也。其不
書葬，不以討母葬子也〔註101〕。」

案：禮，關於子女的傷亡若與父母有關，亦不能討罪於母。

2、倫理與政治中之尊卑

僖公十五年，《春秋》：「己卯，晦震夷伯之廟。」《穀梁傳》：「……天子至于士
皆有廟。天子七廟、諸侯五、大夫三、士二，故德厚者流光，德薄者流卑，是以貴
始德之本也，始封必爲祖〔註102〕。」

〔註99〕《穀梁傳注疏》，頁79。
〔註100〕《穀梁傳注疏》，頁99。
〔註101〕《穀梁傳注疏》，頁66。
〔註102〕《穀梁傳注疏》，頁83。

案：祭祀對象的多寡由地位決定。

3、逆祀與祭祀與天道

文公二年，《春秋》：「八月丁卯，大事于大廟，躋僖公。」《穀梁傳》：「大事者何？大是事也。著祫嘗，祫祭者，毀廟之主，陳于大祖，未毀廟之主，皆升合祭於大祖。躋，升也。先親而後祖也，逆祀也。逆祀，則是無昭穆也；無昭穆，則是無祖也；無祖，則無天也。故曰：文無天。無天者，是無天而行也。君子不以親親害尊尊，此春秋之義也〔註103〕。」

由以上所知，禮制上的規定和尊卑有關。同時對於違反規定者給以最重的嚴厲譴責。

（五）父母與子女間的關係

1、父母對於子女婚禮的規定

桓公三年，《春秋》：「九月，齊侯送姜氏于讙。」《穀梁傳》：「禮，送女，父不下堂，母不出祭門，諸母兄弟不出闕門。父戒之曰：『謹慎從爾舅之言。』母戒之曰：『謹慎從爾姑之言。』諸母般申之曰：『謹慎從爾父母之言。』送女踰竟，非禮也〔註104〕。」

案：這裡《穀梁傳》提出婚禮中有關父母行為的規定。

2、國仇家仇與子女的婚姻

莊公二十四年，《春秋》：「八月丁丑，夫人姜氏入。」《穀梁傳》：「入者，內弗受也。日入，惡入者也。何用不受也？以宗廟弗受也。其以宗廟弗受何也？娶仇人子弟，以薦舍於前，其義不可受也〔註105〕。」

案：家仇大於婚姻，所以反對與仇讎之人有婚姻關係。

3、母殺子

僖公元年，《春秋》：「十有二月丁巳，夫人氏之喪至自齊。」《穀梁傳》：「其不言姜，以其殺二子，貶之也。或曰：為齊桓諱殺同姓也〔註106〕。」

案：諱殺子與諱殺同姓之人，是以同姓為同一家族、有血緣的人，所以姜氏弒子，故貶之。

4、女子於婚姻制度的身份

（1）僖公九年，《春秋》：「秋七月乙酉，伯姬卒。」《穀梁傳》：「內女也，未適人不

〔註103〕《穀梁傳注疏》，頁99。
〔註104〕《穀梁傳注疏》，頁31。
〔註105〕《穀梁傳注疏》，頁60。
〔註106〕《穀梁傳注疏》，頁70。

卒。此何以卒也？許嫁笄而字之，死則以成人之喪治之〔註107〕。」

案：當女子有許聘人的時候，雖未嫁，亦把她當成人對待。

（2）僖公二十五年，《春秋》：「宋蕩伯姬來逆婦。」《穀梁傳》：「……其曰婦何也？緣姑言之之辭也〔註108〕。」

案：因有婆媳關係所以稱呼改變。

5、因孔子的關係而有隱諱

僖公二十五年，《春秋》：「宋殺其大夫。」《穀梁傳》：「其不稱名姓，以其在祖之位，尊之也〔註109〕。」

案：《穀梁傳》以宋大夫是孔子先祖所以隱諱不書姓氏。

6、父哭子

僖公三十三年，《春秋》：「夏四月，辛巳，晉人及姜戎敗秦師于殽。」《穀梁傳》：「……秦伯將襲鄭。百里子與蹇叔子諫曰：『千里而襲人，未有不亡者也。』秦伯曰：『子之冢木已拱矣。何知？』師行。百里子與蹇叔子送其子而戒之曰：『女死必於殽之巖吟之下，我將尸女於是。』師行。百里子與蹇叔子隨其子而哭之。秦伯怒曰：『何爲哭吾師也？』二子曰：『非敢哭師也。哭吾子也。我老矣，彼不死，則我死矣。』晉人與姜戎，要而擊之殽，匹馬隻輪無反者。晉人者，晉子也。其曰人何也？微之也。何爲微之？不正其釋殯，而主乎戰也〔註110〕。」

案：父子間的親情反映在戰爭的殘酷。

7、父母之於子雖有錯不及罪

文公十五年，《春秋》：「十有二月，齊人來歸子叔姬。」《穀梁傳》：「其曰子叔姬，貴之也。其言來歸何也？父母之於子，雖有罪，猶欲其免也〔註111〕。」

案：子女對父母不能以罪怪之。

8、為親者諱

（1）成公元年，《春秋》：「秋，王師敗績于貿戎。」《穀梁傳》：「不言戰，莫之敢敵也。爲尊者諱，敵不諱敗。爲親者諱，敗不諱敵。尊尊親親之義也。然則孰敗之？晉也〔註112〕。」

（2）成公九年，《春秋》：「晉欒書帥師伐鄭。」《穀梁傳》：「不言戰，以鄭伯也。爲

〔註107〕《穀梁傳注疏》，頁79。
〔註108〕《穀梁傳注疏》，頁91。
〔註109〕同註108。
〔註110〕《穀梁傳注疏》，頁95。
〔註111〕《穀梁傳注疏》，頁111。
〔註112〕《穀梁傳注疏》，頁128。

尊者諱恥、爲賢者諱過、爲親者諱疾〔註113〕。」

案：有關家庭的成員之間有必要隱諱。

9、名字之於父親

昭公七年，《春秋》：「秋八月，戊辰，衛侯惡卒。」《穀梁傳》：「鄉日：衛齊侯。今日：衛侯惡。此何爲君臣同名也。君子不奪人名，不奪人親之所名，重其所以來也。王父名子也。」〔註114〕

案：名字是王父所命，所以當尊重。

10、家庭的責任歸屬於上

昭公十九年，《春秋》：「冬，葬許悼公。」《穀梁傳》：「日卒、時葬，不使止爲弑父也。日：『子既生，不免乎水火，母之罪也。羈貫成童，不就師傅，父之罪也。就師學問無方，心志不通，身之罪也。心志既通，而名譽不聞，友之罪也。名譽既聞，有司不舉，有司之罪也。有司舉之，王者不用，王者之過也。』許世子不知嘗藥累及許君也〔註115〕。」

由以上所知，父母與子女間的關係有一定的規定。如禮的規範藉倫理之親疏而有所分別，這與無分別的對待天下人且視爲一是不一樣的。要與仇人之子結婚、國仇、家仇都因爲與血緣關係而變得有所約束。並爲親者隱諱，甚至免其罪。同時提到家庭中的責任，母親負責小孩的身體不受水火之傷，父親負責子女教育。

（六）夫妻間的關係

1、夫婦之情與禮制的衝突

（1）莊公二十四年，《春秋》：「二十有四年春，王三月，刻桓公桷。」《穀梁傳》：「夫人，所以崇宗廟也。取非禮與非正，而加之於宗廟，以飾夫人，非正也。刻桓宮桷、丹桓宮楹，斥言桓宮，以惡莊也〔註116〕。」

案：禮制大於夫妻間的情，所以不能爲表達夫妻之情而違反制度。

（2）襄公三十年，《春秋》：「五月甲午，宋災伯姬卒。」《穀梁傳》：「取卒之日加之災上者，見以災卒也。其見以災卒奈何？伯姬之舍失火。左右日：『夫人少辟火乎！』伯姬日：『婦人之義，傅母不在，宵不下堂。』左右又日：『夫人少辟火乎！』伯姬日：『婦人之義，保母不在，宵不下堂。』遂逮乎火而死，婦人

〔註113〕《穀梁傳注疏》，頁137。
〔註114〕《穀梁傳注疏》，頁167。
〔註115〕《穀梁傳注疏》，頁177。
〔註116〕《穀梁傳注疏》，頁59。

以貞爲行者也。伯姬之婦道盡矣。詳其事,賢伯姬也〔註117〕。」

案:伯姬重婦道所以加以褒揚。

2、夫妻之禮

成公九年,《春秋》:「九年春王正月,杞伯來逆叔姬之喪以歸。」《穀梁傳》:「傳曰:夫無逆出妻之喪而爲之也〔註118〕。」

案:夫妻之情,卻不得違反規定。

夫妻間的情份是如何交流的,屬於精神上的,《穀梁傳》沒有說明,而物質上的給予或表現,則不能違反禮制。

綜合以上所論,《穀梁傳》對許多家庭倫理的關係是重視的,因爲這些倫理上的尊卑、親疏,都與政治制度與禮制的訂定有密切的關係。它也反映出當時對於秩序的建立根基在家庭倫理的穩定上。

上節所論《穀梁傳》對天子、霸、伯的態度是從魯國對外的角度來思考;而這節則是從魯國自身,以魯公爲主的親屬擴大到當時對家庭倫理的普遍性看法。這些都是《穀梁傳》傳文中所論及的,它反映當時時代的觀點,而《穀梁傳》也運用這些說法,放到傳文之內,成爲解經時的內在因素。

〔註117〕《穀梁傳注疏》,頁162。
〔註118〕《穀梁傳注疏》,頁137。

第七章 結　論

　　《穀梁傳》在歷代研究經學的學者眼中，對於它的價值，仍有不同的看法。但從論文的研究過程發現，《穀梁傳》確實在傳承著孔子《春秋》的書寫原因，雖如同《三傳》，《穀梁傳》也只是其中一種的說法，但是《穀梁傳》的解經卻是形成一個屬於《穀梁春秋》的獨立狀態。就是說在解經的部分，《穀梁傳》不僅自成系統，而且還是具有強制性的規範閱讀《春秋》的讀法。當讀者從《穀梁傳》的傳文去理解《春秋》時，可以理解《春秋》，這就是《傳》的目的。筆者研究《穀梁傳》解經方法的部分，是說明《穀梁傳》的解經除了是記錄孔子所傳的經義，也是透過整理以很清楚的方式來為不明白《春秋》的人提供具有完整性、一致性與系統性的解經文字。因為當《穀梁傳》的解經方法是有意識的處理通經的過程時，它的方法就值得我們去加以研究，因此得以明白為何《穀梁傳》是「善於經」與《穀梁傳》對於理解《春秋》時是有很大的幫助。

　　《穀梁傳》經過筆者的研究，得到以下幾點看法。

　　一、就《穀梁傳》的形成來說。《穀梁傳》未書於竹帛前的流傳情形是孔子傳與弟子，然後經過弟子許多年的統合，逐漸把說法固定下來。所以並非一時、一地、一人完成。

　　《穀梁傳》的師承，從現在的《史記》、《漢書》考察。《穀梁》這一名稱是到了漢代才有記載「瑕邱江生為《穀梁春秋》」、「瑕丘江公受《穀梁春秋》及《詩》於魯申公」。從此之後《春秋》開始以《三傳》來傳承，因為之前《三傳》只是傳承《春秋》的其中一種說法，還未確立有獨自的解經地位，所以都說傳《春秋》，沒有說傳《穀梁傳》。

　　《穀梁傳》本是與《春秋》分別刊行，後來才合刊。合刊的過程會面臨到經文與傳文將以怎樣的形式來放置才是最恰當的疑慮，而現在還遺有一些《經》、《傳》

合刊時的問題在我們可見的版本上。這是因爲《穀梁傳》解經時有時會以一條傳文說明兩條經文，有時以兩個分論來解釋一條經文，而合刊者就將經文分爲兩段。

二、就《穀梁傳》解經的根源問題來說。《穀梁傳》「傳」字的意義，筆者從《穀梁傳》的傳文來確定「傳」的意義。經過筆者的分析，發現其是一種複合式的發傳方法，因此《穀梁傳》的「傳」字意義，包括：定義、規定、說明、理由、轉語、轉而論、推論、或曰、訓詁與故事。

關於《穀梁傳》的訓詁部分，有一部分與許愼《說文解字》的本義相同，有些是段玉裁認爲的引伸義。另有許多訓詁是《穀梁傳》用來解釋，卻找不到更早的使用者，此不能說是《穀梁傳》所發明，或許當時便有這樣解釋。只是無法肯定這些訓詁的來源或本義，但讀《穀梁傳》時卻要使用這些訓詁，把它當成傳例。

三、就《穀梁傳》解經的形式問題。《穀梁傳》的無傳還是可以從其他相同經文底下相同的傳文來解釋。重發傳的意義在於加強文義與爲了說明當經文在不同的情形下都用同一字時，是否會有不同的意義？因此《穀梁傳》需要在此發傳以說明意義。

《穀梁傳》本是單條傳文對應單條經文，但理解時可以透過經文或傳文所提供的事件始末來幫助解經。

《穀梁傳》也有以故事的形式來發傳，這些雖像是敘述一篇故事，但此故事仍透露經文上的人，其行爲、處事是否有違禮或行惡。因此這些敘述也具有解經的功能。

四、就《穀梁傳》的著述原則。這部分是從傳文的性質來作區分，因此可以知道《穀梁傳》的發傳是複合型的。

「定義」是說明《春秋》褒貶的內在道德標準與《春秋》用字的褒貶義。「規定」是透過普遍的禮法、禮制來規範人的行爲，也說明正確的做法爲何。

「轉語」是《穀梁傳》說明《春秋》的經文文字何處有孔子更動的地方與理由。「轉而論」是《穀梁傳》在解釋經文文字外，又補充一些當時的制度或當時的想法、觀點，附在傳文之中。

「或曰」是指《穀梁傳》傳文中有引用其他人的說法，這些說法並不與傳文意見衝突，多是在補充傳文的說法或以另外一種的說法並陳於傳文之中。「推論」是《穀梁傳》發傳時用邏輯推演的方式來發傳。

以上這些著述原則是《穀梁傳》所運用的解經方法。同時可以發現這些方法是有原則可循的，並非只是隨文釋義。這也可說明《穀梁傳》的內容，除了傳承自孔子外，它是經過整理的。

　　五、就《穀梁傳》解經的時代反映來說。《穀梁傳》尊周、尊周天子。曾對齊桓公質疑、對晉文公更是不曾推崇。說明雖周室衰微，諸侯強盛，臣還是不能有所僭越。這點《穀梁傳》非常堅持。因此在傳文不斷的對諸侯加以貶抑的過程中，反映《穀梁傳》的立場態度，也可說是《穀梁傳》從根本的立場反映在解經過程中。

　　又《穀梁傳》對家庭倫理的態度，反映了當時一切的制度與禮法都與家庭倫理有密切的關係。《穀梁傳》認為禮制是維繫天下、諸侯國穩定的最重要的事，所以《穀梁傳》雖重視親親之義、天倫、兄弟、父子、夫婦的關係，但當與政治制度相違時，就會明確的表明，禮制是最高的規範標準。

　　最後，對《穀梁傳》解經方法研究後，筆者認為《穀梁傳》這一本經書的存在，對理解《春秋》的內容是很重要的一個橋樑，同時除了可以透過《穀梁傳》去理解孔子的想法、經義外，《穀梁傳》還保留了很多當時相關的典章制度、思考想法，這些都可以讓後代的人不只是單純的對文字進行理解，更能進入到當時的人文社會環境。《穀梁傳》的傳文確實保留了這些。

　　再來，對《三傳》而言，目的都是在解經。而《穀梁傳》的解經方法是在傳承孔子的經義外，又對解經方法作了相當理性的撰寫，就是說如果孔子心中有一撰寫《春秋》的凡例，應該就是接近《穀梁傳》的解經方法。而口傳與實際書寫下來的差異，在於書寫成文字後就是訂下了不能更改的範本，所以必須將許多的觀念想法，都以很明確清楚的方式來表達。

參考書目

一、專 著

（一）經 部

1. 杜預注，孔穎達正義，《春秋左傳正義》（《十三經注疏》本，臺北：藝文印書館，1997 年 8 月）。

2. 何休注，徐彥疏，《春秋公羊傳注疏》（《十三經注疏》本，臺北：藝文印書館，1997 年 8 月）。

3. 范甯注，楊士勛疏，《春秋穀梁傳注疏》（《十三經注疏》本，臺北：藝文印書館，1997 年 8 月）。

4. 鍾文烝，《春秋穀梁傳補注》（《續皇清經解》本，臺北：藝文印書館，1986 年 9 月）。

5. 柯劭忞，《春秋穀梁傳注》（臺北：臺灣中華書局，1970 年 6 月）。

6. 劉世南，《春秋穀梁傳直解》（《十三經直解》第三卷下，1993 年 12 月）。

7. 許桂林，《春秋穀梁傳時月日書法釋例》（《續皇清經解》本，臺北：藝文印書館，1986 年 9 月）。

8. 齊召南，《春秋穀梁傳注疏考證》（《皇清經解》本，臺北：藝文印書館，1986 年 9 月）。

9. 葉夢得，《春秋傳》影印文淵閣，（《四庫全書》本，臺北：臺灣商務印書館，1983 年）。

10. 趙汸影，《春秋集傳》印文淵閣，（《四庫全書》本，臺北：臺灣商務印書館，1983 年）。

11. 傅隸樸，《春秋三傳比義》（臺北：臺灣商務印書館，1983 年 5 月）。

12. 浦衛忠，《春秋三傳綜合研究》（臺北：文津出版社，1995 年 4 月）。

13. 簡宗梧、周何編輯，《春秋穀梁傳論著目錄》（臺北：洪葉文化事業有限公司，

2000 年 6 月）。

14. 王掞等編纂，《欽定春秋傳說彙纂》影印文淵閣，（《四庫全書》，臺北：臺灣商務印書館，1983 年）。

15. 柳興恩，《穀梁大義述》（《續皇清經解》本，臺北：藝文印書館，1986 年 9 月）。

16. 鄭玄，《六藝論》（《百部叢書集成》本，臺北：藝文印書館，1968 年影印）。

17. 本田成之，《中國經學史》（臺北：廣文書局，1979 年 5 月）。

18. （英）魯惟一著，李學勤等譯，《中國古代典籍導讀》（瀋陽：遼寧出版社，1997 年 11 月）。

19. 章權才，《兩漢經學史》（臺北：萬卷樓圖書公司，1996 年 5 月）。

20. 孟子撰，趙岐注，孫奭疏，《孟子注疏》（《十三經注疏》本，臺北：藝文印書館，1997 年 8 月）。

21. 鄭玄，《起廢疾》（《百部叢書集成》本，臺北：藝文印書館，1968 年影印）。

22. 林師慶彰等編，《經學研究論著目錄》（1988～1982）（臺北：漢學研究中心編印，1994 年 4 月）。

23. 林師慶彰等編，《經學研究論著目錄》（1983～1992）（臺北：漢學研究中心編印，1999 年 5 月）。

24. 林師慶彰等編，《經學研究論著目錄》（1993～1997）（臺北：漢學研究中心編印，2003 年 4 月）。

25. 江藩，《國朝漢學師承記》（北京：中華書局出版社，1998 年 12 月）。

26. 王國維，《漢魏博士題名考》（臺北：臺灣商務印書館，1976 年 12 月）。

（二）史　部

1. 司馬遷，《史記》（北京：中華書局，1997 年 9 月）。

2. 撰者不詳，《竹書紀年》（臺北：臺灣中華書局，1980 年 10 月）。

3. 陳振孫，《直齋書錄解題》（臺北：臺灣商務印書館，1978 年 5 月）。

4. 晁公武，《郡齋讀書志》（臺北：臺灣商務印書館，1978 年 1 月）。

5. 班固，《漢書》（北京：中華書局，1997 年 9 月）。

（三）子　部

1. 林啓彥，《中國學術思想史》（臺北：書林出版有限公司，1994 年 8 月）。

2. 錢穆，《中國思想史》（臺北：臺灣學生書局，1996 年 8 月）。

3. 荀況撰，楊倞注，《荀子》（臺北：臺灣中華書局，1983 年 7 月）。

4. 梁啓雄，《荀子簡釋》（臺北：木鐸出版社，1988 年 9 月）。

（四）小　學

1. 林尹，《文字學概說》（臺北：正中書局，1997 年 11 月）。

2. 李學勤,《古文字學初階》（臺北：萬卷樓圖書公司，1993 年 4 月）。

3. 王鳳陽,《古辭辨》（長春：吉林文史出版社，1993 年 6 月）。

4. 徐善同,《訓詁學》（臺北：臺灣商務印書館，1970 年 3 月）。

5. 許慎撰,段玉裁注,《說文解字注》（臺北：黎明文化公司，1996 年 9 月）。

（五）其 他

1. 陳榮捷,《中國哲學論集》（臺北：中央研究院中國文哲研究所，1994 年 8 月）。

2. 周少川,《中華典籍與傳統文化》（桂林：廣西師範大學出版社，1996 年 9 月）。

3. 周谷城主編,《中國學術名著提要・哲學卷》（上海：復旦大學出版社，1992 年 10 月）。

4. 胡學常,《文學話語與權力話語》（杭州：浙江人民出版社 2000 年 1 月）。

5. 劉禾,《語際書寫——現代思想史寫作批判綱要》（上海：三聯書店，1999 年 10 月）。

6. 楊向奎,《楊向奎學術文選》（北京：人民出版社 2000 年 1 月）。

7. 顧頡剛,《秦漢的方士與儒生》（臺北：里仁書局，1996 年 2 月 28 日）。

8. 周紹賢,《漢代哲學》（臺北：臺灣中華書局，1983 年 2 月）。

9. 顧頡剛,《漢代學術史略》（北京：東方出版社，1996 年 1 月）。

二、學位論文

1. 梁煌儀,《春秋穀梁傳校證》（臺北：中國文化大學中國文學研究所碩士論文，1978 年 6 月）。

2. 李紹陽,《春秋穀梁傳時月日例研究》（臺北：臺灣師範大學國文研究所碩士論文，1995 年 12 月）。

3. 吳連堂,《春秋穀梁經傳補注研究》（高雄：高雄師範學院國文研究所碩士論文，1987 年 6 月）。

4. 陳傳芳,《春秋戰伐書例研究》（臺北：臺灣師範大學國文研究所碩士論文，1995 年 6 月）。

5. 吳智雄,《穀梁傳思想研究》（高雄：中山大學中國文學研究所碩士論文，1997 年 6 月）。

6. 王熙元,《穀梁范注發微》（臺北：臺灣師範大學國文研究所博士論文，1970 年 6 月）。

7. 陳秀玲,《楊士勛春秋穀梁傳注疏之研究》（台中：中興大學中國文學研究所碩士論文，1996 年 6 月）。

8. 王淑蕙,《董仲舒春秋解經方法探究》（桃園：中央大學中國文學研究所碩士論文，1995 年 5 月）。

9. 車行健,《禮儀、讖緯與經義——鄭玄經學思想及其解經方法》（臺北：輔仁大

學中國文學研究所博士論文，1996 年 6 月）。

三、單篇論文

1. 戴君仁，〈《春秋穀梁傳》時月日例辨正〉，（《孔孟學報》四期，1962 年 9 月）。

2. 浦衛忠，〈《春秋穀梁傳》中的女子與婚姻〉，（《齊魯學刊》，1992 年第五期（總第一一〇期），1992 年 9 月）。

3. 劉百閔，〈《春秋穀梁傳》與語意學〉，（《國魂》三〇一期，1970 年 12 月）。

4. 李甲孚，〈《春秋穀梁傳》及其作者〉，（《中央月刊》五卷十二期，1973 年 10 月）。

5. 王仁倜複印報刊資料，〈春秋經傳國際學術討論會簡述〉，（《中國哲學與哲學史》，1996 年第十二期，1997 年 2 月）。

6. 梁煌儀，〈《春秋穀梁傳》評介〉，（《孔孟月刊》十八卷二期，1979 年 10 月）。

7. 奚敏芳，〈春秋三傳諱例異同研究〉，（《孔孟學報》第五十八期，1989 年 9 月）。

8. 逄振鎬，〈春秋，《經》，《傳》「尊夏卑夷」「尊魯卑齊」政治思想文化體系〉，（《中國書目季刊》第二十七卷第四期，1994 年 3 月）。

9. 許秀霞，〈春秋三傳「執諸侯」例試論〉，（《中華學苑》第四十四期，1994 年 4 月）。

10. 曾素貞，〈《春秋》三傳「執」例試析〉，（《中國文哲研究通訊》第六卷第二期（總第二十二期），1996 年 6 月）。

11. 劉家和，〈春秋三傳的災異觀〉，（《古代中國與世界——一個古史研究者的思考》武漢出版社，1997 年 7 月）。

12. 賴炎元，〈春秋微言大義〉，（《木鐸》第十一期，中國文化大學中文研究所、中國文學系編印，1978 年 2 月）。

13. 張培瑜，〈春秋魯國歷法與古六曆〉，（《南京大學學報》（哲學社會科學版），1985 年四期，1985 年 12 月）。

14. 田宗堯，〈《春秋穀梁傳》阮氏校勘記補正〉，（《孔孟學報》八期，1964 年 9 月）。

15. 周何，〈穀梁傳諱例釋義〉，（《教學與研究》（臺灣師大）第十一期，1989 年 6 月）。

16. 周何，〈穀梁朝聘例釋〉，（《中國學術年刊》第十期，1989 年 2 月）。

17. 陳梅香，〈《穀梁》「內不言戰，言戰則敗也」義例辨析及其相關問題〉，（《中山中文學刊》第二期，1996 年 6 月）。

18. 高秋鳳，〈穀梁時日月例之盟例試探〉，（《師大國文學報》第十七期，1988 年 6 月）。

19. 黃志誠，〈《穀梁傳》之正道觀〉，（《輔仁國文學報》第十二期，199●年 8 月）。

20. 周何，〈穀梁傳之仁義觀〉，（《教學與研究》（臺灣師大）第十二期，1990 年 6 月）。

21. 張濤，〈《穀梁傳》重民思想初探〉，（《古籍整理研究論叢》第二輯，1993 年 3

月）。

22. 薛安琴，〈《穀梁》傳經特點尋繹〉，（《遼寧師範大學學報》（社會科學版），1990 年第一期（總第六十九期），1990 年 1 月）。

23. 謝金良，〈《穀梁傳》的眞僞和寫作時代考辨〉複印報刊資料，（《歷史學》，1996 年第七期，1996 年 9 月）。

24. 王熙元，〈《穀梁傳》傳授源流考〉，（《孔孟月刊》二十八期，1974 年 9 月）。

25. 蔣元慶，〈穀梁受經於子夏考〉，（《學海》一卷三期，1944 年 9 月）。

26. 柳詒徵，〈「穀梁大義述」補闕跋〉，（《國風半月刊》五卷（十、十一號合刊），1934 年 12 月）。

27. 劉瑞箏，〈穀梁禮證述評〉，（《國文學報》第二十四期，1995 年）。

28. 張西堂，〈《穀梁》爲古文學補證〉，（《西北大學學報》（人文科學），1957 年二期）。

29. 王熙元，〈「《穀梁》范注發微」提要〉，（《木鐸》一期，1972 年 9 月）。

30. 徐震，〈《穀梁》箋記〉，（《武漢大學文哲季刊》七卷一期，1941 年 10 月）。

31. 王葆玹，〈《穀梁傳疏》所引王弼，《周易大演論》佚文考釋〉，（《中國哲學史研究》，1983 年四期，1983 年 10 月）。

32. 李曰剛，〈《穀梁傳》之著於竹帛及傳授源流考〉，（《師大學報》六期，1961 年 6 月）。

33. 金德建，〈瑕丘江公作「穀梁傳」的推測〉，（《人文雜誌》，1957 年三期，1957 年 8 月）。

34. 王熙元，〈范甯年譜初稿〉，（《國文學報》十期，1981 年 6 月）。

35. 王熙元，〈范甯及其，《穀梁集解》〉，（《國文學報》三期，1974 年 6 月）。

36. 林秀富，〈范甯，《春秋穀梁傳集解》在解經觀念上的突破〉，（《輔大中研所學刊》第三期，1994 年 6 月）。

37. 吳哲夫，〈監本附章，《春秋穀梁註疏》存九卷〉，（《圖書季刊》三卷三期，1973 年 1 月）。

38. 李致忠，〈監本附音，《春秋穀梁傳注疏》二十卷〉，（《文獻》，1991 年第二期（總第四十八期），1991 年 4 月）。

39. 任遠，〈中國語法學之萌芽──試論，《公羊》，《穀梁》的語法研究〉，（《語文研究》，1995 年第四期（總第五十七期），1995 年 11 月）。

40. 劉振忠，〈什麼是經書？經、傳、注、疏的關係如何？〉，（《歷史教學》，1997 年第六期（總第四○三期），1997 年 6 月）。

41. 葛志毅，〈今文經學與口說傳業──試析古代的講學傳業方式及其文化歷史原因〉，（《歷史教學》，1994 年第五期（總第三六六期））。

42. 杜鋼百，〈《公羊》，《穀梁》爲卜商或孔商訛傳異名考〉，（《武漢大學文哲季刊》三卷一期，1933 年 11 月）。

43. 王海棻，〈《公羊》，《穀梁》中有「稱」義的詞〉，（《語文研究》，1983 年四期，

1983 年 11 月）。

44. 姚曼波，〈孔子作春秋即春秋傳說〉，（《中國史研究》，1993 年第二期（總第五十八期），1993 年 5 月）。

45. 丁亞傑，〈伏生尚書大傳的解經方法與思想內容〉，《國立中央大學中國文學研究所集刊》第四期，1997 年 5 月）。

46. 屈翼鵬，〈宋人疑經的風氣〉，（《大陸雜誌》第二十九卷第三期，1961 年 8 月）。

47. 楊向奎，〈清末今文經學三大師對春秋經傳的議論得失〉複印報刊資料，（《中國哲學》，1997 年第八期，1997 年 10 月）。

48. 程克雅，〈胡承珙解經方法研究〉，（《第五屆清代學術研討會論文集》，1997 年 11 月）。

49. 姚曼波，〈從漢初學壇探考「孔春秋」──兼考「春秋三傳」〉，（《文獻》，1995 年第三期（總第六十五期），1995 年 7 月）。

50. 陳新雄，〈說文解字之條例〉，（《木鐸》第十期，中國文化大學中文研究所、中國文學系編印，1984 年 6 月）。

51. 胡楚生，〈俞樾群經評議中之解經方法〉，（《興大文史學報》第二十三期，1993 年 3 月）。

52. 張全民，〈「盟詛不及三王」辨〉，（《社會科學戰線》，1996 年第二期（總第八十期），1996 年 3 月）。

53. 蔡長林，〈崔適論「穀梁氏亦古文學」之探討〉，（《中國書目季刊》第二十七卷第三期，1993 年 12 月）。

54. 楊伯峻，〈經書淺談，《公羊傳》和，《穀梁傳》〉，（《文史知識》，1982 年八期）。

55. 趙汝成，〈「經、傳、注、疏」小議〉，（《語文研究》，1997 年 2 月，1997 年 2 月）。

56. 陸玉林，〈經學傳統與詮釋型文化〉，（《中國哲學史》，1993 年第一期（總第二期），1993 年 2 月）。

57. 孫劍秋，〈試從漢代古今字判定經書今古文本──以，《穀梁傳》為例〉，（《東吳文史學報》第十一號，1993 年 3 月）。

58. 朱永平，〈試析，《公羊傳》，《穀梁傳》對語序的訓釋〉，（《陝西師大學報》（哲學社會科學版），1987 年三期，1987 年 8 月）。

59. 張濤，〈試談，《穀梁傳》對劉向的影響〉，（《貴州文史叢刊》，1991 年第三期（總第四十二期），1992 年 1 月）。

60. 張濤，〈談談漢代，《穀梁》學一度興盛的原因〉，（《遼寧大學學報》（社會科學版），1991 年第三期（總第七十七期），1991 年 5 月）。

61. 司仲敖，〈錢大昕之春秋學〉，（《木鐸》第十期，中國文化大學中文研究所、中國文學系編印，1984 年 6 月）。

62. 傅兆寬，〈辨僞學與學術研究〉，（《木鐸》第十期，中國文化大學中文研究所、中國文學系編印，1984 年 6 月，1988 年 7 月）。

63. 薛安琴,〈讀,《春秋穀梁傳》札記〉,(《遼寧師範大學學報》(社會科學版),1992 年第四期（總第八十四期）,1992 年 7 月）。

64. 浦衛忠,〈論,《春秋穀梁傳》所反映的社會和國家政治制度〉複印報刊資料,(《歷史學》,1996 年第三期,1996 年 5 月）。

65. 浦衛忠,〈論黃老思想對,《穀梁傳》的影響〉複印報刊資料,(《中國哲學與哲學史》,1996 年第六期,1996 年 8 月）。

66. 浦衛忠,〈論,《春秋穀梁傳》的親親之義〉,(《齊魯學刊》,1991 年第三期（總第一〇二期）,1991 年 5 月）。

67. 黃堯坤,〈論穀梁文〉,(北京：師範大學學報（社會科學版）,1987 年第二期（總第八十期）,1987 年 2 月）。

68. 程邦雄,〈《論語》中的稱謂與避諱研究〉,(《語言研究》,1997 年第一期（總第三十二期））。

69. 楊希牧,〈論久被忽略的,《左傳》諸侯以字爲諡之制～兼論生稱諡問題〉複印報刊資料,(《先秦、秦漢史》,1988 年第二期））。

70. 李瑾,〈論中國古代「諱」之表現形式及其發展概況──郭沫若先生,《諱辨》質疑之二〉,(《史學月刊》,1994 年第二期（總第二〇八期））。

71. 李軍,〈論秦漢時期的私學──兼論私學與中國傳統官學制度〉,(上海：社會科學院季刊,1993 年第三期（總第三十五期））。

72. 鄧生慶,〈傳統文化典籍的符號學特徵與典籍闡釋〉,(《哲學研究》,1993 年第一期,1993 年 1 月）。

73. 遲汗青,〈傳統民本思想源流考評〉,(《北方論叢》,1995 年第三期（總第一三一期））。

四、日文部分
（一）專 著

1. 岩本憲司,《春秋穀梁傳范甯集解》（東京：汲古書院,1988 年 10 月）。

2. 狩野直喜,《春秋研究》（東京：みすず書房,1994 年 11 月 18 日）。

3. 野間文史《春秋學──公羊傳と穀梁傳》（東京：研文出版 2001 年 10 月 1 日）。

4. 常石茂、稻田孝,《春秋を讀む》（東京：勁草書房,1988 年 1 月 10 日）。

5. 宇都木章,《春秋時代の戰亂》（東京：新人物往來社,1992 年 9 月 20 日）。

6. 小野澤精一,《中國古代說話の思想史的考察》（東京：汲古書院,昭和五十七年十二月十日）。

7. 加賀榮治,《中國古典解釋史──魏晉篇》（東京：勁草書房,昭和三十九年三月二十五日）。

8. 加藤常賢,《中國古代文化の研究》（東京：二松學舍大學出版部,昭和五十五年八月三日）。

9. 竹內照夫，《四書五經》（東京：平凡社，1987 年 1 月 5 日）。

10. 渡邊卓，《古代中國思想の研究》（東京：創文社，昭和四十八年三月五日）。

11. 白川靜，《白川靜著作集》（東京：平凡社，2000 年 3 月 15 日）。

12. 本田濟，《東洋思想研究》（東京：創文社，昭和六十二年一月二十五日）。

13. 諸橋轍次，《經史八論》（東京：關書院，昭和八年一月二十五日）。

14. 內野熊一郎，《漢初經書學の研究》（東京：清水書店，昭和十七年六月十八日）。

（二）單篇論文

1. 高瀨武次郎，〈春秋〉，《支那哲學史》（東京：文盛堂書店明治四十三年十月八日）。

2. 小島祐馬，〈春秋〉，《中國思想史》（東京：創文社，昭和四十三年十月十五日）。

3. 武內義雄，〈春秋の學〉，《中國思想史》（東京：岩波書店，1988 年 2 月 25 日）。

4. 長坂金雄，〈春秋〉、〈穀梁傳〉、〈三傳比較〉，《東洋史講座總論及史籍解題》（東京：雄山閣，昭和十五年四月三十日）。

5. 日原利國，〈春秋學の發生と春秋三傳〉，《中國思想文學史》（京都：朋友書店，1999 年 7 月 2 日）。

6. 貝塚茂樹，〈春秋時代に於ける叛と奔の意義〉、〈五等爵制の成立──左氏諸侯爵制說考〉，《貝塚茂樹著作集》第二卷（東京：中央公論社，昭和五十一年九月一日）。

7. 久富木成大，〈春秋赴告考〉，《森三樹三郎博士頌壽記念論文集》（京都：朋友書店，昭和五十四年十二月一日）。

8. 上原淳道，〈春秋戰國時代の政治、社會〉、〈五霸雜識〉、〈春秋の五霸〉，《上原淳道中國史論集》（東京：汲古書院，1993 年 7 月）。

9. 內藤虎次郎，〈春秋時代〉，《內藤湖南全集》第十卷（東京：筑摩書房，昭和四十四年六月十日）。

10. 中山久四郎，〈春秋と孔子の思想〉，《支那の人文思想》（東京：春秋社，昭和六年五月六日）。

11. 市村瓚次郎，〈春秋時代と霸者の迭興〉，《東洋史統》卷一（東京：富山房，昭和十四年十二月十日）。

12. 貝塚茂樹，〈春秋時代の都市攻圍戰術〉、〈《春秋》に現われる錫命禮〉、〈祭祀共同體としての國家〉、〈春秋の滅國絕祀〉、〈霸者による滅國の強行〉，《貝塚茂樹著作集》第一卷（東京：中央公論社，昭和五十一年九月一日）。

13. 內藤虎次郎，〈史書の淵源・春秋〉，《內藤湖南全集》第十一卷（東京：筑摩書房，昭和四十四年六月十日）。

14. 根本誠，〈中國思想における訓詁疏註〉、〈論語の問答法について〉，《中國古典思想の研究》（東京：現代アジア出版會，昭和四十六年一月二十日）。

15. 東京大學中國哲學研究室,〈中國思想の成立──春秋學とその發生〉,《中國思想史》（東京：東京大學出版會，1972 年 5 月 15 日）。

16. 林宏作,〈君崩未踰年改元論〉,《森三樹三郎博士頌壽記念論文集》（京都：朋友書店,昭和五十四年十二月一日）。

17. 貝塚茂樹,〈津田左右吉著《左傳の思想史的研究》〉、〈《春秋左氏傳》解說〉、〈公羊傳と左氏傳─湖南先生講春秋記〉,《貝塚茂樹著作集》第五卷（東京：中央公論社,昭和五十一年九月一日）。

18. 重澤俊郎,〈經學の本質〉,《原始儒家思想と經學》（東京：岩波書店,昭和二十四年九月二十日）。

19. 關口順,〈經書觀形成過程の一考察〉,《山下龍二教授退官紀念,中國學論集》（東京：研文社,平成二年十月二十日）。

20. 本田成之,〈經學史上に於ける穀梁家の地位〉,《内藤博士還曆記念支那學論叢》（京都：弘文堂書房大正十五年五月二十五日）。

21. 田中麻紗巳,〈劉歆春秋說の一考察〉,《森三樹三郎博士頌壽記念論文集》（京都：朋友書店,昭和五十四年十二月一日）。

22. 加賀榮治,〈鄭玄の《春秋三傳》解釋について〉,《日本中國學會創立五十年記念論文集》,（東京：汲古書院,平成十年十月十日）。

附錄：穀梁傳例

　　傳例是一種歸納、整理、統一的規範，《穀梁傳》的傳文是有《傳》的規定與書寫的理由。筆者將《穀梁傳》所規定的話都當成傳的規定，此稱為「穀梁傳例」。

　　關於《穀梁傳》義例，就目前所見存佚。《春秋穀梁傳例》一卷（晉）范甯撰，輯存。《春秋三傳略例》三卷（北朝）劉獻之撰，佚。《春秋三傳總例》二十卷（唐）韋表微撰，存。《公穀總例》十卷（唐）成玄撰，佚。《三傳異同例》十三卷（唐）李口撰，佚。《春秋三傳例論》不著卷數（宋）孫立節撰，佚。《春秋三傳會例》三十卷（宋）胡箕撰，佚。《穀梁新例》六卷（宋）陳德寧撰，佚。《三傳分門事類》十二卷（宋）不著撰人，佚。《明三傳例）八卷（元）敬鉉撰，佚。《續明三傳例說略》八卷（元）敬鉉撰，佚。《三傳義例考》不著卷數（元）黃澤撰，佚。《穀梁三例》不著卷數（明）李舜臣撰，佚。《三傳義例》不著卷數（明）王圖鴻撰，佚。《春秋穀梁傳時月日書法釋例》四卷（清）許桂林撰，存。《春秋三傳纂凡表》四卷（清）盧軒撰，佚。《春秋三傳求歸類纂正編》五卷（清）顏錫名撰，存。《春秋三傳會例》三十卷（清）胡箕撰，佚。《春秋言例不同家數考》一篇（清）楊鳳苞撰，存。《春秋為尊者諱為親者諱為賢者諱說》一篇（清）雷森撰，存。《穀梁春秋經傳古義凡例》一卷（清）廖平撰，存。《穀梁春秋經學外篇例》一卷（清）廖平撰，存。《公羊穀梁序例》一篇李源澄撰，存。《春秋三傳名氏稱謂例辨正》一篇戴君仁撰，存。《春秋穀梁傳時月日例辨正》一篇戴君仁撰，存。《春秋穀梁傳義例》一篇賴炎元撰，存。《穀梁時月日例之盟例試探》一篇高秋鳳撰，存。《穀梁會盟釋例》一篇周何撰，存。《穀梁朝聘例釋）一篇周何撰，存。《穀梁諱例釋義》一篇周何撰，存。《春秋三傳諱例異同研究》一篇奚敏芳撰，存。《春秋三傳譏例異同初探》一篇奚敏芳撰，存。《春秋三傳性質之研究及其義例方法之商榷》一冊陳銘煌撰，存。《春秋三傳災異例異同研究》一篇奚敏芳撰，存。《魯國についての記述法からみた春秋三傳の立場》一篇（日本）山田琢撰，存。《春秋三傳の研究－書例について》一篇（日本）山田琢撰，存。《春秋三傳における君子の用例について》一篇（日本）山田琢撰，存。

　　義例、屬辭比事為解釋《春秋》的方法，這些都是一種歸納的結果。前人分類，舉即位、朝聘、侵伐為一類別，再將《春秋》相同的歸為一類。如此常有不同的解

釋於相同的經文內，所以會有義例不嚴謹或不可信的說法。且傳文還有許多文字不是義例，但讀者還是需要透過這些傳文去理解經文，這些文字仍需重視。因此筆者將《穀梁傳》的全部傳文加以分析，發現「傳」的意思很豐富，就目的而言，是爲了解釋《春秋》。但其方法卻很多種。筆者將之區分爲十種類別：「定義」、「理由」、「傳例同訓詁」、「說明」、「推論」、「轉而論」、「規定」、「或曰」、「轉語」、「故事」。

所謂「定義」，是指《穀梁傳》所下的定義。這包括對經文文字的定義，如「及者何？內爲志焉爾」與一種觀念的定義，如「春秋成人之美，不成人之惡」。有三百七十二次。

所謂「理由」，是指《穀梁傳》爲解釋而提出一肯定具體的答案，如「公何以不言即位？成公志也」。有三百七十五次。

所謂「傳例同訓詁」，是指《穀梁傳》傳文中對詞句的意義解釋，這些當中有些是與他經共同的解釋，如「賵者何也？乘馬曰賵、衣衾曰襚、貝玉曰含、錢財曰賻」，有些是《穀梁傳》中特定的說法，因此成爲一種傳例，如「衛人者，眾辭也」。有一百六十九次。

所謂「說明」，就是《穀梁傳》爲解釋而補充的說法，較不具主觀意識的說明，如「儀，字也」。有五百一十九次。

所謂「推論」，是指《穀梁傳》在解釋的時候有運用邏輯的推演過程，如「先親而後祖也，逆祀也。逆祀，則是無昭穆也。無昭穆，則是無祖也。無祖，則無天也。故曰文無天，無天者，是無天而行也。君子不以親親害尊尊，此春秋之義也。」或推測的情形，如「救者善，則伐者不正矣」。有二十五次。

所謂「轉而論」，是指有些《穀梁傳》在原論述中接著談另一個問題，如「經文：四年，春，正月，公狩于郎。傳文：四時之田，皆爲宗廟之事也。春曰田、夏曰苗、秋曰蒐、冬曰狩。四時之田用三焉，唯其所先得，一爲乾豆，二爲賓客，三爲充君之庖。」有二百零五次。

所謂「規定」，是用禮制爲準則來規範的標準，如「禮，賵人之母則可，賵人之妾則不可」。有一百五十四次。

所謂「或曰」，是指除了傳文本身，另有引他人說法的都稱或曰，如「經文：紀子伯、莒子，盟于密。傳文：或曰：紀子伯、莒子，而與之盟。或曰：年同、爵同，故紀子以伯先也。」有五十五次。

所謂「轉語」，是經文原本不是這樣子寫而因爲某種原因而改寫，《穀梁傳》會將理由說出來，如「經文：夏，五月，鄭伯克段于鄢。傳文：克者何？能也。何能也？能殺也。何以不言殺？見段之有徒眾也。」有一百四十八次。

所謂「故事」，是指《穀梁傳》直接用故事的敘述方式呈現經文的背景，如「秦伯將襲鄭。百里子與蹇叔子諫曰：『千里而襲人，未有不亡者也。』秦伯曰：『子之冢，木已拱矣，何知？』師行。百里子，與蹇叔子，送其子而戒之曰：『女死必於殽之巖吟之下，我將尸女於是。』師行。百里子與蹇叔子隨其子而哭之，秦伯怒曰：『何為哭吾師也。』二子曰：『非敢哭師也，哭吾子也，我老矣，彼不死，則我死矣。』晉人與姜戎，要而擊之殽，匹馬隻輪無反者。」有二十七次。

透過分析有幾點可以提出。1. 無傳的情形很多，達 1158 條。2. 《穀梁傳》的內文前後的傳文並不相同，即前後的發傳文有些不同。3. 文公之後無傳情形大增。4. 傳文每句話都有意義，有些是規定，有些是說明。5. 單條傳文有單一結構，也有多重結構構成。

◎ 隱 公

○ 元年，春，王正月。

1. 雖無事，必舉正月，謹始也。（定義）
2. 公何以不言即位，成公志也。（理由）
3. 焉成之？言君之不取為公也。君之不取為公何也？將以讓桓也。讓桓正乎？曰：「不正。」（轉而論）
4. 春秋成人之美，不成人之惡。（定義）
5. 隱不正而成之何也？將以惡桓也。（理由）
6. 其惡桓何也？隱將讓而桓弒之，則桓惡矣。桓弒而隱讓，則隱善矣。善則其不正焉何也？（說明）
7. 春秋貴義而不貴惠，信道而不信邪。（定義）
8. 孝子揚父之美，不揚父之惡。（定義）
9. 先君之欲與桓，非正也，邪也。雖然既勝其邪心以與隱矣，已探先君之邪志而遂以與桓，則是成父之惡也。（說明）
10. 兄弟，天倫也。為子受之父，為諸侯受之君。（定義）
11. 已廢天倫，而忘君父，以行小惠，曰小道也。（定義）
12. 若隱者，可謂輕千乘之國。蹈道，則未也。（轉而論）

○ 三月，公及邾儀父盟于眛。

13. 及者何？內為志焉爾。（定義）
14. 儀，字也。（說明）

15. 父，猶傳也。男子之美稱也。（傳例同訓詁）

16. 其不言邾子何也？邾之上古微，未爵命於周也。（理由）

17. 不日，其盟渝也。（定義）

18. 眛，地名也。（說明）

○ **夏，五月，鄭伯克段于鄢。**

19. 克者何？能也。何能也？能殺也。（定義）

20. 何以不言殺，見段之有徒眾也。（轉語）

21. 段，鄭伯弟也。（說明）

22. 何以知其爲弟也？殺世子母弟目君，以其目君，知其爲弟也。（推論）

23. 段，弟也。而弗謂弟，公子也。而弗謂公子，貶之也。（轉語）

24. 段失子弟之道矣。賤段而甚鄭伯也。何甚乎鄭伯？甚鄭伯之處心積慮成於殺也。（說明）

25. 于鄢遠也。猶曰取之其母之懷中而殺之云爾，甚之也。（轉而論）

26. 然則爲鄭伯者宜奈何？緩追逸賊，親親之道也。（定義）

○ **秋，七月，天王使宰咺，來歸惠公仲子之賵。**

27. 母以子氏。（規定）

28. 仲子者何？惠公之母，孝公之妾也。（說明）

29. 禮，賵人之母則可，賵人之妾則不可。（規定）

30. 君子以其可辭受之。（轉而論）

31. 其志，不及事也。（說明）

32. 賵者何也？乘馬曰賵、衣衾曰襚、貝玉曰含、錢財曰賻。（傳例同訓詁）

○ **九月，及宋人盟于宿。**

33. 及者何？內卑者也。（定義）

34. 宋人，外卑者也。（定義）

35. 卑者之盟不日。（定義）

36. 宿，邑名也。（說明）

○ **冬，十有二月，祭伯來。**

37. 來者，來朝也。其弗謂朝何也？寰內諸侯，非有天子之命，不得出會諸侯。（規定）

38. 不正其外交，故弗與朝也。（轉語）

39. 聘弓鍭矢不出竟場，束脩之肉不行竟中。（規定）

40. 有至尊者，不貳之也。（轉而論）

○ 公子益師卒。

　　41. 大夫日卒，正也。（定義）

　　42. 不日卒，惡也。（定義）

○ 二年，春，公會戎于潛。

　　43. 會者，外爲主焉爾。（定義）

　　44. 知者慮、義者行、仁者守，有此三者，然後可以出會。（轉而論）

　　45. 會戎，危公也。（説明）

○ 夏，五月，莒人入向。

　　46. 入者，內弗受也。（定義）

　　47. 向，我邑也。（説明）

○ 無侅帥師入極。

　　48. 入者，內弗受也。（定義）

　　49. 極，國也。（説明）

　　50. 苟焉以入人爲志者，人亦入之矣。（説明）

　　51. 不稱氏者，滅同姓貶也。（轉語，理由）

○ 秋，八月，庚辰，公及戎盟于唐。

　　無傳 1

○ 九月，紀履緰來逆女。

　　52. 逆女，親者也。使大夫，非正也。（規定）

　　53. 以國氏者，爲其來交接於我，故君子進之也。（理由，轉語）

○ 冬，十月，伯姬歸于紀。

　　54. 禮，婦人謂嫁曰歸，反曰來歸。（規定，定義）

　　55. 從人者也，婦人在家制於父、既嫁制於夫、夫死從長子。婦人不專行，必有從也。（規定）

　　56. 伯姬歸于紀，此其如專行之辭何也？曰：「非專行也。吾伯姬歸于紀，故志之也。」（説明，理由）

　　57. 其不言使何也？逆之道微，無足道焉爾。（理由）

○ 紀子伯、莒子，盟于密。

　　58. 或曰：「紀子伯、莒子，而與之盟。」（或曰，説明）

　　59. 或曰：「年同、爵同，故紀子以伯先也。」（或曰，理由）

○ 十有二月，乙卯，夫人子氏薨。

　　60. 夫人薨，不地。（定義）

61. 夫人者，隱之妻也。（說明）

62. 卒而不書葬。（定義）

63. 夫人之義，從君者也。（規定）

○ **鄭人伐衛。**

無傳 2

○ **三年，春，王二月，己巳，日有食之。**

64. 言日不言朔，食晦日也。（定義）

65. 其日有食之何也？吐者外壤，食者內壤，闕然不見其壤，有食之者也。（說明）

66. 有內辭也，或外辭也。（說明）

67. 有食之者，內於日也。其不言食之者何也？知其不可知，知也。（轉而論）

○ **三月，庚辰，天王崩。**

68. 高曰崩、厚曰崩、尊曰崩，天子之崩，以尊也。（傳例同訓詁）

69. 其崩之何也？以其在民上，故崩之。（說明）

70. 其不名何也？大上，故不名也。（理由）

○ **夏，四月，辛卯，尹氏卒。**

71. 尹氏者何也？天子之大夫也。（說明）

72. 外大夫不卒，此何以卒之也？於天子之崩爲魯主，故隱而卒之。（理由）

○ **秋，武氏子來求賻。**

73. 武氏子者何也？天子之大夫也。（說明）

74. 天子之大夫，其稱武氏之子何也？未畢喪，孤未爵。（理由，轉語）

75. 未爵使之，非正也。（說明）

76. 其不言使何也？無君也。（理由）

77. 歸死者曰賵，歸生者曰賻。（傳例同訓詁）

78. 曰歸之者，正也。求之者，非正也。（定義）

79. 周雖不求，魯不可以不歸，魯雖不歸，周不可以求之。求之爲言，得不得，未可知之辭也。交譏之。（轉而論）

○ **八月，庚辰，宋公和卒。**

80. 諸侯日卒，正也。（定義）

○ **冬，十有二月，齊侯、鄭伯，盟于石門。**

無傳 3

○ **癸未，葬宋繆公。**

81. 日葬，故也。危不得葬也。（定義）

○ 四年，春，王二月，莒人伐杞，取牟婁。

82. 傳曰：言伐、言取，所惡也。（定義）

83. 諸侯相伐取地於是始，故謹而志之也。（說明，理由）

○ 戊申，衛祝吁弒其君完。

84. 大夫弒其君以國氏者，嫌也。（定義）

85. 弒而代之也。（說明）

○ 夏，公及宋公遇于清。

86. 及者，內為志焉爾。（定義）

87. 遇者，志相得也。（定義）

○ 宋公、陳侯、蔡人、衛人，伐鄭。

無傳 4

○ 秋，翬帥師會宋公、陳侯、蔡人、衛人，伐鄭。

88. 翬者何也？公子翬也。（說明）

89. 其不稱公子何也？貶之也。（說明，轉語）

90. 何為貶之也？與于弒公，故貶也。（理由）

○ 九月，衛人殺祝吁于濮。

91. 稱人以殺，殺有罪也。（定義）

92. 祝吁之挈，失嫌也。（說明）

93. 其月，謹之也。（定義）

94. 于濮者，譏失賊也。（說明，理由）

○ 冬，十有二月，衛人立晉。

95. 衛人者，眾辭也。（傳例同訓詁）

96. 立者，不宜立者也。（轉語）

97. 晉之名惡也，其稱人以立之何也？得眾也。（理由）

98. 得眾則是賢也，賢則其日不宜立何也？春秋之義，諸侯與正而不與賢也。（定義，轉而論）

○ 五年，春，公觀魚于棠。

99. 傳曰：常事曰視，非常曰觀。（傳例同訓詁，定義）

100. 禮，尊不親小事，卑不尸大功。（規定）

101. 魚，卑者之事也，公觀之非正也。（轉而論，說明）

○ 夏，四月，葬衛桓公。

102. 月葬，故也。（定義）

○ 秋，衛師入郕。

103. 入者，內弗受也。（定義）

104. 郕，國也。（說明）

105. 將卑師眾，曰師。（定義，傳例同訓詁）

○ 九月，考仲子之宮。

106. 考者何也？考者，成之也，成之為夫人也。（傳例同訓詁）

107. 禮，庶子為君，為其母築宮，使公子主其祭也。於子祭，於孫止。（規定）

108. 仲子者，惠公之母。隱孫而脩之，非隱也。（轉而論）

○ 初獻六羽

109. 初，始也。（傳例同訓詁）

110. 穀梁子曰：「舞夏，天子八佾、諸公六佾、諸侯四佾，初獻六羽，始僭樂矣。」（規定，說明，理由）

111. 尸子曰：「舞夏，自天子至諸侯皆用八佾，初獻六羽，始厲樂矣。」（或曰，規定，說明，理由）

○ 邾人、鄭人，伐宋。

無傳 5

○ 螟

112. 蟲災也。（說明）

113. 甚則月，不甚則時。（定義）

○ 冬，十有二月，辛巳，公子彄卒。

114. 隱不爵命大夫。（說明）

115. 其日公子彄何也？先君之大夫也。（理由）

○ 宋人伐鄭，圍長葛。

116. 伐國不言圍邑，此其言圍何也？久之也。（說明，理由）

117. 伐不踰時，戰不逐奔，誅不填服。（轉而論）

118. 苞人民、毆牛馬，曰侵。（傳例同訓詁）

119. 斬樹木、壞宮室，曰伐。（傳例同訓詁）

○ 六年，春，鄭人來輸平。

120. 輸者，墮也。（傳例同訓詁）

121. 平之為言，以道成也。（傳例同訓詁）

122. 來輸平者，不果成也。（說明）

○ 夏，五月，辛酉，公會齊侯盟于艾。

　　無傳6

○ 秋，七月。

　　無傳7

○ 冬，宋人取長葛。

　　123. 外取邑不志，此其志何也？久之也。（理由）

○ 七年，春，王三月，叔姬歸于紀。

　　124. 其不言逆何也？逆之道微，無足道焉爾。（理由）

○ 滕侯卒

　　125. 滕侯無名。（說明）

　　126. 少曰世子，長曰君。狄道也，其不正者名也。（說明）

○ 夏，城中丘。

　　127. 城，爲保民爲之也。（說明）

　　128. 民眾城小則益城，益城無極，凡城之志，皆譏也。（定義）

○ 齊侯使其弟年來聘

　　129. 諸侯之尊，弟兄不得以屬通。（規定）

　　130. 其弟云者，以其來接於我，舉其貴者也。（理由）

○ 秋，公伐邾。

　　無傳8

○ 冬，天王使凡伯來聘

　　無傳9

○ 戎伐凡伯于楚丘以歸。

　　131. 凡伯者何也？天子之大夫也。（說明）

　　132. 國而曰伐，此一人而曰伐何也？大天子之命也。（理由）

　　133. 戎者，衛也。（說明）

　　134. 戎衛者，爲其伐天子之使，貶而戎之也。（理由）

　　135. 楚丘，衛之邑也。（說明）

　　136. 以歸，猶愈乎執也。（定義，說明）

○ 八年，春，宋公、衛侯，遇于垂。

　　137. 不期而會曰遇。（定義，傳例同訓詁）

　　138. 遇者志相得也。（定義）

○ 三月，鄭伯使宛來歸邴。

139. 名宛，所以貶鄭伯，惡與地也。（說明，理由）

○ **庚寅，我入邴。**

140. 入者，內弗受也。（定義）

141. 日入，惡入者也。（定義）

142. 邴者，鄭伯所受命於天子，而祭泰山之邑也。（說明）

○ **夏，六月，己亥，蔡侯考父卒。**

143. 諸侯日卒，正也。（定義）

○ **辛亥，宿男卒。**

144. 宿，微國也。（說明）

145. 未能同盟，故男卒也。（理由）

○ **秋，七月，庚午，宋公、齊侯、衛侯，盟于瓦屋。**

146. 外盟不日，此其日何也？諸侯之參盟於是始，故謹而日之也。（理由）

147. 誥誓不及五帝、盟詛不及三王、交質子不及二伯。（說明）

○ **八月，葬蔡宣公。**

148. 月葬，故也。（定義）

○ **九月，辛卯，公及莒人盟于包來。**

149. 可言公及人，不可言公及大夫。（定義）

○ **螟**

無傳 10

○ **冬，十有二月，無侅卒。**

150. 無侅之名，未有聞焉。（說明）

151. 或曰：隱不爵大夫也。（或曰，理由）

152. 或說曰：故貶之也。（或曰，理由）

○ **九年，春，天王使南季來聘。**

153. 南，氏姓也。（說明）

154. 季，字也。（說明）

155. 聘，問也。（傳例同訓詁）

156. 聘諸侯，非正也。（說明，規定）

○ **三月，癸酉，大雨震電。**

157. 震，雷也。（傳例同訓詁）

158. 電，霆也。（傳例同訓詁）

○ **庚辰，大雨雪。**

159. 志，疏數也。

160. 八日之間，再有大變，陰陽錯行，故謹而日之也。（理由）

161. 雨，月。（定義）

162. 志，正也。（說明）

○ 俠卒

163. 俠者，所俠也。弗大夫者，隱不爵大夫也。（說明，理由）

164. 隱不爵大夫何也？曰：不成為君也。（理由）

○ 夏，城郎。

無傳 11

○ 秋，七月。

165. 無事焉，何以書，不遺時也。（說明）

○ 冬，公會齊侯于防。

166. 會者，外為主焉爾。（定義）

○ 十年，春，王二月，公會齊侯、鄭伯，于中丘。

無傳 12

○ 夏，翬帥師會齊人、鄭人，伐宋。

無傳 13

○ 六月，壬戌，公敗宋師于菅。

167. 內不言戰，舉其大者也。（定義）

○ 辛未，取郜。

無傳 14

○ 辛巳，取防。

168. 取邑不日，此其日何也？不正其乘敗人而深為利，取二邑，故謹而日之也。
    （理由）

○ 秋，宋人、衛人、入鄭。

無傳 15

○ 宋人、蔡人、衛人，伐載，鄭伯伐取之。

169. 不正其因人之力而易取之，故主其事也。（理由）

○ 冬，十月，壬午，齊人、鄭人，入郕。

170. 入者，內弗受也。（定義）

171. 日入，惡入者也。（定義）

172. 郕，國也。（說明）

○ 十有一年，春，滕侯、薛侯來朝。

173. 天子無事，諸侯相朝，正也。（規定）

174. 考禮脩德，所以尊天子也。（説明）

175. 諸侯來朝，時，正也。（定義）

176. 犆言，同時也。（説明）

177. 累數，皆至也。（説明）

○ 夏，五月，公會鄭伯于時來。

無傳 16

○ 秋，七月，壬午，公及齊侯、鄭伯，入許。

無傳 17

○ 冬，十有一月，壬辰，公薨。

178. 公薨不地，故也。（定義）

179. 隱之，不忍地也。（説明）

180. 其不言葬何也？君弒賊不討，不書葬，以罪下也。（定義，説明，理由）

181. 隱十年無正，隱不自正也。元年有正，所以正隱也。（轉而論）

◎ 桓　公

○ 元年，春，王。

182. 桓無王，其曰王何也？謹始也。（説明）

183. 其曰無王何也？桓弟弒兄，臣弒君，天子不能定，諸侯不能救，百姓不能去，以爲無王之道，遂可以至焉爾。（轉而論）

184. 元年有王，所以治桓也。（轉而論）

○ 正月，公即位。

185. 繼故不言即位，正也。（定義）

186. 繼故不言即位之爲正何也？曰：先君不以其道終，則子弟不忍即位也。（説明）

187. 繼故而言即位，則是與聞乎弒也。（説明）

188. 繼故而言即位，是爲與聞乎弒何也？曰：先君不以其道終，已正即位之道而即位，是無恩於先君也。（理由）

○ 三月，公會鄭伯于垂。

189. 會者，外爲主焉爾。（定義）

○ 鄭伯以璧假許田。。，

   190. 假不言以，言以，非假也。（說明）

   191. 非假而曰假，諱易地也。（轉語）

   192. 禮天子在上，諸侯不得以地相與也。（規定）

   193. 無田則無許可知矣。不言許，不與許也。（說明）

   194. 許田者，魯朝宿之邑也。（說明）

   195. 邴者，鄭伯之所受命而祭泰山之邑也。（說明）

   196. 用見魯之不朝於周，而鄭之不祭泰山也。（轉而論）

○ 夏，四月，丁未，公及鄭伯盟于越。

   197. 及者，內為志焉爾。（定義）

   198. 越，盟地之名也。（說明）

○ 秋，大水。

   199. 高下有水災，曰大水。（理由）

○ 冬，十月。

   200. 無事焉。何以書？不遺時也。（理由）

   201. 春秋編年，四時具而後為年。（說明）

○ 二年，春，王正月，戊申，宋督弒其君與夷。

   202. 桓無王，其曰王何也？正與夷之卒也。（轉語，理由）

○ 及其大夫孔父。

   203. 孔父先死，其曰及何也？書尊及卑，春秋之義也。（定義）

   204. 孔父之先死何也？督欲弒君而恐不立，於是乎先殺孔父，孔父閑也。（故事）

   205. 何以知其先殺孔父也？曰：子既死，父不忍稱其名；臣既死，君不忍稱其名。以是知君之累之也。（推論）

   206. 孔氏，父字，謚也。（說明）

   207. 或曰：其不稱名，蓋為祖諱也，孔子故宋也。（或曰）

○ 滕子來朝。

   無傳 18

○ 三月，公會齊侯、陳侯、鄭伯，于稷，以成宋亂。

   208. 以者，內為志焉爾。（定義）

   209. 公為志乎成是亂也。（說明）

   210. 此成矣，取不成事之辭而加之焉。於內之惡，而君子無遺焉爾。（轉而論）

○ 夏，四月，取郜大鼎于宋。戊申，納于太廟。

　211. 桓內弒其君，外成人之亂，受賂而退，以事其祖，非禮也。（説明）

　212. 其道以周公爲弗受也。（轉而論）

　213. 郜鼎者，郜之所爲也。（説明）

　214. 曰宋，取之宋也，以是爲討之鼎也。（説明）

　215. 孔子曰：名從主人，物從中國。故曰：郜大鼎也。（理由，規定）

○ 秋，七月，紀侯來朝。

　216. 朝，時。（定義）

　217. 此其月何也？桓內弒其君外成人之亂，於是爲齊侯、陳侯、鄭伯討，數日
　　　　以賂，已即是事而朝之，惡之，故謹而月之也。（轉語，理由）

○ 蔡侯、鄭伯會于鄧。

　無傳 19

○ 九月入杞。

　218. 我入之也。（説明）

○ 公及戎盟于唐。

　無傳 20

○ 冬，公至自唐。

　219. 桓無會而其致何也？遠之也。（理由）

○ 三年，春，正月，公會齊侯于嬴。

　無傳 21

○ 夏，齊侯、衛侯胥命于蒲。

　220. 胥之爲言猶相也。（傳例同訓詁）

　221. 相命而信諭，謹言而退，以是爲近古也。（轉而論）

　222. 是必一人先，其以相言之何也？不以齊侯命衛侯也。（説明）

○ 六月，公會杞侯于郕。

　無傳 22

○ 秋，七月，壬辰，朔，日有食之既。

　223. 言日言朔，食正朔也。（定義）

　224. 既者，盡也，有繼之辭也。（傳例同訓詁）

○ 公子翬如齊逆女。

　225. 逆女，親者也。（規定）

　226. 使大夫，非正也。（規定）

○ 九月，齊侯送姜氏于讙。

227. 禮，送女。父不下堂，母不出祭門，諸母、兄弟不出闕門。（規定）

228. 父戒之曰：謹慎從爾舅之言。母戒之曰：謹慎從爾姑之言。諸母般申之曰：謹慎從爾父母之言。（故事）

229. 送女踰竟，非禮也。（規定）

○ 公會齊侯于讙。

230. 無譏乎。曰：為禮也。齊侯來也，公之逆而會之可也。（說明）

○ 夫人姜氏至自齊。

231. 其不言翬之以來何也？公親受之于齊侯也。（理由）

232. 子貢曰：冕而親迎，不已重乎？孔子曰：合二姓之好，以繼萬世之後，何謂已重乎。（轉而論）

○ 冬，齊侯使其弟年來聘。

無傳 23

○ 有年。

233. 五穀皆熟，為有年也。（定義，傳例同訓詁）

○ 四年，春，正月，公狩于郎。

234. 四時之田，皆為宗廟之事也。春曰田、夏曰苗、秋曰蒐、冬曰狩。四時之田用三焉，唯其所先得，一為乾豆，二為賓客，三為充君之庖。（轉而論，規定）

○ 夏，天王使宰渠伯糾來聘。

無傳 24

○ 五年，春，正月，甲戌、己丑，陳侯鮑卒。

235. 鮑卒何為以二日卒之？春秋之義，信以傳信，疑以傳疑。陳侯以甲戌之日出，己丑之日得，不知死之日，故舉二日以包也。（說明，理由）

○ 夏，齊侯、鄭伯如紀。

無傳 25

○ 天王使任叔之子來聘。

236. 任叔之子者，錄父以使子也。故微其君臣而著其父子，不正父在子代仕之辭也。（說明）

○ 葬陳桓公。

無傳 26

○ 城祝丘。

無傳 27

○ 秋，蔡人、衛人、陳人，從王伐鄭。

237. 舉從者之辭也。其舉從者之辭何也？爲天王諱伐鄭也。（理由）

238. 鄭，同姓之國也，在乎冀州，於是不服，爲天子病矣。（轉而論）

○ 大雩。

無傳 28

○ 螽。

239. 螽，蟲災也。（定義，傳例同訓詁）

240. 甚則月。（定義）

241. 不甚則時。（定義）

○ 冬，州公如曹。

242. 外相如不書。此其書何也？過我也。（理由）

○ 六年，春，正月，寔來。

243. 寔來者，是來也。（傳例同訓詁）

244. 何謂是來，謂州公也。（說明）

245. 其謂之是來何也？以其畫我，故簡言之也，諸侯不以過相朝也。（規定）

○ 夏，四月，公會紀侯于郕。

無傳 29

○ 秋，八月，壬午，大閱。

246. 大閱者何？閱兵車也。（傳例同訓詁）

247. 脩教明諭，國道也。平而脩戎事，非正也。（規定）

248. 其日。以爲崇武，故謹而日之。蓋以觀婦人也。（理由）

○ 蔡人殺陳佗。

249. 陳佗者，陳君也。（說明）

250. 其曰陳佗何也？匹夫行，故匹夫稱之也。（理由）

251. 其匹夫行奈何？陳侯熹獵，淫獵于蔡。與蔡人爭禽，蔡人不知其是陳君也，而殺之。（故事）

252. 何以知其是陳君也？兩下相殺，不道。其不地，於蔡也。（推論）

○ 九月，丁卯，子同生。

253. 疑，故志之。（說明，理由）

254. 時日：同乎人也。（或曰）

○ 冬，紀侯來朝。

無傳 30

○ 七年，春，二月，己亥，焚咸丘。

255. 其不言邾咸丘何也？疾其以火攻也。（理由）

○ 夏，穀伯綏來朝。

無傳 31

○ 鄧侯吾離來朝。

256. 其名何也？失國也。（理由，定義）

257. 失國則其以朝言之何也？嘗以諸侯與之接矣。雖失國，弗損吾異日也。（轉
語，理由）

○ 八年，春，正月，己卯，烝。

258. 烝，冬事也。（規定）

259. 春興之，志不時也。（理由）

○ 天王使家父來聘

無傳 32

○ 夏，五月，丁丑，烝。

260. 烝，冬事也。（規定）

261. 春、夏興之，黷祀也。志不敬也。（理由，規定）

○ 秋，伐邾。

無傳 33

○ 冬，十月，雨雪。

無傳 34

○ 祭公來，遂逆王后于紀。

262. 其不言使焉何也？不正其以宗廟之大事即謀於我，故弗與使也。（轉語，
理由）

263. 遂，繼事之辭也。（傳例同訓詁）

264. 其曰：遂逆王后，故略之也。（或曰）

265. 或曰：天子無外，王命之則成矣。（或曰）

○ 九年，春，紀季姜歸于京師。

265a. 為之中者，歸之也。（說明）

○ 夏，四月。

無傳 35

○ 秋，七月。

無傳 36

○ 冬，曹伯使其世子射姑來朝。

    266. 朝不言使，言使非正也。（定義）

    267. 使世子伉諸侯之禮而來朝，曹伯失正矣。（說明）

    268. 諸侯相見曰朝。（傳例同訓詁）

    269. 以待人父之道待人之子，以內爲失正矣。（規定）

    270. 內失正，曹伯失正，世子可以已矣。則是故命也。（轉而論）

    271. 尸子曰：夫已多乎道。（或曰）

○ 十年，春，王正月，庚申，曹伯終生卒。

    272. 桓無王，其曰王何也？正終生之卒也。（轉語，理由）

○ 夏，五月，葬曹桓公。

無傳 37

○ 秋，公會衛侯于桃丘，弗遇。

    273. 弗遇者，志不相得也。（定義，傳例同訓詁）

    274. 弗，內辭也。（傳例同訓詁）

○ 冬，十有二月，丙午，齊侯、衛侯、鄭伯，來戰于郎。

    275. 來戰者，前定之戰也。（定義）

    276. 內不言戰，言戰則敗也。（定義）

    277. 不言其人，以吾敗也。（定義）

    278. 不言及者，爲內諱也。（定義）

○ 十有一年，春，正月，齊人、衛人、鄭人，盟于惡曹。

無傳 38

○ 夏，五月，癸未，鄭伯寤生卒。

無傳 39

○ 秋，七月，葬鄭莊公。

無傳 40

○ 九月，宋人執鄭祭仲，

    279. 宋人者，宋公也。（說明）

    280. 其曰人何也？貶之也。（轉語，理由）

○ 突歸于鄭。

    281. 曰突，賤之也。（理由）

    282. 曰歸，易辭也。（轉語）

283. 祭仲易其事，權在祭仲也。（說明）

284. 死君難，臣道也。（規定）

285. 今立惡而黜正，惡祭仲也。（轉而論）

○ **鄭忽出奔衛。**

286. 鄭忽者，世子忽也。（說明）

287. 其名，失國也。（定義）

○ **柔會宋公、陳侯、蔡叔，盟于折。**

288. 柔者何？吾大夫之未命者也。（說明）

○ **公會宋公于夫鍾。**

無傳 41

○ **冬，十有二月，公會宋公于闞。**

無傳 42

○ **十有二年，春，正月。**

無傳 43

○ **夏，六月，壬寅，公會紀侯、莒子，盟于曲池。**

無傳 44

○ **秋，七月，丁亥，公會宋公、燕人，盟于穀丘。**

無傳 45

○ **八月，壬辰，陳侯躍卒。**

無傳 46

○ **公會宋公于虛。**

無傳 47

○ **冬，十有一月，公會宋公于龜。**

無傳 48

○ **丙戌，公會鄭伯，盟于武父。**

無傳 49

○ **丙戌，衛侯晉卒。**

289. 再稱日，決日義也。（定義）

○ **十有二月，及鄭師伐宋。丁未，戰于宋。**

290. 非與所與伐戰也。（說明）

291. 不言與鄭戰，恥不和也。（說明）

292. 於伐與戰，敗也。（定義）

293. 內諱敗，舉其可道者也。（說明）

○ 十有三年，春，二月，公會紀侯、鄭伯。己巳，及齊侯、宋公、衛侯、燕人，戰齊師。宋師、衛師、燕師，敗績。

294. 其言及者，由內及之也。（定義）

295. 其曰戰者，由外言之也。（定義）

296. 戰稱人、敗稱師，重眾也。（定義，理由）

297. 其不地於紀也。（說明）

○ 三月，葬衛宣公。

無傳 50

○ 夏，大水。

無傳 51

○ 秋，七月。

無傳 52

○ 冬，十月。

無傳 53

○ 十有四年，春，正月，公會鄭伯于曹。

無傳 54

○ 無冰。

298. 無冰，時燠也。（說明）

○ 夏，五，鄭伯使其弟禦來盟。

299. 諸侯之尊，弟兄不得以屬通。（規定）

300. 其弟云者，以其來我舉其貴者也。（理由）

301. 來盟，前定也。（定義）

302. 不日，前定之盟不日。（定義）

303. 孔子曰：聽遠音者，聞其疾，而不聞其舒。望遠者，察其貌，而不察其形。立乎定、哀，以指隱、桓，隱、桓之日遠矣。夏，五，傳疑也。（轉而論）

○ 秋，八月，壬申，御廩災。

無傳 55

○ 乙亥，嘗。

304. 御廩之災不志。（定義）

305. 此其志何也？以爲唯未易災之餘，而嘗可也。志不敬也。（理由）

306. 天子親耕，以共粢盛。王后親蠶，以共祭服。國非無良農、工女也，以爲

人之所盡，事其祖禰，不若以己所自親者也。（轉而論）

307. 何用見其未易災之餘而嘗也？曰甸粟，而內之三宮，三宮米，而藏之御廩，夫嘗必有兼甸之事焉。（說明）

308. 壬申，御廩災。乙亥，嘗。以爲未易災之餘而嘗也。（推論）

○ **冬，十有二月，丁巳，齊侯祿父卒。**

無傳 56

○ **宋人以齊人、蔡人、衛人、陳人，伐鄭。**

309. 以者不以者也。（轉語）

310. 民者，君之本也。使人以其死，非正也。（轉而論）

○ **十有五年，春，二月，天王使家父來求車。**

311. 古者諸侯時獻于天子。以其國之所有，故有辭讓，而無徵求。（規定）

312. 求車，非禮也。求金甚矣。（轉而論）

○ **三月，乙未，天王崩。**

無傳 57

○ **夏，四月，己巳，葬齊僖公。**

無傳 58

○ **五月，鄭伯突出奔蔡。**

313. 譏奪正也。（轉而論）

○ **鄭世子忽復歸于鄭。**

314. 反正也。（說明）

○ **許叔入于許。**

315. 許叔，許之貴者也。莫宜乎許叔。（說明）

316. 其曰入何也？其歸之道，非所以歸也。（轉語）

○ **公會齊侯于蒿。**

無傳 59

○ **邾人、牟人、葛人，來朝。**

無傳 60

○ **秋，九月，鄭伯突入于櫟。**

無傳 61

○ **冬，十有一月，公會宋公、衛侯、陳侯，于袤，伐鄭。**

317. 地而後伐，疑辭也。（定義）

318. 非其疑也。（轉語）

○ 十有六年，春，正月，公會宋公、蔡侯、衛侯，于曹。

無傳 62

○ 夏，四月，公會宋公、衛侯、陳侯、蔡侯，伐鄭。

無傳 63

○ 秋，七月，公至自伐鄭。

319. 桓無會，其致何也？危之也。（理由）

○ 冬，城向。

無傳 64

○ 十有一月，衛侯朔，出奔齊。

320. 朔之名，惡也。天子召而不往也。（轉而論，理由）

○ 十有七年，春，正月，丙辰，公會齊侯、紀侯，盟于黃。

無傳 65

○ 二月，丙午，公及邾儀父盟于趡。

無傳 66

○ 夏，五月，丙午，及齊師戰于郎。

321. 內諱敗，舉其可道者也。（說明）

322. 不言其人，以吾敗也。（定義）

323. 不言及之者，為內諱也。（定義）

○ 六月，丁丑，蔡侯封人卒。

無傳 67

○ 秋，八月，蔡季自陳歸於蔡。

324. 自陳，陳有奉焉爾。（定義）

○ 癸巳，葬蔡桓侯。

無傳 68

○ 及宋人、衛人伐邾。

無傳 69

○ 冬，十月，朔，日有食之。

325. 言朔不言日，食既朔也。（定義）

○ 十有八年，春，王正月，公會齊侯于濼。

無傳 70

○ 公與夫人姜氏，遂如齊。

326. 濼之會，不言及夫人何也？以夫人之伉，弗稱數也。（轉而論）

○　夏，四月，丙子，公薨于齊。

　　327. 其地，於外也。（説明，理由）

　　328. 薨稱公，舉上也。（定義）

○　秋，七月。

　　無傳 71

○　丁酉，公之喪至自齊。

　　無傳 72

○　冬，十有二月，己丑，葬我君桓公。

　　329. 葬我君，接上下也。（定義）

　　330. 君弒，賊不討，不書葬。（定義）

　　331. 此其言葬何也？不責踰國而討于是也。（轉語，理由）

　　332. 桓公葬而後舉謚。謚所以成德也，於卒事乎加之矣。（説明）

　　333. 知者慮、義者行、仁者守，有此三者備，然後可以會矣。（轉而論）

◎　莊　公

○　元年，春，王正月。

　　334. 繼弒君不言即位，正也。（定義）

　　335. 繼弒君不言即位之爲正何也？曰：先君不以其道終，則子不忍即位也。（説明）

○　三月，夫人孫于齊。

　　336. 孫之爲言猶孫也，諱奔也。（傳例同訓詁，轉語）

　　337. 接練時，錄母之變，始人之也。（轉而論）

　　338. 不言氏姓，貶之也。（定義）

　　339. 人之於天也，以道受命，於人也，以言受命，不若於道者，天絕之也，不若於言者，人絕之也，臣子大受命。（轉而論）

○　夏，單伯逆王姬。

　　340. 單伯者何？吾大夫之命乎天子者也。（説明）

　　341. 命大夫，故不名也。（定義，理由）

　　342. 其不言如，何也？其義不可受於京師也。（理由）

　　343. 其義不可受於京師何也？曰：躬君弒於齊，使之主婚姻，與齊爲禮，其義固不可受也。（理由，説明，轉而論）

○ 秋，築王姬之館于外。

344. 築，禮也。（規定）

345. 于外，非禮也。（規定）

346. 築之爲禮，何也？主王姬者，必自公門出，於廟則已尊，於寢則已卑，爲之築，節矣，築之外，變之正也。（理由，說明，轉而論，規定）

347. 築之外，變之爲正，何也？仇讎之人，非所以接婚姻也，衰麻非所以接弁冕也。（理由）

348. 其不言齊侯之來逆何也？不使齊侯得與吾爲禮也。（轉而論）

○ 冬，十月，乙亥，陳侯林卒。

349. 諸侯日卒，正也。（定義）

○ 王使榮叔來錫桓公命

350. 禮有受命，無來錫命，錫命，非正也。（規定）

351. 生服之，死行之，禮也。（規定）

352. 生不服，死追錫之，不正甚矣。（說明）

○ 王姬歸于齊。

353. 爲之中者，歸之也。（說明）

○ 齊師遷紀，郱鄑郚。

354. 紀，國也。（說明）

355. 郱，鄑，郚，國也。（說明）

356. 或曰：遷紀于郱鄑郚。（或曰）

○ 二年，春，王二月，葬陳莊公。

無傳73

○ 夏，公子慶父帥師，伐於餘丘。

357. 國而曰伐。（定義）

358. 於餘丘，邾之邑也。（說明）

359. 其曰伐，何也？公子貴矣，師重矣。（理由）

360. 而敵人之邑，公子病矣，病公子，所以譏乎公也。（轉而論）

361. 其一曰君在而重之也，（或曰）

○ 秋，七月，齊王姬卒。

362. 爲之者，卒之也。（理由）

○ 冬，十有二月，夫人姜氏會齊侯于禚。

363. 婦人既嫁不踰竟。踰竟，非正也。（規定）

364. 婦人不言會，言會非正也。（定義）

366. 饗，甚矣。（說明）

○ 乙酉，宋公馮卒。

無傳 74

○ 三年，春，王正月，溺會齊侯伐衛。

367. 溺者，何也？公子溺也。（說明）

368. 其不稱公子何也？惡其會仇讎而伐同姓，故貶而名之也。（理由）

○ 夏，四月，葬宋莊公。

369. 月葬，故也。（定義）

○ 五月，葬桓王。

370. 傳曰：改葬也。（或曰）

371. 改葬之禮，緦，舉下，緬也。（規定）

372. 或曰：郤尸以求諸侯。（或曰）

373. 天子志崩不志葬，必其時也。（說明）

374. 何必焉，舉天下而葬一人，其義不疑也。（說明）

375. 志葬，故也，危不得葬也。（定義）

376. 曰：近不失崩，不志崩，失天下也。（或曰）

377. 獨陰不生，獨陽不生，獨天不生，三合然後生。（轉而論）

378. 故曰：母之子也可，天之子也可，尊者取尊稱焉，卑者取卑稱焉。（轉而論）

379. 其曰王者，民之所歸往也。（說明）

○ 秋，紀季以酅入于齊。

380. 酅，紀之邑也。（說明）

381. 入于齊者，以酅事齊也。（說明）

382. 入者，內弗受也。（定義）

○ 冬，公次于郎。

383. 次，止也，有畏也。（傳例同訓詁）

384. 欲救紀而不能也。（說明）

○ 四年，春，王二月，夫人姜氏饗齊侯于祝丘。

385. 饗甚矣。（說明）

386. 饗齊侯，所以病齊侯也。（轉而論）

○ 三月，紀伯姬卒。

387. 外夫人不卒。（定義）

388. 此其言卒，何也？吾女也。（理由）

389. 適諸侯則尊同，以吾爲之變，卒之也。（理由）

○ 夏，齊侯，陳侯，鄭伯，遇于垂。

無傳 75

○ 紀侯大去其國。

390. 大去者，不遺一人之辭也。（傳例同訓詁）

391. 言民之從者，四年而後畢也，紀侯賢而齊侯滅之。（轉而論）

392. 不言滅，而曰大去其國者，不使小人加乎君子。（轉語）

○ 六月，乙丑，齊侯葬紀伯姬。

393. 外夫人不書葬。（定義）

394. 此其書葬，何也？吾女也。（理由）

395. 失國，故隱而葬之。（理由）

○ 秋，七月。

無傳 76

○ 冬，公及齊人狩于郜。

396. 齊人者，齊侯也。（說明）

397. 其曰人何也？卑公之敵，所以卑公也。（理由）

398. 何爲卑公也？不復讎，而怨不釋，刺釋怨也。（理由，轉而論）

○ 五年，春，王，正月。

無傳 77

○ 夏，夫人姜氏如齊師。

399. 師而曰如，衆也。（定義）

400. 婦人既嫁不踰竟，踰竟非禮也。（規定）

○ 秋，郳黎來，來朝。

401. 郳，國也。（說明）

402. 黎來，微國之君，未爵命者也（說明）

○ 冬，公會齊人、宋人、陳人、蔡人，伐衛。

403. 是齊侯、宋公也。其曰人何也？人諸侯，所以人公也。（理由）

404. 其人公何也？逆天王之命也。（理由）

○ 六年，春，王三月，王人子突救衛。

405. 王人，卑者也。（說明）

406. 稱名，貴之也。（理由，轉語）

407. 善救衛也。（理由）

408. 救者善，則伐者不正矣。（說明，推論）

○ **夏，六月，衛侯朔，入于衛。**

409. 其不言伐衛納朔何也？不逆天王之命也。（理由，轉語）

410. 入者，內弗受也。（定義）

411. 何用弗受也？為以王命絕之也。（理由）

412. 朔之名，惡也。（說明）

413. 朔入逆，則出順矣。（推論）

414. 朔出入名，以王命絕之也，（理由）

○ **秋，公至自伐衛。**

415. 惡事不致。（規定）

416. 此其致何也？不致，則無用見公之惡，事之成也，（理由）

○ **螟。**

無傳 78

○ **冬，齊人來歸衛寶。**

417. 以齊首之分惡於齊也，使之如下齊而來我然。（說明）

418. 惡戰則殺矣。（說明）

○ **七年，春，夫人姜氏會齊侯于防。**

419. 婦人不會，會非正也。（規定）

○ **夏，四月，辛卯，昔，恆星不見，夜中星隕如雨。**

420. 恆星者，經星也。（傳例同訓詁，說明）

421. 日入至於星出謂之昔。（傳例同訓詁）

422. 不見者，可以見也。（說明）

423. 夜中星隕如雨，其隕也如雨。（說明）

424. 是夜中與？春秋著以傳著，疑以傳疑。（轉而論）

425. 中之，幾也。（傳例同訓詁）

426. 而曰夜中，著焉爾（說明）

427. 何用見其中也？失變而錄其時，則夜中矣。（說明）

428. 其不曰恆星之隕何也？我知恆星之不見，而不知其隕也，我見其隕而接於地者，則是雨說也。（說明）

429. 著於上，見於下，謂之雨。（傳例同訓詁）

430. 著於下，不見於上，謂之隕。豈雨說哉。（傳例同訓詁）

○ 秋，大水。

431. 高下有水災，曰大水。（傳例同訓詁，說明）

○ 無麥苗。

432. 麥苗同時也。（說明）

○ 冬，夫人姜氏會齊侯于穀。

433. 婦人不會，會非正也。（規定）

○ 八年，春，王正月，師次于郎，以俟陳人，蔡人。

434. 次，止也。（傳例同訓詁）

435. 俟，待也。（傳例同訓詁）

○ 甲午，治兵。

436. 出日，治兵，習戰也。（說明）

437. 入日振旅，習戰也。（說明）

438. 治兵而陳蔡不至矣。（說明，推論）

439. 兵事以嚴終，故曰善陳者不戰，此之謂也。善爲國者不師，善師者不陳，善陳者不戰，善戰者不死，善死者不亡。（轉而論）

○ 夏，師及齊師圍郕，郕降于齊師。

440. 其日降于齊師何？不使齊師加威於郕也。（理由，轉語）

○ 秋，師還。

441. 還者，事未畢也。遯也。（傳例同訓詁）

○ 冬，十有一月，癸未，齊無知弒其君諸兒。

442. 大夫弒其君，以國氏者，嫌也。弒而代之也。（定義）

○ 九年，春，齊人殺無知。

443. 無知之挈，失嫌也。（說明）

444. 稱人以殺大夫，殺有罪也。（定義）

○ 公及齊大夫盟于暨。

445. 公不及大夫（規定）

446. 大夫不名，無君也。（理由）

447. 盟納子糾也。（說明）

448. 不日，其盟渝也。（定義）

449. 當齊無君，制在公矣，當可納而不納，故惡內也。（轉而論）

○ 夏，公伐齊，納糾。

450. 當可納而不納，齊變而後伐，故乾時之戰不諱敗，惡內也。（理由，說明）

○ 齊小白入于齊。

451. 大夫出奔反，以好曰歸，以惡曰入。（定義）

452. 齊公孫無知弒襄公，公子糾、公子小白不能存，出亡。齊人殺無知而迎公子糾於魯。公子小白不讓公子糾先入，又殺之于魯，故曰，齊小白入于齊，惡之也。（故事）

○ 秋，七月，丁酉，葬齊襄公。

無傳 79

○ 八月，庚申，及齊師戰于乾時，我師敗績。

無傳 80

○ 九月，齊人取子糾殺之。

453. 外不言取，言取，病內也。（定義）

454. 取，易辭也。（傳例同訓詁）

455. 猶曰：取其子糾而殺之云爾。（或曰）

456. 十室之邑，可以逃難，百室之邑，可以隱死，以千乘之魯，而不能存子糾，以公爲病矣。（轉而論）

○ 冬，浚洙。

457. 浚洙者，深洙也，著力不足也。（說明）

○ 十年，春，王正月，公敗齊師于長勺。

458. 不日，疑戰也。（定義，說明）

459. 疑戰而日敗，勝內也。（說明）

○ 二月，公侵宋。

460. 侵，時。（定義）

461. 此其月，何也？乃深其怨於齊，又退侵宋以眾其敵，惡之，故謹而月之。（理由，轉語）

○ 三月，宋人遷宿。

462. 遷，亡辭也。（傳例同訓詁）

463. 其不地，宿不復見也。（定義，理由，轉語）

464. 遷者，猶未失其國家以往者也。（轉語）

○ 夏，六月，齊師，宋師，次于郎。

465. 次，止也，畏我也。（傳例同訓詁）

○ 公敗宋師于乘丘。

466. 不日，疑戰也。（定義）

467. 疑戰而曰敗，勝內也。（說明）

○ 秋，九月，荊敗蔡師于莘，以蔡侯獻武歸。

468. 荊者，楚也。（說明）

469. 何為謂之荊，狄之也。（轉語）

470. 何為狄之，聖人立必後至，天子弱，必先叛，故曰荊，狄之也。（理由）

471. 蔡侯何以名也？絕之也。（理由）

472. 何為絕之，獲也。（理由）

473. 中國不言敗，此其言敗，何也？中國不言敗，蔡侯其見獲乎。（理由）

474. 其言敗，何也？釋蔡侯之獲也。（理由）

475. 以歸，猶愈乎執也。（說明）

○ 冬，十月，齊師滅譚，譚子奔莒。

無傳 81

○ 十有一年，春，王正月。

無傳 82

○ 夏，五月，戊寅，公敗宋師于鄑。

476. 內事不言戰，舉其大者。（定義）

477. 其日，成敗之也，宋萬之獲也。（理由）

○ 秋，宋大水。

478. 外災不書。（定義）

479. 此何以書，王者之後也。（理由）

480. 高下有水災，曰大水。（說明）

○ 冬，王姬歸于齊。

481. 其志，過我也。（理由）

○ 十有二年，春，王三月，紀叔姬歸于酅。

482. 國而曰歸，此邑也。（說明）

483. 其曰歸，何也？吾女也。（理由）

484. 失國喜得其所，故言歸焉爾。（說明）

○ 夏，四月。

無傳 83

○ 秋，八月，甲午，宋萬弒其君捷（及其大夫仇牧）。

485. 宋萬，宋之卑者也。卑者以國氏。（說明）

486. 及其大夫仇牧，以尊及卑也，仇牧，閑也。（説明）

○ 冬，十月，宋萬出奔陳。

無傳 84

○ 十有三年，春，齊人，宋人，陳人，蔡人，邾人，會于北杏。

487. 是齊侯宋公也，其曰人，何也，始疑之。（説明）

488. 何疑焉？桓非受命之伯也，將以事授之者也。（理由）

489. 曰：可矣乎？未乎。舉人眾之辭也。（説明）

○ 夏，六月，齊人滅遂。

490. 遂，國也。（説明）

491. 其不日，微國也。（定義，理由）

○ 秋，七月。

無傳 85

○ 冬，公會齊侯盟于柯。

492. 曹劌之盟也，信齊侯也。（説明）

493. 桓盟雖內與，不日，信也。（定義，理由）

○ 十有四年春，齊人，陳人，曹人，伐宋。

無傳 86

○ 夏，單伯會伐宋。

494. 會，事之成也。（定義）

○ 秋，七月，荊入蔡。

495. 荊者，楚也。（説明）

496. 其曰荊，何也？州舉之也。（理由）

497. 州不如國，國不如名，名不如字。（定義，説明）

○ 冬，單伯會齊侯，宋公，衛侯，鄭伯，于鄄。

498. 復同會也。（説明）

○ 十有五年，春，齊侯，宋公，陳侯，衛侯，鄭伯，會于鄄。

499. 復同會也。（説明）

○ 夏，夫人姜氏如齊。

500. 婦人既嫁不踰竟，踰竟非禮也。（規定）

○ 秋，宋人，齊人，邾人，伐郳。

無傳 87

○ 鄭人侵宋。

無傳 88

○ 冬，十月。

無傳 89

○ 十有六年，春，王正月。

無傳 90

○ 夏，宋人，齊人，衛人，伐鄭。

無傳 91

○ 秋，荊伐鄭。

無傳 92

○ 冬，十有二月，會齊侯、宋公、陳侯、衛侯、鄭伯、許男、曹伯、滑伯、滕子，同盟于幽。

501. 同者，有同也，同尊周也。（傳例同訓詁，說明）

502. 不言公，外內寮一，疑之也。（理由）

○ 邾子克卒。

503. 其曰子，進之也。（說明）

○ 十有七年，春，齊人執鄭詹。

504. 人者，眾辭也。（傳例同訓詁）

505. 以人執，與之辭也。（說明）

506. 鄭詹，鄭之卑者也。（說明）

507. 卑者不志。（定義）

508. 此其志，何也？以其逃來志之也。（理由）

509. 逃來則何志焉？將有其末，不得不錄其本也。（理由，說明）

510. 鄭詹，鄭之佞人也。（說明）

○ 夏，齊人殲于遂。

511. 殲者，盡也。（傳例同訓詁）

512. 然則何為不言，遂人盡齊人也，無遂之辭也。（理由）

513. 無遂則何為言遂，其猶存遂也。（理由）

514. 存遂奈何？曰：齊人滅遂，使人戍之，遂之因氏飲戍者，酒而殺之，齊人殲焉，此謂狎敵也。（理由，轉而論）

○ 秋，鄭詹自齊逃來。

515. 逃義曰逃。（傳例同訓詁）

○ 冬，多麋。

無傳 93

○ 十有八年，春，王三月，日有食之。

516. 不言日，不言朔，夜食也。（定義）

517. 何以知其夜食也？曰：王者朝日，故雖爲天子，必有尊也，貴爲諸侯，必有長也，故天子朝日，諸侯朝朔。（轉而論）

○ 夏，公追戎于濟西。

518. 其不言戎之伐我何也？以公之追之，不使戎邇於我也。（轉語）

519. 于濟西者，大之也。（說明）

520. 何大焉？爲公之追之也。（理由）

○ 秋，有蜮。

521. 一有一亡曰有。（傳例同訓詁）

522. 蜮，射人者也。（傳例同訓詁，說明）

○ 冬，十月。

無傳 94

○ 十有九年，春，王正月。

無傳 95

○ 夏，四月。

無傳 96

○ 秋，公子結媵陳人之婦于鄄，遂及齊侯宋公盟。

523. 媵，淺事也，不志。（定義）

524. 此其志何也？辟要盟也。（理由，轉語）

525. 何以見其辟要盟也？媵，禮之輕者也，盟，國之重也，以輕事遂乎國重無說。（說明，推論）

526. 其曰陳人之婦，略之也。（說明）

527. 其不日，數渝，惡之也。（定義）

○ 夫人姜氏如莒。

528. 婦人既嫁不踰竟，踰竟非正也。（規定）

○ 冬，齊人、宋人、陳人，伐我西鄙。

529. 其日鄙，遠之也。（傳例同訓詁）

530. 其遠之何也？不以難邇我國也。（說明，轉語）

○ 二十年，春，王二月，夫人姜氏如莒。

531. 婦人既嫁不踰竟，踰竟非正也。（規定）

○ 夏，齊大災。

532. 其志，以甚也。（理由）

○ 秋，七月。

無傳 97

○ 冬，齊人伐我。

無傳 98

○ 二十有一年，春，王正月。

無傳 99

○ 夏，五月，辛酉，鄭伯突卒。

無傳 100

○ 秋，七月，戊戌，夫人姜氏薨。

533. 婦人弗目也。（定義）

○ 冬，十有二月，葬鄭厲公。

無傳 101

○ 二十有二年，春，王正月，肆大眚。

534. 肆，失也。（傳例同訓詁）

535. 眚，災也。（傳例同訓詁）

536. 災，紀也。失，故也。爲嫌天子之葬也。（說明）

○ 癸丑，葬我小君文姜。

537. 小君非君也，其曰君何也？以其爲公配，可以言小君也。（理由）

○ 陳人殺其公子禦寇。

538. 言公子而不言大夫，公子未命爲大夫也。（理由）

539. 其曰公子何也？，公子之重視大夫，命以執公子。（理由）

○ 夏，五月。

無傳 102

○ 秋，七月，丙申，及齊高傒盟于防。

540. 不言公，高傒伉也。（理由，轉語）

○ 冬，公如齊納幣。

541. 納幣，大夫之事也。（規定）

542. 禮有納采，有問名，有納徵，有告期，四者備而後娶，禮也。（規定）

543. 公之親納幣，非禮也，故譏之。（理由）

○ 二十有三年，春，公至自齊。

無傳 103

○ **祭叔來聘。**

544. 其不言使，何也？天子之內臣也，不正其外交，故不與使也。（理由）

○ **夏，公如齊觀社。**

545. 常事曰視。（傳例同訓詁）

546. 非常曰觀。（傳例同訓詁）

547. 觀無事之辭也，以是為尸女也。（說明）

548. 無事不出竟。（規定）

○ **公至自齊。**

549. 公如，往時，正也。（定義）

550. 致月，故也。（定義）

551. 如往月，致月，有懼焉爾。（說明）

○ **荊人來聘。**

552. 善累而後進之。（說明）

553. 其曰人，何也？舉道不待再。（說明）

○ **公及齊侯遇于穀。**

554. 及者，內為志焉爾。（定義）

555. 遇者，志相得也。（定義）

○ **蕭叔朝公。**

556. 微國之君，未爵命者。（說明）

557. 其不言來，於外也。（說明）

558. 朝於廟，正也。於外，非正也。（規定）

○ **秋，丹桓宮楹。**

559. 禮，天子諸侯黝堊，大夫倉士，黈。（規定）

560. 丹楹，非禮也。（規定）

○ **冬，十有一月，曹伯射姑卒。**

無傳 104

○ **十有二月，甲寅，公會齊侯盟于扈。**

無傳 105

○ **二十有四年，春，王三月，刻桓宮桷，**

561. 禮，天子之桷，斲之，礱之，加密石焉。（規定）

562. 諸侯之桷，斲之，礱之。大夫斲之。（規定）

563. 士斲木刻桷,非正也。(規定)

564. 夫人,所以崇宗廟也。取非禮與非正,而加之於宗廟,以飾夫人,非正也。
（轉而論）

565. 刻桓宮桷,丹桓宮楹,斥言桓宮,以惡莊也。(說明)

○ **葬曹莊公。**

無傳 106

○ **夏,公如齊逆女。**

566. 親迎,恆事也,不志。(定義)

567. 此其志,何也?不正其親迎於齊也。(理由)

○ **秋,公至自齊。**

568. 迎者,行見諸,舍見諸,先至非正也。(規定)

○ **八月,丁丑,夫人姜氏入。**

569. 入者,內弗受也。(定義)

570. 日入,惡入者也。(定義)

571. 何用不受也?以宗廟弗受也。(理由)

572. 其以宗廟弗受何也?娶仇人子弟,以薦舍於前,其義不可受也。(說明)

○ **戊寅,大夫宗婦,覿用幣。**

573. 覿,見也。(傳例同訓詁)

574. 禮,大夫不見,夫人不言,及不正其行婦道,故列數之也。(理由)

575. 男子之贄,羔鴈雉腒,婦人之贄,棗栗鍛脩,用幣,非禮也。(規定)

576. 用者,不宜用者也。(轉語)

577. 大夫國體也,而行婦道,惡之,故謹而日之也。(定義,理由)

○ **大水。**

無傳 107

○ **冬,戎侵曹,曹羈出奔陳,赤歸于曹郭公。**

578. 赤,蓋郭公也。(說明)

579. 何為名也?禮,諸侯無外歸之義,外歸,非正也。(理由,規定)

○ **二十有五年,春,陳侯使女叔來聘。**

580. 其不名何也?天子之命大夫也。(理由)

○ **夏,五月,癸丑,衛侯朔卒。**

無傳 108

○ **六月,辛未,朔,日有食之,鼓用牲于社。**

581. 言日、言朔，食正朔也。（定義）

582. 鼓，禮也。（規定）

583. 用牲，非禮也。（規定）

584. 天子救日，置五麾、陳五兵、五鼓，諸侯置三麾，陳三鼓、三兵，大夫擊門，士擊柝，言充其陽也。（說明，規定）

○ 伯姬歸于杞。

585. 其不言逆，何也？逆之道微，無足道焉爾。（理由）

○ 秋，大水，鼓用牲于社于門。

586. 高下有水災曰，大水。（說明）

587. 既戒鼓而駭眾，用牲可以已矣。（說明）

588. 救日以鼓兵，救水以鼓眾。（轉而論）

○ 冬公子友如陳。

無傳 109

○ 二十有六年，春，公伐戎。

無傳 110

○ 夏，公至自伐戎。

無傳 111

○ 曹，殺其大夫。

589. 言大夫而不稱名姓，無命大夫也。（定義）

590. 無命大夫而曰大夫，賢也，為曹羈崇也。（理由，轉語）

○ 秋，公會，宋人，齊人，伐徐。

無傳 112

○ 冬，十有二月，癸亥，朔，日有食之。

無傳 113

○ 二十有七年，春，公會杞伯姬于洮。

無傳 114

○ 夏，六月，公會齊侯，宋公、陳侯、鄭伯，同盟于幽。

591. 同者，有同也，同尊周也，（說明）

592. 於是而後授之諸侯也。其授之諸侯何也？齊侯得眾也。（說明）

593. 桓會不致，安之也，桓盟不日，信之也。（轉語）

594. 信其信，仁其仁，衣裳之會十有一，未嘗有歃血之盟也，信厚也，兵車之會四，未嘗有大戰也，愛民也。（轉而論）

○ 秋，公子友如陳，葬原仲。

　　595. 言葬不言卒，不葬者也。（定義）

　　596. 不葬而曰葬，諱出奔也。（轉語）

○ 冬，杞伯姬來。

　　無傳 115

○ 莒慶來逆叔姬。

　　597. 諸侯之嫁子於大夫，主大夫以與之。（說明）

　　598. 來者接內也。（說明）

　　599. 不正其接內，故不與夫婦之稱也。（轉語）

○ 杞伯來朝。

　　無傳 116

○ 公會齊侯于城濮。

　　無傳 117

○ 二十有八年，春，王三月，甲寅，齊人伐衛，衛人及齊人戰，衛人敗績。

　　600. 於伐與戰，安戰也。（定義）

　　601. 戰衛，戰則是師也，其曰人，何也？微之也。（轉語）

　　602. 何為微之也？今授之諸侯，而後有侵伐之事，故微之也。（理由）

　　603. 其人衛，何也？以其人齊，不可不人衛也。（理由）

　　604. 衛小齊大，其以衛及之，何也？以其微之，可以言及也。（理由）

　　605. 其稱人以敗，何也？不以師敗於人也。（理由，轉語）

○ 夏，四月，丁未，邾子瑣卒。

　　無傳 118

○ 秋，荊伐鄭。

　　606. 荊者，楚也。（說明）

　　607. 其曰荊，州舉之也。（說明）

○ 公會齊人，宋人，救鄭。

　　608. 善救鄭也。（說明）

○ 冬，築微。

　　609. 山林藪澤之利，所以與民共也，虞之，非正也。（轉而論）

○ 大無麥禾。

　　610. 大者，有顧之辭也，於無禾及無麥也。（傳例同訓詁）

○ 臧孫辰告糴于齊。

611. 國無三年之畜，曰國，非其國也。（理由）

612. 一年不升，告糴諸侯。（說明）

613. 告，請也。（傳例同訓詁）

614. 糴，糴也。（傳例同訓詁）

615. 不正，故舉臧孫辰以為私行也。（轉語）

616. 國無九年之畜，曰不足。無六年之畜曰急。無三年之畜，曰國。非其國也。（轉而論）

617. 諸侯無粟，諸侯相歸粟，正也。（轉而論）

618. 臧孫辰告糴于齊，告，然後與之，言內之無外交也。（說明）

619. 古者稅什一，豐年補敗，不外求而上下皆足也，雖累凶年民弗病也，一年不艾而百姓饑，君子非之。（轉而論）

620. 不言如，為內諱也。（轉語）

○ 二十九年，春，新延廄。

621. 延廄者，法廄也。（傳例同訓詁）

622. 其言新有故也，有故，則何為書也？古之君人者，必時視民之所勤，民勤於力，則功築罕，民勤於財，則貢賦少，民勤於食，則百事廢矣。（轉而論）

623. 冬築微。春，新延廄。以其用民力為已悉矣。（轉而論）

○ 夏，鄭人侵許。

無傳 119

○ 秋，有蜚。

624. 一有一亡，曰有。（傳例同訓詁，說明）

○ 冬，十有二月，紀叔姬卒。

無傳 120

○ 城諸及防。

625. 可城也，以大及小也。（說明）

○ 三十年，春，王正月。

無傳 121

○ 夏，師次于成。

626. 次，止也，有畏也。（傳例同訓詁）

627. 欲救鄣而不能也，不言公，恥不能救鄣也。（轉語）

○ 秋，七月，齊人降鄣。

628. 降，猶下也。（傳例同訓詁）

629. 鄣，紀之遺邑也。（說明）

○ **八月，癸亥，葬紀叔姬。**

630. 不日卒，而日葬，閔紀之亡也。（理由）

○ **九月，庚午，朔，日有食之，鼓用牲于社。**

無傳 122

○ **冬，公及齊侯，遇于魯濟，**

631. 及者，內爲志焉爾。（定義）

632. 遇者，志相得也。（定義）

○ **齊人伐山戎。**

633. 齊人者，齊侯也。（說明）

634. 其曰人何也？愛齊侯乎。山戎也。其愛之何也？桓內無因國，外無從諸侯，而越千里之險，北伐山戎，危之也。（轉語）

635. 則非之乎？善之也。何善乎爾？燕，周之分子也，貢職不至，山戎爲之伐矣。（理由）

○ **三十有一年，春，築臺于郎。**

無傳 123

○ **夏，四月，薛伯卒。**

無傳 124

○ **築臺于薛。**

無傳 125

○ **六月，齊侯來獻戎捷。**

636. 齊侯來獻捷者，內齊侯也。（說明）

637. 不言使，內與同，不言使也。（理由）

638. 獻戎捷，軍得曰捷。（傳例同訓詁）

639. 戎菽也。（說明）

○ **秋，築臺于秦。**

640. 不正罷民三時，虞山林藪澤之利，且財盡則怨，力盡則懟，君子危之，故謹而志之也。（轉而論）

641. 或曰：倚諸桓也，桓外無諸侯之變，內無國事越千里之險，北伐山戎，爲燕辟地，魯外無諸侯之變，內無國事，一年罷民三時，虞山林藪澤之利，惡內也。（轉而論）

○ 冬，不雨。

　　無傳 126

○ 三十有二年，春，城小穀。

　　無傳 127

○ 夏，宋公，齊侯，遇于梁丘。

　　642. 遇者，志相得也。（定義）

　　643. 梁丘在曹、邾之間，去齊八百里，非不能從諸侯而往也，辭所遇，遇所不
　　　　遇，大齊桓也。（轉而論）

○ 秋，七月，癸巳，公子牙卒。

　　無傳 128

○ 八月，癸亥，公薨于路寢

　　644. 路寢，正寢也。（傳例同訓詁）

　　645. 寢疾居正寢，正也。（規定）

　　646. 男子不絕于婦人之手，以齊終也。（說明）

○ 冬，十月，乙未，子般卒。

　　647. 子卒，日，正也。不日，故也，有所見則日，（定義）

○ 公子慶父如齊。

　　648. 此奔也，其曰如，何也？諱莫如深則隱，苟有所見，莫如深也。（轉語）

○ 狄伐邢。

　　無傳 129

◎ 閔　公

○ 元年，春，王正月。

　　649. 繼弒君不言即位，正也。（定義）

　　650. 親之非父也，尊之非君也，繼之如君父也者，受國焉爾。（轉而論）

○ 齊人救邢。

　　651. 善救邢也。（說明）

○ 夏，六月，辛酉，葬我君莊公。

　　652. 莊公葬而後舉謚，謚所以成德也，於卒事乎加之矣，（轉而論）

○ 秋，八月，公及齊侯盟于洛姑。

　　653. 盟納季子也。（說明）

○ 季子來歸。

　　654. 其曰季子，貴之也。（説明，轉語）

　　655. 其曰來歸，喜之也。（説明）

○ 冬，齊仲孫來。

　　656. 其曰，齊仲孫。外之也。（説明）

　　657. 其不目而曰仲孫，疏之也。（説明）

　　658. 其言齊，以累桓也。（説明）

○ 二年，春，王正月，齊人遷陽。

　　無傳 130

○ 夏，五月，乙酉，吉禘于莊公。

　　659. 吉禘者，不吉者也，喪事未畢而舉吉祭，故非之也。（説明，轉語）

○ 秋，八月，辛丑，公薨。

　　660. 不地，故也。（定義）

　　661. 其不書葬，不以討母葬子也。（理由）

○ 九月，夫人姜氏孫于邾。

　　662. 孫之爲言猶孫也，諱奔也。（傳例同訓詁，轉語）

○ 公子慶父出奔莒。

　　663. 其曰出，絕之也。慶父不復見矣。（定義，説明）

○ 冬，齊高子來盟。

　　664. 其曰來，喜之也。（説明）

　　665. 其曰高子，貴之也。盟立僖公也。（理由）

　　666. 不言使何也？不以齊侯使高子也。（理由）

○ 十有二月，狄入衛。

　　無傳 131

○ 鄭棄其師。

　　667. 惡其長也，兼不反其眾，則是棄其師也。（理由）

◎ 僖 公

○ 元年，春，王正月。

　　668. 繼弒君不言即位正也。（定義）

○ 齊師、宋師、曹師，次于聶北，救邢。

669. 救不言次，言次非救也。（定義）

670. 非救而曰救，何也？遂齊侯之意也。（說明）

671. 是齊侯與？齊侯也。何用見其是齊侯也，曹無師，曹師者，曹伯也，其不
言曹伯，何也？以其不言齊侯，不可言曹伯也。其不言齊侯，何也？以其
不足乎揚，不言齊侯也。（說明，推論）

○ 夏，六月，邢遷于夷儀。

672. 遷者，猶得其國家以往者也。（傳例同訓詁）

673. 其地，邢復見也。（說明）

○ 齊師、宋師、曹師，城邢。

674. 是向之師也。使之如改事然，美齊侯之功也。（說明，轉而論）

○ 秋，七月，戊辰，夫人姜氏薨于夷，齊人以歸。

675. 夫人薨不地。地，故也。（定義）

676. 不言以喪歸，非以喪歸也。（說明）

677. 加喪焉，諱以夫人歸也，其以歸，薨之也。（轉語）

○ 楚人伐鄭。

無傳 132

○ 八月，公會齊侯、宋公、鄭伯、曹伯，邾人于檉。

無傳 133

○ 九月，公敗邾師于偃。

678. 不日，疑戰也。（定義）

679. 疑戰而曰敗，勝內也。（說明，轉語）

○ 冬，十月，壬午，公子友帥師，敗莒師麗，獲莒挐。

680. 莒無大夫，其曰莒挐，何也？以吾獲之目之也。（說明）

681. 內不言獲。（定義）

682. 此其言獲，何也？惡公子之紿。（理由）

683. 紿者奈何？公子友謂莒挐曰：吾二人不相說，士卒何罪？屏左右而相搏，
公子友處下，左右曰孟勞，孟勞者，魯之寶刀也。公子友以殺之。（傳例
同訓詁，故事）

684. 然則何以惡乎紿也？曰棄師之道也。（理由）

○ 十有二月，丁巳，夫人氏之喪至自齊。

685. 其不言姜，以其殺二子，貶之也。（理由）

686. 或曰：爲齊桓諱殺同姓也。（或曰）

○ 二年，春，王正月，城楚丘。

687. 楚丘者何？衛邑也。（說明）

688. 國而曰城，此邑也。（理由）

689. 其曰城，何也？封衛也。（理由）

690. 則其不言城衛何也？衛未遷也。（理由）

691. 其不言衛之遷焉何也？不與齊侯專封也。（轉而論）

670. 其言城之者，專辭也。故非天子不得專封諸侯，諸侯不得專封諸侯。（轉而論）

671. 雖通其仁，以義而不與也，故曰：仁不勝道。（轉而論）

○ 夏，五月，辛巳，葬我小君哀姜。

無傳 134

○ **虞師晉師滅夏陽。**

672. 非國而曰滅，重夏陽也。（轉語）

673. 虞無師，其曰師何也？以其先晉，不可以不言師也（理由）

674. 其先晉何也，爲主乎滅夏陽也。（理由）

675. 夏陽者，虞虢之塞邑也。（說明）

676. 滅夏陽而虞虢舉矣。虞之爲主乎滅夏陽，何也？晉獻公欲伐虢，荀息曰：『君何不以屈產之乘，垂棘之璧，而借道乎虞也？』公曰：『此晉國之寶也，如受吾幣而不借吾道，則如之何？』荀息曰：『此小國之所以事大國也，彼不借吾道，必不敢受吾幣，如受吾幣，而借吾道，則是我取之中府，而藏之外府，取之中廄，而置之外廄也。』公曰：『宮之奇存焉，必不使受之也。』荀息曰：『宮之奇之爲人也，達心而懦，又少長於君，達心則其言略，懦則不能彊諫，少長於君則君輕之，且夫玩好在耳目之前，而患在一國之後，此中知以上，乃能慮之，臣料虞君，中知以下也。』公遂借道而伐虢。宮之奇諫曰：『晉國之使者，其辭卑，而幣重，必不便於虞。』虞公弗聽，遂受其幣而借之道。宮之奇諫曰：『語曰：脣亡則齒寒，其斯之謂與！』挈其妻子以奔曹，獻公亡虢，五年而後舉虞，荀息牽馬操璧而前曰：『璧則猶是也，而馬齒加長矣。』（故事）

○ 秋，九月，齊侯、宋公、江人、黃人，盟于貫。

677. 貫之盟，不期而至者，江人、黃人也。江人黃人者，遠國之辭也。（說明）

678. 中國稱齊、宋，遠國稱江、黃，以爲諸侯皆來至也。（說明）

○ 冬，十月，不雨。

679. 不雨者，勤雨也。（轉語）

○ 楚人侵鄭。

無傳 135

○ 三年，春，王正月，不雨。

680. 不雨者，勤雨也。（轉語）

○ 夏，四月，不雨。

681. 一時言不雨者，閔雨也。閔雨者，有志乎民者也。（轉而論）

○ 徐人取舒。

無傳 136

○ 六月，雨。

682. 雨云者，喜雨也。喜雨者，有志乎民者也。（轉而論）

○ 秋，齊侯、宋公、江人、黃人，會于陽穀。

683. 陽穀之會，桓公委端搢笏而朝諸侯，諸侯皆諭乎桓公之志。（轉而論）

○ 冬，公子季友如齊蒞盟。

684. 蒞者，位也。（傳例同訓詁）

685. 其不日，前定也。（定義）

686. 不言及者，以國與之也，不言其人，亦以國與之也。（說明）

○ 楚人伐鄭。

無傳 137

○ 四年，春，王正月，公會齊侯、宋公、陳侯、衛侯、鄭伯、許男、曹伯、侵蔡，蔡潰。

687. 潰之爲言，上、下不相得也。（傳例同訓詁）

688. 侵，淺事也。（定義）

689. 侵蔡而蔡潰，以桓公爲知所侵也。不土其地，不分其民，明正也。（說明）

○ 遂伐楚，次于陘。

690. 遂，繼事也。（傳例同訓詁）

691. 次，止也。（傳例同訓詁）

○ 夏，許男新臣卒。

692. 諸侯死於國，不地。死於外，地。（定義）

693. 死於師，何爲不地？內桓師也。（理由）

○ 楚屈完來盟于師，盟于召陵。

694. 楚無大夫，其曰屈完何也？以其來會桓，成之爲大夫也。（轉語）

695. 其不言使，權在屈完也。則是正乎？曰：非正也。以其來會諸侯，重之也。
（說明）

696. 來者何？內桓師也。（說明）

697. 于師，前定也。（說明）

698. 于召陵，得志乎桓公也。（說明）

699. 得志者，不得志也，以桓公得志爲僅矣。（轉而論）

700. 屈完曰：『大國之以兵向楚，何也？』桓公曰：『昭王南征不反，菁茅之貢
不至，故周室不祭。』屈完曰：『菁茅之貢不至，則諾，昭王南征不反，
我將問諸江。』（故事）

○ **齊人，執陳袁濤塗。**

701. 齊人者，齊侯也。（說明）

702. 其人之何也？於是哆然外齊侯也。不正其踰國而執也。（理由）

○ **秋，及江人、黃人伐陳。**

703. 不言其人及之者何？內師也。（理由，轉語）

○ **八月，公至自伐楚。**

704. 有二事偶，則以後事致，後事小，則以先事致，其以伐楚致，大伐楚也。
（定義）

○ **葬許穆公。**

無傳 138

○ **冬，十有二月，公孫茲帥師，會齊人、宋人、衛人、鄭人、許人、曹人，侵
陳。**

無傳 139

○ **五年，春，晉侯殺其世子申生，**

705. 目晉侯斥殺，惡晉侯也。（理由）

○ **杞伯姬來朝其子。**

706. 婦人既嫁，不踰竟，踰竟非正也。（規定）

707. 諸侯相見曰朝。（傳例同訓詁）

708. 伯姬爲志乎朝其子也。伯姬爲志乎朝其子，則是杞伯失夫之道矣。諸侯相
見曰朝，以待人父之道，待人之子，非正也。故曰：杞伯姬來朝其子，參
譏也，（轉而論）

○ **夏，公孫茲如牟。**

無傳 140

○ 公及齊侯、宋公、陳侯、衛侯、鄭伯、許男、曹伯，會王世子于首戴。

709. 及以會，尊之也。（定義）

710. 何尊焉？王世子云者，唯王之貳也。云可以重之存焉，尊之也。（轉而論）

711. 何重焉，天子世子，世天下也。（轉而論）

○ 秋，八月，諸侯盟于首戴。

712. 無中事而復舉諸侯何也？尊王世子，而不敢與盟也。（說明）

713. 尊則其不敢與盟，何也？盟者，不相信也，故謹信也，不敢以所不信而加之尊者。桓諸侯也，不能朝天子，是不臣也，王世子，子也，塊然受諸侯之尊己，而立乎其位，是不子也，桓不臣，王世子不子，則其所善焉何也，是則變之正也。（轉而論）

714. 天子微，諸侯不享覲，桓控大國，扶小國，統諸侯不能以朝天子，亦不敢致天王，尊王世子于首戴，乃所以尊天王之命也，世子含王命會齊桓，亦所以尊天王之命也，世子受之可乎，是亦變之正也，天子微，諸侯不享覲，世子受諸侯之尊己，而天王尊矣，世子受之可也。（轉而論）

○ 鄭伯逃歸不盟

715. 以其去諸侯，故逃之也。（說明）

○ 楚人滅弦，弦子奔黃。

716. 弦，國也。（說明）

717. 其不日，微國也。（理由）

○ 九月，戊申，朔，日有食之。

無傳 141

○ 冬，晉人執虞公。

718. 執不言所於地，縕於晉也。（定義）

719. 其曰公，何也？猶曰其下執之之辭也。（理由）

720. 其猶下執之之辭，何也？晉命行乎虞民矣，虞、虢之相救，非相為賜也，今日亡虢，而明日亡虞矣。（轉而論）

○ 六年，春，王正月。

無傳 142

○ 夏，公會齊侯、宋公、陳侯、衛侯、曹伯，伐鄭，圍新城。

721. 伐國不言圍邑。（定義）

722. 此其言圍，何也？病鄭也，著鄭伯之罪也。（理由）

○ 秋，楚人圍許，諸侯遂救許。

723. 善救許也。（說明）

○ 冬，公至自伐鄭。

724. 其不以救許致，何也？大伐鄭也。（理由）

○ 七年，春，齊人伐鄭。

無傳 143

○ 夏，小邾子來朝。

無傳 144

○ 鄭，殺其大夫申侯。

725. 稱國以殺大夫，殺無罪也。（定義）

○ 秋，七月，公會齊侯、宋公、陳世子款、鄭世子華，盟于寧母。

726. 衣裳之會也。（說明）

○ 曹伯班卒。

無傳 145

○ 公子友如齊。

無傳 146

○ 冬，葬曹昭公。

無傳 147

○ 八年，春，王正月，公會王人、齊侯、宋公、衛侯、許男、曹伯、陳世子款，盟于洮。

727. 王人之先諸侯，何也？貴王命也。（理由）

728. 朝服雖敝，必加於上，弁冕雖舊，必加於首，周室雖衰，必先諸侯。（轉而論）

729. 兵車之會也。（說明）

○ 鄭伯乞盟。

730. 以向之逃歸乞之也。（說明）

731. 乞者，重辭也。重是盟也。（傳例同訓詁，說明）

732. 乞者，處其所而請與也，蓋汋之也。（傳例同訓詁）

○ 夏，狄伐晉。

無傳 148

○ 秋，七月，禘于大廟，用致夫人。

733. 用者不宜用者也，致者不宜致者也。（轉語）

734. 言夫人必以其氏姓。（定義）

735. 言夫人而不以氏姓，非夫人也，立妾之辭也，非正也。（定義）

736. 夫人之，我可以不夫人之乎？夫人卒葬之，我可以不卒葬之乎？一則以宗廟臨之而後貶焉，一則以外之弗夫人而見正焉。（定義，說明）

○ 冬，十有二月，丁未，天王崩。

無傳 149

○ 九年，春，王三月，丁丑，宋公禦說卒。

無傳 150

○ 夏，公會宰周公、齊侯、宋子、衛侯、鄭伯、許男、曹伯，于葵丘。

737. 天子之宰，通于四海。（轉而論）

738. 宋其稱子，何也？未葬之辭也。（理由）

739. 禮，柩在堂上，孤無外事，今背殯而出會，以宋子爲無哀矣。（轉而論，規定）

○ 秋，七月，乙酉，伯姬卒。

740. 內女也，未適人不卒。（定義）

741. 此何以卒也？許嫁笄而字之，死則以成人之喪治之。（理由）

○ 九月，戊辰，諸侯盟于葵丘。

742. 桓盟不日。（定義）

743. 此何以日，美之也。爲見天子之禁，故備之也。（理由）

744. 葵丘之會，陳牲而不殺，讀書加于牲上，壹明天子之禁，曰：毋雍泉，毋訖糴，毋易樹子，毋以妾爲妻，毋使婦人與國事。（轉而論）

○ 甲子，晉侯詭諸卒。

無傳 151

○ 冬，晉里克殺其君之子奚齊。

745. 其君之子云者，國人不子也。（理由）

746. 國人不子，何也？不正其殺世子申生而立之也。（理由，轉而論）

○ 十年，春，王正月，公如齊。

無傳 152

○ 狄滅溫，溫子奔衛。

無傳 153

○ 晉里克弑其君卓，及其大夫荀息，

747. 以尊及卑也，荀息閑也。（定義，說明）

○ 夏，齊侯，許男，伐北戎。

無傳 154

○ **晉殺其大夫里克**

748. 稱國以殺，罪累上也。（定義）

749. 里克弒二君與一大夫，其以累上之辭言之何也？其殺之不以其罪也。（說明）

750. 其殺之不以其罪，奈何，里克所爲殺者，爲重耳也。（理由）

751. 夷吾曰：『是又將殺我乎？』故殺之不以其罪也。其爲重耳，弒奈何？晉獻公伐虢，得麗姬，獻公私之，有二子，長曰：奚齊，稚曰：卓子，麗姬欲爲亂，故謂君曰：『吾夜者夢夫人趨而來曰：吾苦畏，胡不使大夫將衛士而衛冢乎？』公曰：『孰可使』曰：『臣莫尊於世子，則世子可。』故君謂世子曰：『麗姬夢夫人趨而來曰：吾苦畏，女其將衛士而往衛冢乎？』世子曰：『敬諾。』築宮，宮成。麗姬又曰：『吾夜者夢夫人趨而來曰吾苦飢，世子之宮已成，則何爲不使祠也。』故獻公謂世子曰：『其祠。』世子祠，已祠，致福於君，君田而不在，麗姬以酖爲酒，藥脯以毒，獻公田來，麗姬曰：『世子已祠，故致福於君。』君將食，麗姬跪曰：『食自外來者，不可不試也。』覆酒於地而地賁，以脯與犬，犬死，麗姬下堂而啼呼曰：『天乎！天乎！國子之國也，子何遲於爲君？』君嘿然歎曰：『吾與女未有過切，是何與我之深也？』使人謂世子曰：『爾其圖之。』，世子之傅里克謂世子曰：『入自明，入自明，則可以生，不入自明，則不可以生。』世子曰：『吾君已老矣，已昏矣，吾若此而入自明，則麗姬必死，麗姬死，則吾君不安，所以使吾君不安者，吾不若自死，吾寧自殺以安吾君，以重耳爲寄矣。』刎脰而死，故里克所爲弒者，爲重耳也，夷吾曰：『是又將殺我也。』（故事）

○ 秋，七月。

無傳 155

○ 冬，大雨雪。

無傳 156

○ 十有一年，春，晉殺其大夫平鄭父。

752 稱國，以殺罪累上也。（定義）

○ 夏，公及夫人姜氏，會齊侯于陽穀。

無傳 157

○ 秋，八月，大雩，

753. 雩，月，正也。（定義）

754. 雩，得雨曰雩，不得雨曰旱。（定義）

○ 冬，楚人伐黃。

無傳 158

○ 十有二年，春，王正月，庚午，日有食之。

無傳 159

○ 夏，楚人滅黃。

755. 貫之盟。管仲曰：「江、黃遠齊而近楚，楚為利之國也，若伐而不能救，則無以宗諸侯矣。」桓公不聽，遂與之盟，管仲死，楚伐江，滅黃，桓公不能救，故君子閔之也。（故事）

○ 秋，七月。

無傳 160

○ 冬，十有二月，丁丑，陳侯杵臼卒。

無傳 161

○ 十有三年，春，狄侵衛。

無傳 162

○ 夏，四月，葬陳宣公。

無傳 163

○ 公會齊侯，宋公，陳侯，衛侯，鄭伯，許男，曹伯，于鹹

756. 兵車之會也。（說明）

○ 秋，九月大雩。

無傳 164

○ 冬，公子友如齊。

無傳 165

○ 十有四年，春，諸侯城緣陵。

757. 其曰諸侯，散辭也。（說明）

758. 聚而曰散，何也？諸侯城，有散辭也，桓德衰矣。（轉而論）

○ 夏，六月，季姬及繒子遇于防，使繒子來朝。

759. 遇者，同謀也。（定義）

760. 來朝者，來請己也。（說明）

761. 朝不言使。（定義）

762. 言使非正也，以病繒子也。（說明）

○ 秋，八月，辛卯，沙鹿崩。

    763. 林屬於山爲鹿。（傳例同訓詁）

    764. 沙，山名也。（說明）

    765. 無崩道而崩，故志之也。（理由）

    766. 其日，重其變也。（定義）

○ 狄侵鄭。

    無傳 166

○ 冬，蔡侯肸卒。

    767. 諸侯時卒，惡之也。（定義）

○ 十有五年，春，王正月，公如齊。

    無傳 167

○ 楚人伐徐。

    無傳 168

○ 三月，公會齊侯、宋公、陳侯、衛侯、鄭伯、許男、曹伯，盟于牡丘。

    768. 兵車之會也。（說明）

○ 遂次于匡。

    769. 遂，繼事也。（傳例同訓詁）

    770. 次，止也，有畏也。（傳例同訓詁）

○ 公孫敖帥師，及諸侯之大夫救徐。

    771. 善救徐也。（說明）

○ 夏，五月，日有食之。

    無傳 169

○ 秋，七月，齊師、曹師伐厲。

    無傳 170

○ 八月，螽。

    772. 螽，蟲災也。（傳例同訓詁）

    773. 甚則月，不甚則時。（定義）

○ 九月，公至自會。

    無傳 171

○ 季姬歸于繒。

    無傳 172

○ 己卯，晦震夷伯之廟。

774. 晦，冥也。（傳例同訓詁）

775. 震，雷也。（傳例同訓詁）

776. 夷伯，魯大夫也。（說明）

777. 因此以見天子至于士皆有廟，天子七廟，諸侯五，大夫三，士二。（推論，轉而論，規定）

778. 故德厚者流光，德薄者流卑，是以貴始德之本也，始封必爲祖。（轉而論）

○ 冬，宋人伐曹。

無傳 173

○ 楚人敗徐于婁林。

779. 夷狄相敗志也。（定義）

○ 十有一月，壬戌，晉侯及秦伯戰于韓，獲晉侯。

780. 韓之戰，晉侯失民矣，以其民未敗而君獲也。（轉而論）

○ 十有六年，春，王正月，戊申，朔，隕石于宋，五。

781. 先隕而後石，何也？隕而後石也。（說明）

782. 于宋，四竟之內曰宋。（說明）

783. 後數，散辭也，耳治也。（轉而論）

○ 是月，六鷁退飛，過宋都。

784. 是月者，決不日而月也。（說明）

785. 六鷁退飛過宋都，先數，聚辭也，目治也。（轉而論）

786. 子曰：「石無知之物，鷁微有知之物，石無知，故日之，鷁微有知之物，故月之。」君子之於物，無所苟而已，石鷁且猶盡其辭，而況於人乎，故五石六鷁之辭不設，則王道不亢矣。（轉而論，或曰）

787. 民所聚曰都。（傳例同訓詁）

○ 三月，壬申，公子季友卒。

788. 大夫日卒，正也。（定義）

789. 稱公弟叔仲，賢也。（理由）

790. 大夫不言公子、公孫，疏之也。（定義）

○ 夏，四月，丙申，繒季姬卒。

無傳 174

○ 秋，七月，甲子，公孫茲卒。

791. 大夫日卒，正也。（定義）

○ 冬，十有二月，公會齊侯、宋公、陳侯、衛侯、鄭伯、許男、邢侯、曹伯，

于淮。

792. 兵車之會也。（說明）

○ 十有七年，春，齊人、徐人，伐英氏。

無傳 175

○ 夏，滅項。

793. 孰滅之，桓公也。（說明）

794. 何以不言桓公也？爲賢者諱也。（理由，轉語）

795. 項，國也。（說明）

796. 不可滅而滅之乎，桓公知項之可滅也，而不知己之不可以滅也，既滅人之
國矣，何賢乎？君子惡惡疾其始，善善樂其終，桓公嘗有存亡繼絕之功，
故君子爲之諱也。（轉而論）

○ 秋，夫人姜氏會齊侯于卞。

無傳 176

○ 九月，公至自會。

無傳 177

○ 冬，十有二月，乙亥，齊侯小白卒。

797. 此不正。其日之，何也？其不正前見矣。（說明）

798. 其不正之前見何也？以不正入虛國，故稱嫌焉爾。（理由）

○ 十有八年，春，王正月，宋公、曹伯、衛人、邾人，伐齊。

799. 非伐喪也。（說明）

○ 夏，師救齊，

800. 善救齊也，（說明）

○ 五月，戊寅，宋師及齊師，戰于甗，齊師敗績。

801. 戰不言伐。（定義）

802. 客不言及，言及，惡宋也。（定義）

○ 狄救齊。

803. 善救齊也。（說明）

○ 秋，八月，丁亥，葬齊桓公。

無傳 178

○ 冬，邢人，狄人，伐衛。

804. 狄其稱人，何也？善累而後進之。（理由）

805. 伐衛，所以救齊也，功近而德遠矣。（轉而論）

○ 十有九年，春，王三月，宋人執滕子嬰齊。

無傳 179

○ 夏，六月，宋公、曹人、邾人，盟于曹南。

無傳 180

○ 繒子會盟于邾。己酉，邾人執繒子用之。

806. 微國之君，因邾以求與之盟。（説明）

807. 人因己以求與之盟，已迎而執之，惡之，故謹而日之也。（定義，説明）

808. 用之者，叩其鼻以衈社也。（傳例同訓詁）

○ 秋，宋人圍曹。

無傳 181

○ 衛人伐邢。

無傳 182

○ 冬，會陳人、蔡人、楚人，鄭人盟于齊。

無傳 183

○ 梁亡。

809. 自亡也。湎於酒，淫於色，心昏，耳目塞，上無正長之治，大臣背叛，民為寇盜，梁亡，自亡也，如加力役焉，湎不足道也。（轉而論）

810. 梁亡，鄭棄其師，我無加損焉，正名而已矣，梁亡，出惡正也，鄭棄其師，惡其長也。（轉而論）

○ 二十年，春，新作南門。

811. 作，為也。有加其度也。（傳例同訓詁）

812. 言新，有故也，非作也。（説明）

813. 南門者，法門也。（説明，規定）

○ 夏，郜子來朝。

無傳 184

○ 五月，乙巳，西宮災。

814. 謂之新宮，則近為禰宮。以諡言之，則如疏之然，以是為閔宮也。（説明）

○ 鄭人入滑。

無傳 185

○ 秋，齊人，狄人，盟于邢。

815. 邢為主焉爾。（説明）

816. 邢小，其為主，何也？其為主乎救齊。（理由）

○ 冬，楚人伐隨。

　　無傳 186

○ 二十有一年，春，狄侵衛。

　　無傳 187

○ 宋人、齊人、楚人，盟于鹿上。

　　無傳 188

○ 夏，大旱。

　　817. 旱時，正也。（定義）

○ 秋，宋公、楚子、陳侯、蔡侯、鄭伯、許男、曹伯，會于盂。執宋公以伐宋。

　　818. 以，重辭也。（傳例同訓詁）

○ 冬，公伐邾。

　　無傳 189

○ 楚人使宜申來獻捷。

　　819. 捷，軍得也。（傳例同訓詁）

　　820. 其不曰宋捷，何也？不與楚捷於宋也。（轉語）

○ 十有二月，癸丑，公會諸侯盟于薄，釋宋公。

　　821. 會者，外為主焉爾。（定義）

　　822. 外釋不志。（定義）

　　823. 此其志，何也？以公之與之盟目之也。（理由）

　　824. 不言楚，不與楚專釋也。（轉語）

○ 二十二年，春，公伐邾取須句。

　　無傳 190

○ 夏，宋公、衛侯、許男、滕子，伐鄭。

　　無傳 191

○ 秋，八月，丁未，及邾人戰于升陘。

　　825. 內諱敗，舉其可道者也。（說明）

　　826. 不言其人，以吾敗也。（轉語）

　　827. 不言及之者，為內諱也。（轉語）

○ 冬，十有一月，己巳，朔，宋公及楚人戰于泓，宋師敗績。

　　828. 日事遇朔日朔。（說明）

　　829. 春秋三十有四戰，未有以尊敗乎卑，以師敗乎人者也，以尊敗乎卑，以師
　　　　敗乎人，則驕其敵。襄公以師敗乎人，而不驕其敵，何也？責之也。泓之

戰，以爲復雩之恥也。雩之恥，宋襄公有以自取之。伐齊之喪，執滕子，圍曹，爲雩之會，不顧其力之不足，而致楚成王，成王怒而執之。故曰：『禮人而不答，則反其敬，愛人而不親，則反其仁，治人而不治，則反其知，過而不改，又之是謂之過。』襄公之謂也。古者被甲嬰冑，非以興國也，則以征無道也，豈曰以報其恥哉。（轉而論）

830. 宋公與楚人戰于泓水之上。司馬子反曰：「楚眾我少，鼓險而擊之，勝無幸焉。」襄公曰：「君子不推人危，不攻人厄，須其出。」既出，旌亂於上，陳亂於下。子反曰：「楚眾我少，擊之，勝無幸焉。」襄公曰：「不鼓不成列，須其成列而後擊之。」則眾敗而身傷焉，七月而死。（故事）

831. 倍則攻，敵則戰，少則守。（轉而論）

832. 人之所以爲人者，言也。人而不能言，何以爲人。言之所以爲言者，信也。言而不信，何以爲言。信之所以爲信者，道也。信而不道，何以爲道。道之貴者時，其行勢也。（轉而論）

○ 二十有三年，春，齊侯伐宋，圍閔。

833. 伐國不言圍邑。（定義）

834. 此其言圍，何也？不正其以惡報惡也。（理由）

○ 夏，五月，庚寅，宋公茲父卒。

835. 茲父之不葬，何也？失民也。（轉而論）

836. 其失民，何也？以其不教民戰，則是棄其師也。爲人君而棄其師，其民孰以爲君哉。（轉而論）

○ 秋，楚人伐陳。

無傳 192

○ 冬，十有一月，杞子卒。

無傳 193

二十有四年，春，王正月。

無傳 194

○ 夏，狄伐鄭。

無傳 195

○ 秋，七月。

無傳 196

○ 冬，天王出居于鄭。

837. 天子無出，出，失天下也。（定義）

838. 居者，居其所也，雖失天下，莫敢有也。（轉而論）

○ 晉侯夷吾卒。

無傳 197

○ 二十五年，春，王正月，丙午，衛侯燬滅邢。

839. 燬之名何也？不正其伐本而滅同姓也。（理由）

○ 夏，四月，癸酉，衛侯燬卒。

無傳 198

○ 宋蕩伯姬來逆婦。

840. 婦人既嫁，不踰竟。（規定）

841. 宋蕩伯姬，來逆婦，非正也。（說明）

842. 其曰婦，何也？緣姑言之之辭也。（理由）

○ 宋殺其大夫。

843. 其不稱名姓，以其在祖之位，尊之也。（轉語）

○ 秋，楚人圍陳，納頓子于頓。

844. 納者，內弗受也。（定義）

845. 圍，一事也，納，一事也，而遂言之，蓋納頓子者，陳也。（說明）

○ 葬衛文公。

無傳 199

○ 冬，十有二月，癸亥，公會衛子、莒慶，盟于洮。

846. 莒無大夫，其曰莒慶，何也？以公之會目之也。（轉語）

○ 二十有六年，春，王正月，己未公會莒子、衛甯速，盟于向。

847. 公不會大夫，其曰甯速，何也？以其隨莒子可以言會也。（理由）

○ 齊人侵我西鄙，公追齊師至酅，弗及。

848. 人，微者也。（定義）

849. 侵，淺事也。（定義）

850. 公之追之，非正也。（說明）

851. 至酅，急辭也。（說明）

852. 弗及者，弗與也，可以及而不敢及也。（說明）

853. 其侵也，曰人。（定義）

854. 其追也，曰師。（定義）

855. 以公之弗及，大之也。（說明）

856. 弗及，內辭也。（說明）

○ 夏，齊人伐我北鄙。

　　無傳 200

○ 衛人伐齊。

　　無傳 201

○ 公子遂，如楚乞師。

　　857. 乞，重辭也。（傳例同訓詁，說明）

　　858. 何重焉？重人之死也，非所乞也。師出，不必反，戰，不必勝，故重之也。
　　　　（轉而論）

○ 秋，楚人滅夔，以夔子歸。

　　859. 不日，微國也。（定義）

　　860. 以歸，猶愈乎執也。（說明）

○ 冬，楚人伐宋圍閔。

　　861. 伐國不言圍邑。（定義）

　　862. 此其言圍，何也？以吾用其師，目其事也，非道用師也。（理由）

○ 公以楚師伐齊，取穀。

　　863. 以者，不以者也。（轉語）

　　864. 民者，君之本也。使民以其死，非其正也。（轉而論）

○ 公至自伐齊。

　　865. 惡事不致。（定義）

　　866. 此其致之，何也？危之也。（理由）

○ 二十有七年，春，杞子來朝。

　　無傳 202

○ 夏，六月，庚寅，齊侯昭卒。

　　無傳 203

○ 秋，八月，乙未，葬齊孝公。

　　無傳 204

○ 乙巳，公子遂帥師入杞。

　　無傳 205

○ 冬，楚人、陳侯、蔡侯、鄭伯，許男，圍宋。

　　867. 楚人者，楚子也。（說明）

　　868. 其曰人，何也？人楚子，所以人諸侯也。（說明）

　　869. 其人諸侯，何也？不正其信夷狄而伐中國也。（理由）

○ 十有二月，甲戌，公會諸侯盟于宋。

　　無傳 206

○ 二十有八年，春，晉侯侵曹，晉侯伐衛。

　　870. 再稱晉侯忌也。（說明）

○ 公子買，戍衛，不卒戍，刺之。

　　871. 先名後刺，殺有罪也。（定義）

　　872. 公子啓曰：「不卒戍者，可以卒也。」可以卒，而不卒，譏在公子也，刺之可也。（說明）

○ 楚人救衛。

　　無傳 207

○ 三月，丙午，晉侯入曹，執曹伯，畀宋人。

　　873. 入者，內弗受也。（定義）

　　874. 日入，惡入者也。（定義）

　　875. 以晉侯而（ㄏ干）執曹伯，惡晉侯也。（說明）

　　876. 畀，與也。（傳例同訓詁）

　　877. 其曰人，何也？不以晉侯畀宋公也。（轉語）

○ 夏，四月，己巳，晉侯、齊師、宋師、秦師，及楚人戰于城濮，楚師敗績。

　　無傳 208

○ 楚殺其大夫得臣。

　　無傳 209

○ 衛侯出奔楚。

　　無傳 210

○ 五月，癸丑，公會晉侯、齊侯、宋公、蔡侯、鄭伯、衛子、莒子，盟于踐土。

　　878. 諱會天王也。（轉語）

○ 陳侯如會。

　　879. 如會，外乎會也。於會受命也。（說明）

○ 公朝于王所。

　　880. 朝不言所，言所者，非其所也。（轉語）

○ 六月，衛侯鄭自楚復歸于衛。

　　881. 自楚，楚有奉焉爾。（說明）

　　882. 復者，復中國也。（說明）

　　883. 歸者，歸其所也。（說明）

884. 鄭之名，失國也。（理由）

○ 衛元咺出奔晉。

　　無傳 211

○ 陳侯款卒。

　　無傳 212

○ 秋，杞伯姬來。

　　無傳 213

○ 公子遂如齊。

　　無傳 214

○ 冬，公會晉侯、宋公、蔡侯、鄭伯、陳子、莒子、邾子、秦人，于溫。

　　885. 諱會天王也。（轉語）

○ 天王守于河陽，

　　886. 全天王之行也，為若將守而遇諸侯之朝也，為天王諱也。（轉語）

　　887. 水北為陽，山南為陽。（傳例同訓詁）

　　888. 溫，河陽也。（說明）

○ 壬申，公朝于王所。

　　889. 朝於廟，禮也，於外，非禮也。（規定）

　　890. 獨公朝，與諸侯盡朝也。（說明）

　　891. 其日，以其再致天子，故謹而日之。（定義，理由）

　　892. 主善以內，目惡以外。（說明）

　　893. 言曰公朝，逆辭也，而尊天子。（說明）

　　894. 會于溫，言小諸侯。（轉語）

　　895. 溫，河北地，以河陽言之，大天子也。（轉語）

　　896. 日繫於月，月繫於時，壬申，公朝于王所，其不月，失其所繫也，以為晉
　　　　文公之行事，為已僄矣。（轉而論）

○ 晉人執衛侯，歸之于京師。

　　897. 此入而執，其不言入，何也？不外王命於衛也。（理由，轉語）

　　898. 歸之于京師，緩辭也，斷在京師也。（說明）

○ 衛元咺自晉復歸于衛。

　　899. 自晉，晉有奉焉爾。（說明）

　　900. 復者，復中國也。（說明）

　　901. 歸者，歸其所也。（說明）

○ 諸侯遂圍許。

　　902. 遂，繼事也。（傳例同訓詁）

○ 曹伯襄復歸于曹。

　　903. 復者，復中國也。（說明）

　　904. 天子免之，因與之會，其曰復，通王命也。（理由）

○ 遂會諸侯圍許。

　　905. 遂，繼事也。（傳例同訓詁）

○ 二十有九年，春，介葛盧來。

　　906. 葛盧，微國之君，未爵者也。（說明）

　　907. 其曰來，卑也。（定義，說明）

○ 公至自圍許。

　　無傳 215

○ 夏，六月，公會王人、晉人、宋人、齊人、陳人、蔡人、秦人，盟于翟泉。

　　無傳 216

○ 秋，大雨雹。

　　無傳 217

○ 冬，介葛盧來。

　　無傳 218

○ 三十年，春，王正月。

　　無傳 219

○ 夏，狄侵齊。

　　無傳 220

○ 秋，衛殺其大夫元咺。

　　908. 稱國以殺，罪累上也，以是為訟君也。（定義）

　　909. 衛侯在外，其以累上之辭言之，何也？待其殺而後入也。（說明）

○ 及公子瑕。

　　910. 公子瑕，累也，以尊及卑也。（定義，說明）

○ 衛侯鄭歸于衛。

　　無傳 221

○ 晉人，秦人，圍鄭。

　　無傳 222

○ 介人侵蕭。

無傳 223

○ 冬，天王使宰周公來聘。

　　911. 天子之宰，通於四海。（說明）

○ 公子遂如京師，遂如晉。

　　912. 以尊遂乎卑，此言不敢叛京師也。（定義，理由）

○ 三十有一年，春，取濟西田。

　　無傳 224

○ 公子遂如晉。

　　無傳 225

○ 夏，四月，四卜郊，不從，乃免牲，猶三望。

　　913. 夏，四月，不時也。（規定）

　　914. 四卜，非禮也。（規定）

　　915. 免牲者，爲之緇衣熏裳，有司玄端奉送，至于南郊，免牛亦然。（規定）

　　916. 乃者，亡乎人之辭也。（傳例同訓詁）

　　917. 猶者，可以已之辭也。（傳例同訓詁）

○ 秋，七月。

　　無傳 226

○ 冬，杞伯姬來求婦。

　　918. 婦人既嫁不踰竟。（規定）

　　919. 杞伯姬來求婦，非正也。（說明）

○ 狄圍衛。

　　無傳 227

○ 十有二月，衛遷於帝丘。

　　無傳 228

○ 三十有二年，春，王正月。

　　無傳 229

○ 夏，四月，己丑，鄭伯捷卒。

　　無傳 230

○ 衛人侵狄。

　　無傳 231

○ 秋，衛人及狄盟。

　　無傳 232

○ 冬，十有二月，己卯，晉侯重耳卒。

無傳 233

○ 三十有三年，春，王二月，秦人入滑。

920. 滑，國也。（說明）

○ 齊侯使國歸父來聘。

無傳 234

○ 夏，四月，辛巳，晉人及姜戎，敗秦師于殽。

920. 不言戰而言敗，何也？狄秦也。（理由）

921. 其狄之，何也？秦越千里之險，入虛國，進不能守，退敗其師徒，亂人子女之教，無男女之別，秦之爲狄，自殽之戰始也。（轉而論）

922. 秦伯將襲鄭。百里子與蹇叔子諫曰：「千里而襲人，未有不亡者也。」秦伯曰：「子之冢，木已拱矣，何知？」師行。百里子，與蹇叔子，送其子而戒之曰：「女死必於殽之巖吟之下，我將尸女於是。」師行。百里子與蹇叔子隨其子而哭之，秦伯怒曰：「何爲哭吾師也。」二子曰：「非敢哭師也，哭吾子也，我老矣，彼不死，則我死矣。」晉人與姜戎，要而擊之殽，匹馬隻輪無反者。（故事）

923. 晉人者，晉子也。（說明）

924. 其曰人何也？微之也。（說明）

925. 何爲微之？不正其釋殯，而主乎戰也。（理由）

○ 癸巳，葬晉文公。

926. 日葬，危不得葬也。（定義）

○ 狄侵齊。

無傳 235

○ 公伐邾，取訾樓。

無傳 236

○ 秋，公子遂帥師伐邾。

無傳 237

○ 晉人敗狄于箕。

無傳 238

○ 冬，十月，公如齊，十有二月，公至自齊。

無傳 239

○ 乙巳，公薨于小寢。

927. 小寢，非正也。（定義，規定）

○ 隕霜不殺草。

928. 未可殺而殺，舉重也。可殺而不殺，舉輕也。（說明）

○ 李梅實。

929. 實之為言，猶實也。（傳例同訓詁）

○ 晉人、陳人、鄭人，伐許。

無傳 240

◎ 文 公

○ 元年，春，王正月，公即位。

930. 繼正即位，正也。（定義）

○ 二月，癸亥，日有食之。

無傳 241

○ 天王使叔服來會葬。

931. 葬曰會。（說明）

932. 其志重天子之禮也。（理由）

○ 夏，四月，丁巳，葬我君僖公。

933. 薨稱公，舉上也。（定義）

934. 葬我君，接上下也。（說明）

935. 僖公葬而後舉謚，謚所以成德也，於卒事乎加之矣。（說明，規定）

○ 天王使毛伯來錫公命。

936. 禮，有受命，無來錫命，錫命非正也。（規定）

○ 晉侯伐衛。

無傳 242

○ 叔孫得臣如京師。

無傳 243

○ 衛人伐晉。

無傳 244

○ 秋，公孫敖會晉侯于戚。

無傳 245

○ 冬，十月，丁未，楚世子商臣，弒其君髡。

937. 日髡之卒，所以謹商臣之弒也。（理由）

938. 夷狄不言正不正。（定義）

○ 公孫敖如齊。

無傳 246

○ 二年，春，王二月，甲子，晉侯及秦師戰于彭衙，秦師敗績。

無傳 247

○ 丁丑，作僖公主。

939. 作，為也。（傳例同訓詁）

940. 為僖公主也，立主，喪主於虞，吉主於練。（規定）

941. 作僖公主，譏其後也。（轉而論）

942. 作主壞廟，有時日於練焉。（規定）

943. 壞廟，壞廟之道，易檐可也，改塗可也。（規定）

○ 三月，乙巳，及晉處父盟。

944. 不言公，處父伉也，為公諱也。（轉語）

945. 何以知其與公盟？以其日也。（理由，推論）

946. 何以不言公之如晉，所恥也，出不書，反不致也。（轉語）

○ 夏，六月，公孫敖會宋公、陳侯、鄭伯、晉士穀，盟于垂斂。

947. 內大夫可以會外諸侯。（定義）

○ 自十有二月不雨，至于秋七月。

948. 歷時而言不雨，文不憂雨也。（定義，理由，轉而論）

949. 不憂雨者，無志乎民也。（轉而論）

○ 八月，丁卯，大事于大廟，躋僖公。

950. 大事者何？大是事也。（說明）

951. 著祫嘗，祫祭者，毀廟之主，陳于大祖，未毀廟之主，皆升合祭於大祖。
　　（規定）

952. 躋，升也。（傳例同訓詁）

953. 先親而後祖也，逆祀也。（說明，規定）

954. 逆祀，則是無昭穆也。（說明）

955. 無昭穆，則是無祖也。（說明）

956. 無祖，則無天也。（說明，推論）

957. 故曰文無天，無天者，是無天而行也。（說明，推論）

958. 君子不以親親害尊尊，此春秋之義也。（定義，說明）

○ 冬，晉人、宋人、陳人、鄭人，伐秦。

無傳 248

○ 公子遂如齊納幣。

無傳 249

○ 三年，春，王正月，叔孫得臣會晉人、宋人、陳人、衛人、鄭人，伐沈，

○ 沈潰。

無傳 250

○ 夏，五月，王子虎卒。

959. 叔服也，此不卒者也。（說明）

960. 何以卒之？以其來會葬我卒之也。（理由）

961. 或曰：以其嘗執重以守也。（或曰）

○ 秦人伐晉。

無傳 251

○ 秋，楚人圍江。

無傳 252

○ 雨螽于宋。

962. 外災不志。（定義）

963. 此何以志也？曰災甚也。（理由）

964. 其甚奈何，茅茨盡矣。（說明）

965. 著於上，見於下，謂之雨。（傳例同訓詁）

○ 冬，公如晉。

無傳 253

○ 十有二月，己巳，公及晉侯盟。

無傳 254

○ 晉陽處父帥師伐楚，救江。

966. 此伐楚，其言救江，何也？江遠楚近，伐楚所以救江也。（說明）

○ 四年，春，公至自晉。

無傳 255

○ 夏，逆婦姜于齊。

967. 其曰婦姜，為其禮成乎齊也。（理由）

968. 其逆者誰也？親逆而稱婦，或者公與。（說明，推論）

969. 何其速婦之也？曰，公也。（說明）

970. 其不言公，何也？非成禮於齊也。（理由）

971. 曰婦：有姑之辭也。（理由）

972. 其不言氏，何也？貶之也。（理由）

973. 何爲貶之也？夫人與有貶也。（說明）

○ 狄侵齊。

無傳 256

○ 秋，楚人滅江。

無傳 257

○ 晉侯伐秦。

無傳 258

○ 衛侯使甯俞來聘。

無傳 259

○ 冬，十有一月，壬寅，夫人風氏薨。

無傳 260

○ 五年，春，王正月，王使榮叔歸含且賵。

974. 含一事也，賵一事也，兼歸之，非正也。（規定）

975. 其曰且，志兼也。（說明）

976. 其不言來，不周事之用也。（轉語）

977. 賵以早，而含已晚。（說明，規定）

○ 三月，辛亥，葬我小君成風。

無傳 261

○ 王使毛伯來會葬。

978. 會葬之禮，於鄙上。（說明）

○ 夏，公孫敖如晉。

無傳 262

○ 秦人入鄀。

無傳 263

○ 秋，楚人滅六。

無傳 264

○ 冬，十月，甲申，許男業卒。

無傳 265

○ 六年，春，葬許僖公。

無傳 267

○　夏，季孫行父如陳。

無傳 268

○　秋，季孫行父如晉。

無傳 269

○　八月乙亥，晉侯驩卒。

無傳 270

○　冬，十月，公子遂如晉。

無傳 271

○　葬晉襄公。

無傳 272

○　晉殺其大夫陽處父。

979. 稱國以殺，罪累上也。（定義）

980. 襄公已葬，其以累上之辭言之，何也？君漏言也，上泄則下闇，下闇則上聾，且闇且聾，無以相通。（轉而論）

981. 夜姑殺者也，夜姑之殺奈何？曰：晉將與狄戰，使狐夜姑為將軍，趙盾佐之。陽處父曰：「不可，古者君之使臣也，使仁者佐賢者，不使賢者佐仁者，今趙盾賢，夜姑仁，其不可乎。」襄公曰：「諾。」謂夜姑曰：「吾始使盾佐女，今女佐盾矣。」夜姑曰：「敬諾。」襄公死，處父主竟上事，夜姑使人殺之。（故事）

982. 君漏言也，故士造辟而言，詭辭而出。曰：用我則可，不用我則無亂其德。（轉而論）

○　晉狐夜姑出奔狄。

無傳 273

○　閏月不告月，猶朝于廟。

983. 不告月者，何也？不告朔也。（說明）

984. 不告朔，則何為不言朔也？閏月者，附月之餘日也，積分而成於月者也。（轉而論）

985. 天子不以告朔，而喪事不數也。（規定）

986. 猶之為言，可以已也。（傳例同訓詁）

○　七年，春，公伐邾。

無傳 274

○ 三月，甲戌，取須句。

　　987. 取邑不日。（定義）

　　988. 此其日，何也？不正其再取，故謹而日之也。（理由）

○ 遂城郚。

　　989. 遂，繼事也。（傳例同訓詁）

○ 夏，四月，宋公壬臣卒。

　　無傳 275

　　宋人殺其大夫，

　　990. 稱人以殺，誅有罪也。（定義）

○ 戊子，晉人及秦人戰于令狐。

　　無傳 276

○ 晉先蔑奔秦。

　　991. 不言出，在外也。（定義，說明）

　　992. 輟戰而奔秦，以是為逃軍也。（推論，轉而論）

○ 狄侵我西鄙。

　　無傳 277

○ 秋，八月，公會諸侯、晉大夫，盟于扈。

　　993. 其曰諸侯，略之也。（說明）

○ 冬，徐伐莒。

　　無傳 278

○ 公孫敖如莒涖盟，

　　994. 涖，位也。（傳例同訓詁）

　　995. 其曰位，何也？前定也。（定義）

　　996. 其不日，前定之盟，不日也。（定義）

○ 八年，春，王正月。

　　無傳 279

○ 夏，四月。

　　無傳 280

○ 秋，八月，戊申，天王崩。

　　無傳 281

○ 冬，十月，壬午，公子遂會晉趙盾，盟于衡雍。

　　無傳 282

○ 乙酉，公子遂會雒戎，盟于暴。

　　無傳 283

○ 公孫敖如京師，不至而復，丙戌，奔莒。

　　997. 不言所至，未如也。（說明，推論）

　　998. 未如則未復也，未如而曰如，不廢君命也。（轉語）

　　999. 未復而曰復，不專君命也。（轉語）

　　1000. 其如非如也，其復非復也，唯奔莒之爲信，故謹而日之也。（說明）

○ 螽。

　　無傳 284

○ 宋人殺其大夫司馬。

　　1001. 司馬，官也。（說明）

　　1002. 其以官稱，無君之辭也。（理由）

○ 宋司城來奔。

　　1003. 司城，官也。（說明）

　　1004. 其以官稱，無君之辭也。（理由）

　　1005. 來奔者不言出，舉其接我也。（轉語）

○ 九年，春，毛伯來求金。

　　1006. 求車猶可，求金甚矣。（規定）

○ 夫人姜氏如齊。

　　無傳 285

○ 二月，叔孫得臣如京師。

　　1007. 京，大也。（傳例同訓詁）

　　1008. 師，眾也。（傳例同訓詁）

　　1009. 言周必以眾與大言之也。（說明）

○ 辛丑，葬襄王。

　　1010. 天子志崩不志葬。（定義）

　　1011. 舉天下而葬一人，其道不疑也，志葬，危不得葬也。（理由）

　　1012. 日之，甚矣，其不葬之辭也。（定義）

○ 晉人殺其大夫先都。

　　無傳 286

○ 三月，夫人姜氏至自齊。

　　1013. 卑以尊致，病文公也。（理由，規定）

○ 晉人殺其大夫士穀，及箕鄭父。

　　1014. 稱人以殺，誅有罪也，鄭父累也。（定義）

○ 楚人伐鄭。

　　無傳 287

○ 公子遂，會晉人、宋人、衛人、許人，救鄭。

　　無傳 288

○ 夏，狄侵齊。

　　無傳 289

○ 秋，八月，曹伯襄卒。

　　無傳 290

○ 九月，癸酉，地震。

　　1015. 震，動也。（傳例同訓詁）

　　1016. 地，不震者也。震故謹而日之也。（理由）

○ 冬，楚子使萩來聘。

　　1017. 楚無大夫，其曰萩，何也？以其來我褒之也。（轉語）

○ 秦人來歸僖公成風之襚。

　　1018. 秦人弗夫人也，即外之弗夫人而見正焉。（轉而論）

○ 葬曹共公。

○ 無傳 291

○ 十年，春，王三月，辛卯，臧孫辰卒。

　　無傳 292

○ 夏秦伐晉。

　　無傳 293

○ 楚殺其大夫宜申。

　　無傳 294

○ 自正月不雨，至于秋七月。

　　1019. 歷時而言不雨，文不閔雨也。（說明）

　　1020. 不閔雨者，無志乎民也（轉而論）

○ 及蘇子盟于女栗。

　　無傳 295

○ 冬，狄侵宋。

　　無傳 296

○ 楚子蔡侯次于厥貉。

無傳 297

○ 十有一年，春，楚子伐麇。

無傳 298

○ 夏，叔彭生，會晉郤缺于承匡。

無傳 299

○ 秋，曹伯來朝。

無傳 300

○ 公子遂如宋。

無傳 301

○ 狄侵齊。

無傳 302

○ 冬，十月，甲午，叔孫得臣，敗狄于鹹。

1021. 不言帥師而言敗何也？直敗一人之辭也。（理由）

1022. 一人而曰敗，何也？以眾焉言之也。（理由）

1023. 傳曰：長狄也，弟兄三人，佚宕中國，瓦石不能害。叔孫得臣，最善射者也，射其目，身橫九畝，斷其首而載之，眉見於軾。（或曰，故事）

1024. 然則何為不言獲也？曰：古者不重創，不禽二毛，故不言獲，為內諱也。（轉而論，規定）

1025. 其之齊者，王子成父殺之，則未知其之晉者也。（說明）

○ 十有二年，春，王正月郕伯來奔。

無傳 303

○ 杞伯來朝。

無傳 304

○ 二月，庚子，子叔姬卒。

1026. 其曰子叔姬，貴也，公之母姊妹也。（說明）

1027. 其一傳曰：許嫁，以卒之也。（或曰）

1028. 男子二十而冠，冠而列丈夫，三十而娶，女子十五而許嫁，二十而嫁。（轉而論，規定）

○ 夏，楚人圍巢。

無傳 305

○ 秋，滕子來朝。

無傳 306

○ 秦伯使術來聘。

無傳 307

○ 冬，十有二月，戊午，晉人、秦人戰于河曲。

1029. 不言及，秦、晉之戰已亟，故略之也。（轉語）

○ 季孫行父帥師城諸及鄆。

1030. 稱帥師，言有難也。（定義）

○ 十有三年，春，王正月。

無傳 308

○ 夏，五月，壬午，陳侯朔卒。

無傳 309

○ 邾子籧篨卒。

無傳 310

○ 自正月不雨，至于秋七月。

無傳 311

○ 大室屋壞。

1031. 大室屋壞者，有壞道也。譏不脩也。（說明）

1032. 大室猶世室也，周公曰：大廟，伯禽曰：大室，群公曰宮。（規定）

1033. 禮，宗廟之事，君親割，夫人親舂，敬之至也，為社稷之主，而先君之廟壞，極稱之，志不敬也。（轉而論，規定）

○ 冬，公如晉。

無傳 312

○ 衛侯會公于沓。

無傳 313

○ 狄侵衛。

無傳 314

○ 十有二月，己丑，公及晉侯盟，還自晉。

1034. 還者，事未畢也。（定義，傳例同訓詁）

1035. 自晉，事畢也。（說明）

○ 鄭伯會公于棐。

無傳 315

○ 十有四年，春，王正月，公至自晉。

無傳 316

○ 邾人伐我南鄙。

無傳 317

○ 叔彭生帥師伐邾。

無傳 318

○ 夏,五月,乙亥,齊侯潘卒。

無傳 319

○ 六月,公會宋公、陳侯、衛侯、鄭伯、許伯、曹伯、晉趙盾,癸酉,同盟于
新城。

1036. 同者,有同也,同外楚也。(説明)

○ 秋,七月,有星孛入于北斗。

1037. 孛之爲言猶茀也。(傳例同訓詁)

1038. 其曰入北斗,斗有環域也。(説明)

○ 公至自會。

無傳 320

○ 晉人納捷菑于邾,弗克納。

1039. 是郤克也。(説明)

1040. 其曰人,何也?微之也。(理由)

1041. 何爲微之也?長轂五百乘,綿地千里,過宋、鄭、滕、薛、貮,入千乘
之國,欲變人之主,至城下,然後知,何知之晚也。(轉而論)

1042. 弗克納,未伐而曰弗克,何也?弗克其義也。捷菑,晉出也。貜且,齊
出也。貜且,正也,捷菑不正也。(理由,説明)

○ 九月,甲申,公孫敖,卒于齊。

1043. 奔,大夫不言卒。(定義)

1044. 而言卒,何也?爲受其喪,不可不卒也。(理由)

1045. 其地,於外也。(理由)

○ 齊公子商人,弒其君舍。

1046. 舍,未踰年,其曰君,何也?成舍之爲君,所以重商人之弒也。(轉語)

1047. 商人其不以國氏,何也?不以嫌代嫌也。(理由)

1048. 舍之不日,何也?未成爲君也。(説明)

○ 宋子哀來奔。

1049. 其曰子哀,失之也。(説明)

○　冬，單伯如齊。

　　無傳 321

○　齊人執單伯。

　　1050. 私罪也，單伯淫于齊，齊人執之。（理由）

○　齊人執子叔姬。

　　1051. 叔姬，同罪也。（說明）

○　十有五年，春，季孫行父如晉。

　　無傳 322

○　三月，宋司馬華孫來盟。

　　1052. 司馬，官也。（說明）

　　1053. 其以官稱，無君之辭也。（定義，理由）

　　1054. 來盟者何？前定也。（定義，說明）

　　1055. 不言及者，以國與之也。（理由）

○　夏，曹伯來朝。

　　無傳 323

○　齊人歸公孫敖之喪。

　　無傳 324

○　六月，辛丑，朔，日有食之，鼓用牲于社。

　　無傳 325

○　單伯至自齊。

　　1056. 大夫執則致，致則名。（定義）

　　1057. 此其不名，何也？天子之命大夫也。（理由）

○　晉郤缺帥師伐蔡，戊申，入蔡。

　　無傳 326

○　秋，齊人侵我西鄙。

　　1058. 其曰鄙，遠之也。（定義，說明）

　　1059. 其遠之何也？不以難介我國也。（理由）

○　季孫行父如晉。

　　無傳 327

○　冬，十有一月，諸侯盟于扈。

　　無傳 328

○　十有二月，齊人來歸子叔姬。

1060. 其曰子叔姬，貴之也。（理由）

1061. 其言來歸，何也？父母之於子，雖有罪，猶欲其免也。（理由）

○ 齊侯侵我西鄙，遂伐曹，入其郛。

　　無傳 329

○ 十有六年，春，季孫行父會齊侯于陽穀，齊侯弗及盟。

1062. 弗及者，內辭也。（傳例同訓詁，説明）

1063. 行父失命矣，齊得內辭也。（理由）

○ 夏，五月，公四不視朔。

1064. 天子告朔于諸侯，諸侯受乎禰廟，禮也。（規定）

1065. 公四不視朔，公不臣也，以公爲厭政以甚矣。（轉而論）

○ 六月，戊辰，公子遂及齊侯盟于師丘。

1066. 復行父之盟也。（説明）

○ 秋，八月，辛未，夫人姜氏薨。

　　無傳 330

○ 毀泉臺。

1067. 喪不貳事。（規定）

1068. 貳事，緩喪也，以文爲多失道矣。（説明）

1069. 自古爲之，今毀之，不如勿處而已矣。（轉而論）

○ 楚人，秦人，巴人，滅庸。

　　無傳 331

○ 冬，十有一月，宋人弒其君杵臼。

　　無傳 332

○ 十有七年，春，晉人、衛人、陳人、鄭人，伐宋。

　　無傳 333

○ 夏，四月，癸亥，葬我小君聲姜。

　　無傳 334

○ 齊侯伐我西鄙。

　　無傳 335

○ 六月，癸未，公及齊侯盟于穀。

　　無傳 336

○ 諸侯會于扈。

　　無傳 337

○ 秋，公至自穀。

無傳 338

○ 冬，公子遂如齊。

無傳 339

○ 十有八年，春，王二月，丁丑，公薨于臺下。

1070. 臺下，非正也，（規定）

○ 秦伯罃卒。

無傳 340

○ 夏，五月，戊戌，齊人弒其君商人。

無傳 341

○ 六月，癸酉，葬我君文公。

無傳 342

○ 秋，公子遂，叔孫得臣，如齊。

1071. 使舉上客，而不稱介，不正其同倫而相介，故列而數之也。（說明）

○ 冬，十月，子卒。

1072. 子卒不日，故也。（定義）

○ 夫人姜氏歸于齊。

1073. 惡宣公也，有不待貶絕，而罪惡見者，有待貶絕，而惡從之者。（說明，
轉而論）

1074. 姪娣者，不孤子之意也，一人有子，三人緩帶。（規定）

1075. 一日就賢也。（或曰）

○ 季孫行父如齊。

無傳 343

○ 莒弒其君庶其。

無傳 344

◎ 宣 公

○ 元年，春，王正月，公即位。

1076. 繼故而言即位，與聞乎故也。（定義）

○ 公子遂如齊逆女。

無傳 345

○ 三月，遂以夫人婦姜至自齊。

　　1077. 其不言氏，喪未畢，故略之也。（理由，轉語）

　　1078. 其曰婦，緣姑言之之辭也。（理由）

　　1079. 遂之挈，由上致之也。（說明）

○ 夏，季孫行父如齊。

　　無傳 346

○ 晉放其大夫胥甲父于衛。

　　1080. 放，猶屏也。（傳例同訓詁）

　　1081. 稱國以放，放無罪也。（定義）

○ 公會齊侯于平州。

　　無傳 347

○ 公子遂如齊。

　　無傳 348

○ 六月，齊人取濟西田。

　　1082. 內不言取。（定義）

　　1083. 言取，授之也，以是為賂齊也。（說明）

○ 秋，邾子來朝。

　　無傳 349

○ 楚子、鄭人，侵陳，遂侵宋。

　　1084. 遂，繼事也。（傳例同訓詁）

○ 晉趙盾帥師救陳。

　　1085. 善救陳也。（說明）

○ 宋公、陳侯、衛侯、曹伯，會晉師于棐林，伐鄭。

　　1086. 列數諸侯而會晉趙盾，大趙盾之事也。（說明）

　　1087. 其曰師，何也？以其大之也。（說明）

　　1088. 于棐林，地而後伐鄭，疑辭也。（定義）

　　1089. 此其地何？則著其美也。（理由）

○ 冬，晉趙穿帥師侵崇，

○ 晉人，宋人，伐鄭。

　　1090. 伐鄭，所以救宋也。（說明）

○ 二年，春，王二月，壬子，宋華元帥師及鄭公子歸生帥師，戰于大棘，宋師敗績，獲宋華元。

1091. 獲者，不與之辭也。（定義，轉語）

1092. 言盡其眾，以救其將也，以三軍敵華元，華元雖獲，不病矣。（說明）

○ 秦師伐晉。

無傳 350

○ 夏，晉人、宋人、衛人。陳人，侵鄭。

無傳 351

○ 秋，九月，乙丑，晉趙盾弒其君夷皋。

1093. 穿弒也，盾不弒，而曰盾弒，何也？以罪盾也。（轉語）

1094. 其以罪盾，何也？曰：靈公朝諸大夫而暴彈之，觀其辟丸也。趙盾入諫，不聽，出亡，至於郊。趙穿弒公，而後反趙盾。史狐書賊曰：「趙盾弒公。」盾曰：「天乎！天乎！予無罪。孰為盾而忍弒其君者乎。」史狐曰：「子為正卿，入諫不聽，出亡不遠，君弒，反不討賊，則志同，志同則書重，非子而誰。」故書之曰，晉趙盾弒其君夷皋者，過在下也。（故事）

1095. 曰：於盾也。見忠臣之至，於許世子止，見孝子之至。（或曰）

○ 冬，十月，乙亥，天王崩。

無傳 352

○ 三年，春，王正月，郊牛之口傷。

1096. 之口，緩辭也。（說明）

1097. 傷自牛作也。（說明）

○ 改卜牛，牛死，乃不郊。

1098. 事之變也。（說明）

1099. 乃者，亡乎人之辭也，猶三望。（傳例同訓詁）

○ 葬匡王。

無傳 353

○ 楚子伐陸渾戎。

無傳 354

○ 夏，楚人侵鄭。

無傳 355

○ 秋，赤狄侵齊。

無傳 356

○ 宋師圍曹。

無傳 357

○ 冬，十月，丙戌，鄭伯蘭卒。

　　無傳 358

○ 葬鄭穆公。

　　無傳 359

○ 四年，春，王正月，公及齊侯平莒及郯，莒人不肯。

　　1100. 及者，內爲志焉爾。（定義）

　　1101. 平者，成也。（傳例同訓詁）

　　1102. 不肯者，可以肯也。（轉語）

○ 公伐莒，取向。

　　1103. 伐猶可，取向甚矣。（說明）

　　1104. 莒人辭不受治也。（說明）

　　1105. 伐莒，義兵也。取向，非也。乘義而爲利也。（轉而論）

○ 秦伯稻卒。

　　無傳 360

○ 夏，六月，乙酉，鄭公子歸生弒其君夷。

　　無傳 361

○ 赤狄侵齊。

　　無傳 362

○ 秋，公如齊，公至自齊。

　　無傳 363

○ 冬，楚子伐鄭。

　　無傳 364

○ 五年，春，公如齊。

　　無傳 365

○ 夏，公至自齊。

　　無傳 366

○ 秋，九月，齊高固來逆子叔姬。

　　1106. 諸侯之嫁子於大夫，主大夫以與之。（規定）

　　1107. 來者，接內也。（定義）

　　1108. 不正其接內，故不與夫婦之稱也。（轉語）

○ 叔孫得臣卒。

　　無傳 367

○ 冬，齊高固及子叔姬來，

　　1109. 及者，及吾子叔姬也。（說明）

　　1110. 爲使來者，不使得歸之意也。（說明）

○ 楚人伐鄭。

　　無傳 368

○ 六年，春，晉趙盾，衛孫免，侵陳。

　　1111. 此帥師也，其不言帥師，何也？不正其敗前事，故不與帥師也。（理由，
　　　　　轉語）

○ 夏，四月。

　　無傳 369

○ 秋，八月螽。

　　無傳 370

○ 冬，十月。

　　無傳 371

○ 七年，春，衛侯使孫良夫來盟。

　　1112. 來盟，前定也。（定義）

　　1113. 不言及者，以國與之。（理由）

　　1114. 不言其人，亦以國與之。（理由）

　　1115. 不日，前定之盟，不日。（定義）

○ 夏，公會齊侯伐萊。

　　無傳 372

○ 秋，公至自伐萊。

　　無傳 373

○ 大旱。

　　無傳 374

○ 冬，公會晉侯、宋公、衛侯、鄭伯、曹伯，于黑壤。

　　無傳 375

○ 八年，春，公至自會。

　　無傳 376

○ 夏，六月，公子遂如齊，至黃乃復。

　　1116. 乃者，亡乎人之辭也。（傳例同訓詁）

　　1117. 復者，事畢也，不專公命也。（定義）

○ 辛巳，有事于大廟。

無傳 377

○ 仲遂卒于垂。

1118. 為若反命而後卒也。（轉語）

1119. 此公子也。其曰仲何也？疏之也。（說明）

1120. 何為疏之也？是不卒者也。（說明）

1121. 不疏，則無用見其不卒也。（說明）

1122. 則其卒之，何也？以譏乎宣也。（理由）

1123. 其譏乎宣，何也？聞大夫之喪，則去樂卒事。（轉而論）

○ 壬午，猶繹萬入去籥。

1124. 猶者，可以已之辭也。（傳例同訓詁）

1125. 繹者，祭之旦日之享賓也。（傳例同訓詁）

1126. 萬入去籥，以其為之變譏之也。（轉而論）

○ 戊子，夫人熊氏薨。

無傳 378

○ 晉師，白狄伐秦。

無傳 379

○ 楚人滅舒鄝。

無傳 380

○ 秋，七月，甲子，日有食之，既。

無傳 381

○ 冬，十月，己丑，葬我小君頃熊。

1127. 雨不克葬，葬既有日，不為雨止，禮也。（規定）

1128. 雨不克葬，喪不以制也。（規定）

○ 庚寅，日中而克葬。

1129. 而，緩辭也。（傳例同訓詁）

1130. 足乎日之辭也。（說明）

○ 城平陽。

無傳 382

○ 楚師伐陳。

無傳 383

○ 九年，春，王正月，公如齊。

　　無傳 384

○　公至自齊。

　　無傳 385

○　夏，仲孫蔑如京師。

　　無傳 386

○　齊侯伐萊。

　　無傳 387

○　秋，取根牟。

　　無傳 388

○　八月，滕子卒。

　　無傳 389

○　九月，晉侯，宋公，衛侯，鄭伯，曹伯，會于扈。

　　無傳 390

○　晉，荀林父帥師伐陳。

　　無傳 391

○　辛酉，晉侯黑臀卒于扈。

　　1131. 其地，於外也。（定義）

　　1132. 其日，未踰竟也。（定義）

○　冬，十月，癸酉衛侯鄭卒。

　　無傳 392

○　宋人圍滕。

　　無傳 393

○　楚子伐鄭。

　　無傳 394

○　晉郤缺帥師救鄭。

　　無傳 395

○　陳殺其大夫泄冶。

　　1133. 稱國以殺其大夫，殺無罪也。（定義）

　　1134. 泄冶之無罪如何？陳靈公通于夏徵舒之家，公孫寧、儀行父，亦通其家，
　　　　　或衣其衣，或衷其襦，以相戲於朝。泄冶聞之，入諫曰：「使國人聞之則
　　　　　猶可，使仁人聞之則不可。」，君愧於泄冶，不能用其言而殺之。（故事）

○　十年，春，公如齊，公至自齊，齊人歸我濟西田。

1135. 公娶齊，齊由以爲兄弟。（說明）

1136. 反之。（說明）

1137. 不言來，公如齊受之也。（說明）

○ 夏，四月，丙辰，日有食之。

無傳 396

○ 己巳，齊侯元卒。

無傳 397

○ 齊崔氏出奔衛。

1138. 氏者，舉族而出之之辭也。（定義）

○ 公如齊，五月公至自齊。

無傳 398

○ 癸巳，陳夏徵舒弒其君平國。

無傳 399

○ 六月，宋師伐滕。

無傳 400

○ 公孫歸父如齊，葬齊惠公。

無傳 401

○ 晉人、宋人、衛人、曹人，伐鄭。

無傳 402

○ 秋，天王使王季子來聘。

1139. 其曰王季，王子也。（說明）

1140. 其曰子，尊之也。（定義）

1141. 聘，問也。（傳例同訓詁）

○ 公孫歸父帥師伐邾，取繹。

無傳 403

○ 大水。

無傳 404

○ 季孫行父如齊。

無傳 405

○ 冬，公孫歸父如齊。

無傳 406

○ 齊侯使國佐來聘。

無傳 407

○ 饑。

無傳 408

○ 楚子伐鄭。

無傳 409

○ 十有一年，春，王正月。

無傳 410

○ 夏，楚子陳侯，鄭伯，盟于夷陵。

無傳 411

○ 公孫歸父會齊人伐莒。

無傳 412

○ 秋，晉侯會狄于欑函。

1142. 不言及外狄。（定義）

○ 冬，十月楚人殺陳夏徵舒。

1143. 此入而殺也。（說明）

1144. 其不言入何也？外徵舒於陳也。（理由，轉語）

1145. 其外徵舒於陳何也？明楚之討有罪也。（轉而論）

○ 丁亥，楚子入陳。

1146. 入者，內弗受也。（定義）

1147. 日入，惡入者也。（定義）

1148. 何用弗受也？不使夷狄為中國也。（理由）

○ 納公孫寧，儀行父，于陳。

1149. 納者，內弗受也。（定義）

1150. 輔人之不能民而討猶可，入人之國，制人之上下，使不得其君臣之道不
可。（轉而論）

○ 十有二年，春，葬陳靈公。

無傳 413

○ 楚子圍鄭。

無傳 414

○ 夏，六月，乙卯，晉荀林父帥師，及楚子戰于邲，晉師敗績。

1151. 績，功也。（傳例同訓詁）

1152. 功，事也。（傳例同訓詁）

1153 日其事，敗也。（定義）

○ 秋，七月。

無傳 415

○ 冬，十有二月，戊寅，楚子滅蕭。

無傳 416

○ 晉人，宋人，衛人，曹人，同盟于清丘。

無傳 417

○ 宋師伐陳。

無傳 418

○ 衛人救陳。

無傳 419

○ 十有三年，春，齊師伐莒。

無傳 420

○ 夏，楚子伐宋。

無傳 421

○ 秋，螽。

無傳 422

○ 冬，晉殺其大夫先縠。

無傳 423

○ 十有四年，春，衛殺其大夫孔達。

無傳 424

○ 夏，五月，壬申，曹伯壽卒。

無傳 425

○ 晉侯伐鄭。

無傳 426

○ 秋，九月，楚子圍宋。

無傳 427

○ 葬曹文公。

無傳 428

○ 冬，公孫歸父會齊于穀。

無傳 429

○ 十有五年，春，公孫歸父會楚子于宋。

無傳 430

○ 夏，五月，宋人及楚人平。

　　1154. 平者，成也，善其量力而反義也。（傳例同訓詁）

　　1155. 人者，眾辭也。（傳例同訓詁）

　　1156. 平稱眾，上下欲之也。（說明）

　　1157. 外平不道，以吾人之存焉道之也。（理由）

○ 六月，癸卯晉師滅赤狄潞氏，以潞子嬰兒歸。

　　1158. 滅國有三術，中國謹日，卑國月，夷狄不日。（定義）

　　1159. 其曰：潞子嬰兒，賢也。（理由）

○ 秦人伐晉。

無傳 431

○ 王札子殺召伯、毛伯。

　　1160. 王札子者，當上之辭也。（說明）

　　1161. 殺召伯、毛伯，不言其，何也？兩下相殺也。（理由）

　　1162. 兩下相殺，不志乎春秋。（定義）

　　1163. 此其志，何也？矯王命以殺之，非忿怒相殺也。故曰，以王命殺也，（理由轉而論）

　　1164. 以王命殺，則何志焉？為天下主者天也。（理由）

　　1165. 繼天者，君也，君之所存者，命也。（轉而論）

　　1166. 為人臣而侵其君之命而用之，是不臣也，為人君而失其命，是不君也，君不君，臣不臣，此天下所以傾也。（轉而論）

○ 秋，螽。

無傳 432

○ 仲孫蔑會齊高固于無婁。

無傳 433

○ 初稅畝。

　　1167. 初者，始也。（傳例同訓詁）

　　1168. 古者什一，藉而不稅，初稅畝，非正也。（轉而論，規定）

　　1169. 古者三百步為里，名曰井田，井田者，九百畝，公田居一，私田稼不善，則非吏，公田稼不善，則非民。（轉而論）

　　1170. 初稅畝者，非公之去公田，而履畝十取一也，以公之與民為已悉矣。（轉而論）

1171. 古者公田爲居，井灶蔥韭盡取焉。（規定）

○ 冬，蝝生。

1172. 蝝，非災也，其曰蝝，非稅畝之災也。（說明，轉語）

○ 饑。

無傳 434

○ 十有六年，春，王正月，晉人滅赤狄甲氏，又留吁。

無傳 435

○ 夏，成周宣榭災。

1173. 周災，不志也。（定義）

1174. 其曰宣榭，何也？以樂器之所藏，目之也。（理由）

○ 秋，郯伯姬來歸。

無傳 436

○ 冬，大有年。

1175. 五穀大熟，爲大有年。（傳例同訓詁）

○ 十有七年，春，王正月，庚子，許男錫我卒。

無傳 437

○ 丁未，蔡侯申卒。

無傳 438

○ 夏，葬許昭公。

無傳 439

○ 葬蔡文公。

無傳 440

○ 六月，癸卯，日有食之。

無傳 441

○ 己未，公會晉侯，衛侯，曹伯，邾子，同盟于斷道。

1176. 同者，有同也，同外楚也。（說明）

○ 秋，公至自會。

無傳 442

○ 冬，十有一月，壬午，公弟叔肸卒。

1177. 其曰公弟叔肸，賢之也。（理由）

1178. 其賢之，何也？宣弒而非之也。（理由）

1179. 非之則胡爲不去也？曰：兄弟也。何去而之，與之財，則曰我足矣。織

屨而食，終身不食宣公之食。（説明）

1180. 君子以是爲通恩也，以取貴乎春秋。（轉而論）

○ 十有八年，春，晉侯衛世子臧伐齊。

無傳 443

○ 公伐杞。

無傳 444

○ 夏，四月。

無傳 445

○ 秋，七月，邾人戕鄫子于鄫。

1181. 戕，猶殘也，挩殺也。（傳例同訓詁）

○ 甲戌，楚子呂卒。

1182. 夷狄不卒。（定義）

1183. 卒，少進也。卒而不日，日，少進也。（定義）

1184. 日而不言正不正，簡之也。（定義）

○ 公孫歸父如晉。

無傳 446

○ 冬，十月，壬戌公薨于路寢，正寢也。

無傳 447

○ 歸父還自晉，至檉遂奔齊。

1185. 還者，事未畢也。（傳例同訓詁）

1186. 自晉，事畢也。（説明）

1187. 與人之子，守其父之殯，捐殯而奔其父之使者，是以奔父也。（説明）

1188. 至檉遂奔齊，遂，繼事也。（傳例同訓詁）

◎ 成　公

○ 元年，春，王正月，公即位。

無傳 448

○ 二月，卒酉，葬我君宣公。

無傳 449

○ 無冰。

1189. 終時無冰則志。（定義）

1190. 此未終時而言無冰，何也？終無冰矣。（理由）

1191. 加之寒之辭也。（說明）

○ 三月，作丘甲。

1192. 作，為也。（傳例同訓詁）

1193. 丘，為甲也。（說明）

1194. 丘甲，國之事也。（規定）

1195. 丘作甲，非正也。丘作甲之為非正，何也？古者立國家，百官具，農工皆有職以事上，古者有四民，有士民，有商民，有農民，有工民。夫甲，非人人之所能為也。丘作甲，非正也。（推論，轉而論）

○ 夏，臧孫許，及晉侯盟于赤棘。

無傳 450

○ 秋，王師敗績于貿戎。

1196. 不言戰，莫之敢敵也。（定義）

1197. 為尊者諱，敵不諱敗，為親者諱，敗不諱敵，尊尊親親之義也。（定義，轉語）

1198. 然則孰敗之，晉也。（說明）

○ 冬，十月。

1199. 季孫行父禿，晉郤克眇，衛孫良夫跛，曹公子手僂，同時而聘於齊。齊使禿者御禿者，使眇者御眇者，使跛者御跛者，使僂者御僂者。蕭同姪子，處臺上而笑之，聞於客，客不說而去，相與立胥閭而語，移日不解。齊人有知之者，曰：「齊之患，必自此始矣。」（轉而論，故事）

○ 二年，春，齊侯伐我北鄙。

無傳 451

○ 夏，四月，丙戌，衛孫良夫帥師，及齊師戰于新築，衛師敗績。

無傳 452

○ 六月，癸酉，季孫行父、臧孫許、叔孫僑如、公孫嬰齊帥師，會晉郤克、衛孫良夫、曹公子手，及齊侯戰于鞍，齊師敗績。

1200. 其日，或曰日，其戰也，或曰日，其悉也。（或曰）

1201. 曹無大夫，其曰公子，何也？以吾之四大夫在焉，舉其貴者也。（理由，轉語）

○ 秋，七月，齊侯使國佐如師。已酉，及國佐盟于爰婁。

1202. 鞍，去國五百里。爰婁，去國五十里。一戰綿地五百里，焚雍門之茨，

侵車東至海，君子聞之曰：「夫甚！」甚之辭焉。（説明，轉而論，故事）

1203. 齊有以取之也，齊之有以取之，何也？敗衛師于新築，侵我北鄙，敖郤
獻子，齊有以取之也。爰婁在師之外，郤克曰：「反魯、衛之侵地，以紀
侯之甗來，以蕭同姪子之母為質，使耕者皆東其畝，然後與子盟。」國
佐曰：「反魯、衛之侵地，以紀侯之甗來，則諾。以蕭同姪子之母為質，
則是齊侯之母也，齊侯之母，猶晉君之母也，晉君之母，猶齊侯之母也。
使耕者盡東其畝，則是終土齊也。不可。請一戰，一戰不克，請再，再
不克，請三，三不克，請四，四不克，請五，五不克，舉國而授，」於
是而與之盟。（故事）

○ 八月，壬午，宋公鮑卒。

無傳 453

○ 庚寅，衛侯速卒。

無傳 454

○ 取汶陽田。

無傳 455

○ 冬，楚師、鄭師侵衛。

無傳 456

○ 十有一月，公會楚公子嬰齊于蜀。

1204. 楚無大夫。（定義）

1205. 其曰公子，何也？嬰齊亢也。（理由，轉語）

○ 丙申，公及楚人、秦人、宋人、陳人、衛人、鄭人、齊人、曹人、邾人、薛
人、繒人，盟于蜀。

1206. 楚其稱人，何也？於是而後，公得其所也。（理由）

1207. 會與盟同月，則地會，不地盟。不同月，則地會，地盟。（定義）

1208. 此其地會地盟，何也？以公得其所，申其事也。（理由）

1209. 今之屈，向之驕也。（説明）

○ 三年，春，王正月，公會晉侯、宋公、衛侯、曹伯，伐鄭。

無傳 467

○ 辛亥，葬衛穆公。

無傳 468

○ 二月，公至自伐鄭。

無傳 469

○ 甲子，新宮災，三日哭。

    1210. 新宮者，禰宮也。（說明）

    1211. 三日哭，哀也。（說明）

    1212. 其哀，禮也。（規定）

    1213. 迫近不敢稱謚，恭也。（說明）

    1214. 其辭恭且哀，以成公為無譏矣。（轉而論）

○ 乙亥，葬宋文公。

    無傳 470

○ 夏，公如晉。

    無傳 471

○ 鄭公子去疾，帥師伐許。

    無傳 472

○ 公至自晉。

    無傳 473

○ 秋，叔孫僑如，帥師圍棘。

    無傳 474

○ 大雩。

    無傳 475

○ 晉郤克，衛孫良夫，伐牆咎如。

    無傳 476

○ 冬，十有一月，晉侯使荀庚來聘。

    無傳 477

○ 衛侯使孫良夫來聘。

    無傳 478

○ 丙午，及荀庚盟。

    無傳 479

○ 丁未，及孫良夫盟。

    1215. 其日，公也。（定義，理由）

    1216. 來聘而求盟，不言及者，以國與之也。（理由）

    1217. 不言其人，亦以國與之也。（理由）

    1218. 不言求，兩欲之也。（說明）

○ 鄭伐許。

無傳 480

○　四年，春，宋公使華元來聘。

　　無傳 481

○　三月，壬申，鄭伯堅卒。

　　無傳 482

○　杞伯來朝。

　　無傳 483

○　夏，四月，甲寅，臧孫許卒。

　　無傳 484

○　公如晉。

　　無傳 485

○　葬鄭襄公。

　　無傳 486

○　秋，公至自晉。

　　無傳 487

○　冬，城鄆。

　　無傳 488

○　鄭伯伐許。

　　無傳 489

○　五年，春，王正月，杞叔姬來歸。

　　1219. 婦人之義，嫁曰歸，反曰來歸。（定義）

○　仲孫蔑如宋。

　　無傳 490

○　夏，叔孫僑如會晉荀首于穀。

　　無傳 491

○　梁山崩。

　　1220. 不日，何也？高者有崩道也。（理由）

　　1221. 有崩道，則何以書也？曰：梁山崩，壅遏河三日不流。晉君召伯尊而問
　　　　焉。伯尊來遇輦者，輦者不辟，使車右下而鞭之。輦者曰：「所以鞭我者，
　　　　其取道遠矣。」伯尊下車而問焉，曰：「子有聞乎？」對曰：「梁山崩，
　　　　壅遏河三日不流。」伯尊曰：「君爲此召我也，爲之奈何？」輦者曰：「天
　　　　有山，天崩之，天有河，天壅之，雖召伯尊如之何？」伯尊由忠問焉。

輦者曰：「君親素縞，帥群臣而哭之，既而祠焉，斯流矣。」伯尊至，君問之曰：「梁山崩，壅遏河三日不流，為之奈何？」伯尊曰：「君親素縞，帥群臣而哭之，既而祠焉，斯流矣。」（故事）

1222. 孔子聞之曰：「伯尊其無績乎？攘善也。」（轉而論）

○ 秋，大水。

　無傳 492

○ 冬，十一月，己酉，天王崩。

　無傳 493

○ 十有二月，己丑，公會晉侯、齊侯、宋公、衛侯、鄭伯、曹伯、邾子、杞伯，同盟于蟲牢。

　無傳 494

○ 六年，春，王正月，公至自會。

　無傳 495

○ 二月，辛巳，立武宮。

　1223. 立者，不宜立也。（轉語）

○ 取鄟。

　1224. 鄟，國也。（說明）

○ 衛孫良夫帥師侵宋。

　無傳 496

○ 夏，六月，邾子來朝。

　無傳 497

○ 公孫嬰齊如晉。

　無傳 498

○ 壬申，鄭伯費卒。

　無傳 499

○ 秋，仲孫蔑、叔孫僑如，帥師侵宋。

　無傳 500

○ 楚，公子嬰齊，帥師伐鄭。

　無傳 501

○ 冬，季孫行父如晉。

　無傳 502

○ 晉欒書帥帥救鄭。

無傳 503

○ 七年，春，王正月，鼷鼠食郊牛角，改卜牛，鼷鼠又食其角，乃免牛。

　　1225. 不言日，急辭也，過有司也。（理由）

　　1226. 郊牛日，展斛角而知傷，展道盡矣。其所以備災之道不盡也。（轉而論）

　　1227. 改卜牛，鼷鼠又食其角。（說明）

　　1228. 又，有繼之辭也，其緩辭也。（傳例同訓詁）

　　1229. 日：亡乎人矣，非人之所能也，所以免有司之過也。（轉而論）

　　1230. 乃免牛，乃者，亡乎人之辭也。（傳例同訓詁）

　　1231. 免牲者，爲之緇衣纁裳，有司玄端，奉送至于南郊，免牛亦然。（規定）

　　1232. 免牲不日不郊，免牛亦然。（規定）

○ 吳伐郯。

無傳 504

○ 夏，五月，曹伯來朝。

無傳 505

○ 不郊猶三望。

無傳 506

○ 秋，楚公子嬰齊，帥師伐鄭。

無傳 507

○ 公會晉侯、齊侯、宋公、衛侯、曹伯、莒子、邾子、杞伯、救鄭。

無傳 508

○ 八月，戊辰，同盟于馬陵。

無傳 509

○ 公至自會。

無傳 510

○ 吳入州來。

無傳 511

○ 冬，大雩。

　　1233. 雩，不月而時。非之也，冬無爲雩也。（定義）

○ 衛孫林父出奔晉。

無傳 512

○ 八年，春，晉侯使韓穿來言汶陽之田，歸之于齊。

　　1234. 于齊，緩辭也，不使盡我也。（說明）

○ 晉欒書帥師侵蔡。

無傳 513

○ 公孫嬰齊如莒。

無傳 514

○ 宋公使華元來聘。

無傳 515

○ 夏，宋公使公孫壽來納幣。

無傳 516

○ 晉殺其大夫趙同趙括。

無傳 517

○ 秋，七月，天子使召伯來錫公命。

1235. 禮，有受命，無來錫命，錫命非正也。（規定）

1236. 曰天子，何也？曰：見一稱也。（定義，說明）

○ 冬，十月，癸卯，杞叔姬卒。

無傳 518

○ 晉侯使士燮來聘。

無傳 519

○ 叔孫僑如，會晉士燮，齊人，邾人，伐郯。

無傳 520

○ 衛人來媵。

1237. 媵，淺事也，不志。（定義）

1238. 此其志何也？以伯姬之不得其所故盡其事也。（理由，轉語）

○ 九年，春，王正月，杞伯來逆叔姬之喪以歸。

1239. 傳曰：夫無逆出妻之喪而為之也。（規定，或曰）

○ 公會晉侯、齊侯、宋公、衛侯、鄭伯、曹伯、莒子、杞伯，同盟于蒲。

無傳 521

○ 公至自會。

無傳 522

○ 二月，伯姬歸于宋。

無傳 523

○ 夏，季孫行父如宋致女。

1240. 致者，不致者也。（轉語）

1241. 婦人在家制於父，既嫁制於夫。（轉而論，規定）

1242. 如宋致女，是以我盡之也。（說明）

1243. 不正，故不與內稱也。（理由，轉語）

1244. 逆者微故致女。（理由）

1245. 詳其事，賢伯姬也。（轉而論）

○ 晉人來媵。

1246. 媵，淺事也，不志。（定義）

1247. 此其志，何也？以伯姬之不得其所，故盡其事也。（理由，轉語）

○ 秋，七月，丙子，齊侯無野卒。

無傳 524

○ 晉人執鄭伯。

無傳 525

○ 晉欒書帥師伐鄭。

1248. 不言戰，以鄭伯也，為尊者諱恥，為賢者諱過，為親者諱疾。（定義，理由，轉語）

○ 冬，十有一月，葬齊頃公。

無傳 526

○ 楚公子嬰齊帥師伐莒，庚申，莒潰。

1249. 其日，莒雖夷狄，猶中國也。（定義，理由）

1250. 大夫潰莒而之楚，是以知其上為事也，惡之，故謹而日之也。（定義，理由，推論，轉而論）

○ 楚人入郓。

無傳 527

○ 秦人白狄伐晉。

無傳 528

○ 鄭人圍許。

無傳 529

○ 城中城。

1251. 城中城者，非外民也。（說明）

○ 十年，春，衛侯之弟黑背帥師侵鄭。

無傳 530

○ 夏，四月，五卜郊，不從，乃不郊，

1252. 夏，四月，不時也。（規定）

1253. 五卜，強也。（理由）

1254. 乃者，亡乎人之辭也。（傳例同訓詁）

○ 五月，公會晉侯、齊侯、宋公、衛侯、曹伯，伐鄭。

無傳 531

○ 齊人來媵。

無傳 532

○ 丙午，晉侯獳卒。

無傳 533

○ 秋，七月，公如晉。

無傳 534

○ 冬，十月。

無傳 535

○ 十有一年，春，王三月，公至自晉。

無傳 536

○ 晉侯使郤犨來聘。

無傳 537

○ 己丑，及郤犨盟。

無傳 538

○ 夏，季孫行父如晉。

無傳 539

○ 秋，叔孫僑如如齊。

無傳 540

○ 冬，十月。

無傳 541

○ 十有二年，春，周公出奔晉。

1255. 周有入無出，其日出，上下一見之也。（定義，說明）

1256. 言其上下之道，無以存也。上雖失之，下孰敢有之，今上下皆失之矣。（轉而論）

○ 夏，公會晉侯、衛侯，于瑣澤。

無傳 542

○ 秋，晉人敗狄于交剛。

1257. 中國與夷狄不言戰，皆曰敗之。（定義）

1258. 夷狄不日。（定義）

○ 冬，十月。

無傳 543

○ 十有三年，春，晉侯使郤錡來乞師。

1259. 乞，重辭也。（傳例同訓詁）

1260. 古之人重師，故以乞言之也。（說明）

○ 三月，公如京師。

1261. 公如京師不月，月非如也。（定義）

1262. 非如而曰如，不叛京師也。（理由，轉語）

○ 夏，五月，公自京師，遂會晉侯、宋公、衛侯、鄭伯、曹伯、邾人、滕人，伐秦。

1263. 言受命，不敢叛周也。（說明）

○ 曹伯盧卒于師。

1264. 傳曰：閔之也。（或曰）

1265. 公大夫在師，曰師，在會曰會。（定義）

○ 秋，七月，公至自伐秦。

無傳 544

○ 冬，葬曹宣公。

1266. 葬時，正也。（定義）

○ 十有四年，春，王正月，莒子朱卒。

無傳 545

○ 夏，衛孫林父自晉歸于衛。

無傳 546

○ 秋，叔孫僑如，如齊逆女。

無傳 547

○ 鄭公子喜，帥師伐許。

無傳 548

○ 九月，僑如以夫人婦姜氏至自齊。

1267. 大夫不以夫人，以夫人非正也，刺不親迎也。（理由，規定）

1268. 僑如之挈，由上致之也。（說明）

○ 冬，十月，庚寅，衛侯臧卒。

無傳 549

○ 秦伯卒。

無傳 550

○ 十有五年，春王二月，葬衛定公。

無傳 551

○ 三月，乙巳，仲嬰齊卒。

　　1269. 此公孫也。（說明）

　　1270. 其曰仲，何也？子由父疏之也。（理由）

○ 癸丑，公會晉侯、衛侯、鄭伯、曹伯、宋世子成、齊國佐、邾人，同盟于戚。晉侯，執曹伯，歸于京師。

　　1271. 以晉侯而斥執曹伯，惡晉侯也。（理由）

　　1272. 不言之，急辭也，斷在晉侯也。（轉而論）

○ 公至自會。

無傳 552

○ 夏，六月，宋公固卒。

無傳 553

○ 楚子伐鄭。

無傳 554

○ 秋，八月，庚辰，葬宋共公。

　　1272. 月卒，日葬，非葬者也。（定義）

　　1273. 此其言葬，何也？以其葬共姬，不可不葬共公也。（理由）

　　1274. 葬共姬則其不可不葬共公，何也？夫人之義，不踰君也，爲賢者崇也。（理由，規定）

○ 宋華元出奔晉，宋華元自晉歸于宋。

無傳 555

○ 宋殺其大夫山。

無傳 556

○ 宋魚石出奔楚。

無傳 557

○ 冬，十有一月，叔孫僑如會晉士燮、齊高無咎、宋華元、衛孫林父、鄭公子（魚酉），邾人，會吳于鍾離。

　　1275. 會又會，外之也。（理由）

○　許遷于葉。

1276. 遷者，猶得其國家以往者也。（傳例同訓詁）

1277. 其地，許復見也。（理由）

○　十有六年，春，王正月，雨木冰。

1278. 雨而木冰也，志異也。（理由）

1279. 傳曰：根枝折。（或曰）

○　夏，四月，辛未，滕子卒。

無傳 558

○　鄭公孫喜帥師侵宋。

無傳 559

○　六月，丙寅朔，日有食之。

無傳 560

○　晉侯使欒黶來乞師。

無傳 561

○　甲午晦，晉侯及楚子，鄭伯，戰于鄢陵。

無傳 562

○　楚子鄭師敗績。

1280. 日事遇晦曰晦。（定義）

1281. 四體偏斷曰敗。（傳例同訓詁）

1282. 此其敗，則目也。（說明）

1283. 楚不言師，君重於師也。（理由）

○　楚殺其大夫公子側。

無傳 563

○　秋，公會晉侯、齊侯、衛侯、宋華元、邾人，于沙隨，不見公。

1284. 不見公者，可以見公也。可以見公而不見公，譏在諸侯也。（轉語）

○　公至自會。

無傳 564

○　公會尹子，晉侯齊國佐，邾人伐鄭。

無傳 565

○　曹伯歸自京師。

1285. 不言所歸，歸之善者也。（定義）

1286. 出入不名，以為不失其國也。（定義）

1287. 歸爲善，自某歸次之。（説明）

○ 九月，晉人執季孫行父，舍之于苕丘。

1288. 執者不舍，而舍公所也。（説明）

1289. 執者致，而不致，公在也。（説明，推論）

1290. 何其執而辭也？猶存公也，存意公亦存也，公存也。（理由）

○ 冬，十月，乙亥，叔孫僑如出奔齊。

無傳 566

○ 十有二月，乙丑，季孫行父及晉郤犫，盟于扈。

無傳 567

○ 公至自會。

無傳 568

○ 乙酉，刺公子偃。

1291. 大夫日卒，正也。（定義）

1292. 先刺後名，殺無罪也。（定義）

○ 十有七年，春，衛北宮括，帥師侵鄭。

無傳 569

○ 夏，公會尹子、單子、晉侯、齊侯、宋公、衛侯、曹伯、邾人，伐鄭。

無傳 570

○ 六月，乙酉，同盟于柯陵。

1293. 柯陵之盟，謀復伐鄭也。（説明）

○ 秋，公至自會。

1294. 不日至自伐鄭也。公不周乎伐鄭也。（理由）

1295. 何以知公之不周乎伐鄭？以其以會致也。（理由，推論）

1296. 何以知其盟復伐鄭也？以其後會之人盡盟者也。（理由，推論）

1297. 不周乎伐鄭，則何爲日也？言公之不背柯陵之盟也。（理由）

○ 齊高無咎出奔莒。

無傳 571

○ 九月，辛丑，用郊。

1298. 夏之始可以承春，以秋之末承春之始，蓋不可矣。（規定）

1299. 九月用郊，用者不宜用也。（轉語）

1300. 宮室不設，不可以祭，衣服不脩，不可以祭，車馬器械不備，不可以祭，
有司一人不備其職，不可以祭。（規定）

1301. 祭者，薦其時也，薦其敬也，薦其美也，非享味也。（轉而論）

○ 晉侯使荀罃來乞師。

無傳 572

○ 冬，公會單子、晉侯、宋公、衛侯、曹伯、齊人、邾人，伐鄭。

1302. 言公不背柯陵之盟也。（説明）

○ 十有一月，公至自伐鄭。

無傳 573

○ 壬申，公孫嬰齊，卒于貍蜃。

1303. 十一月，無壬申，壬申乃十月也。（轉而論）

1304. 致公而後錄，臣子之義也。（轉而論）

1305. 其地，未踰竟也。（定義）

○ 十有二月，丁巳，朔，日有食之。

無傳 574

○ 邾子貜且卒。

無傳 575

○ 晉殺其大夫郤錡、郤犨、郤至。

1306. 自禍於是起矣。（轉而論）

○ 楚人滅舒庸。

無傳 576

○ 十有八年，春，王正月，晉殺其大夫胥童。

無傳 577

○ 庚申，晉弒其君州蒲。

1307. 稱國以弒其君，君惡甚矣。（定義）

○ 齊殺其大夫國佐。

無傳 578

○ 公如晉。

無傳 579

○ 夏，楚子鄭伯伐宋，宋魚石復入于彭城。

無傳 580

○ 公至自晉。

無傳 581

○ 晉侯使士匄（口改亡）來聘。

無傳 582

○ 秋，杞伯來朝。

無傳 583

○ 八月，邾子來朝。

無傳 584

○ 築鹿囿。

1308. 築不志。（定義）

1309. 此其志，何也？山林藪澤之利，所以與民共也，虞之非正也。（轉而論）

○ 己丑，公薨于路寢。

1310. 路寢，正也。（定義）

1311. 男子不絕婦人之手，以齊終也。（說明）

○ 冬，楚人鄭人侵宋。

無傳 585

○ 晉侯使士魴來乞師。

無傳 586

○ 十有二月，仲孫蔑會晉侯、宋公、衛侯、邾子、齊崔杼，同盟于虛杅。

無傳 587

○ 丁未，葬我君成公。

無傳 588

◎ 襄 公

○ 元年春，王正月，公即位。

1312. 繼正即位，正也。（定義）

○ 仲孫蔑會晉欒黶、宋華元、衛甯殖、曹人、莒人、邾人、滕人、薛人，圍宋彭城。

1313. 繫彭城於宋者，不與魚石，正也。（理由）

○ 夏，晉韓厥帥師伐鄭。

無傳 589

○ 仲孫蔑會齊崔杼、曹人、邾人、杞人，次于鄫。

無傳 590

○ 秋，楚公子壬夫，帥師侵宋。

無傳 591

○ 九月，辛酉，天王崩。

無傳 592

○ 邾子來朝。

無傳 593

○ 冬，衛侯使公孫剽來聘。

無傳 594

○ 晉侯使荀罃來聘。

無傳 595

○ 二年，春，王正月，葬簡王。

無傳 596

○ 鄭師伐宋。

無傳 597

○ 夏，五月，庚寅，夫人姜氏薨。

無傳 598

○ 六月，庚辰，鄭伯（月侖）卒。

無傳 599

○ 晉師、宋師、衛甯殖侵鄭

1314. 其曰：衛甯殖，如是而稱于前事也。（說明）

○ 秋，七月，仲孫蔑會晉荀罃、宋華元、衛孫林父、曹人、邾人，于戚。

無傳 600

○ 己丑，葬我小君齊姜。

無傳 601

○ 叔孫豹如宋。

無傳 602

○ 冬，仲孫蔑會晉荀罃、齊崔杼、宋華元、衛孫林父、曹人、邾人、滕人、薛人、小邾人，于戚，遂城虎牢。

1315. 若言中國焉，內鄭也。（說明）

○ 楚殺其大夫公子申。

無傳 603

○ 三年，春，楚公子嬰齊，帥師伐吳。

無傳 604

○ 公如晉。

無傳 605

○ 夏，四月，壬戌，公及晉侯盟于長樗。

無傳 606

○ 公至自晉。

無傳 607

○ 六月，公會單子、晉侯、宋公、衛侯、鄭伯、莒子、邾子、齊世子光，己未，同盟于雞澤。

1316. 同者，有同也，同外楚也。（説明）

○ 陳侯使袁僑如會。

1317. 如會，外乎會也，於會受命也。（説明）

○ 戊寅，叔孫豹及諸侯之大夫，及陳袁僑盟。

1318. 及以及，與之也。（定義）

1319. 諸侯以爲可與則與之，不可與則釋之，諸侯盟，又大夫相與私盟，是大夫張也，故雞澤之會，諸侯始失正矣。大夫執國權，曰袁僑，異之也。（轉而論）

○ 秋，公至自晉。

無傳 608

○ 冬，晉荀罃帥師伐許。

無傳 609

○ 四年，春，王三月，己酉，陳侯午卒。

無傳 610

○ 夏，叔孫豹如晉。

無傳 611

○ 秋，七月，戊子，夫人姒氏薨。

無傳 612

○ 葬陳成公。

無傳 613

○ 八月，辛亥，葬我小君定姒。

無傳 614

○ 冬，公如晉。

無傳 615

○ 陳人圍頓。

無傳 616

○ 五年，春，公至自晉。

無傳 617

○ 夏，鄭伯，使公子發來聘。

無傳 618

○ 叔孫豹，繒世子巫，如晉。

1320. 外不言如，而言如，為我事往也。（定義）

○ 仲孫蔑，衛孫林父，會吳于善稻。

1321. 吳謂善伊，謂稻緩，號從中國，名從主人。（定義，傳例同訓詁）

○ 秋，大雩。

無傳 619

○ 楚殺其大夫公子壬夫。

無傳 620

○ 公會晉侯、宋公、陳侯、衛侯、鄭伯、曹伯、莒子、邾子、滕子、薛伯、齊世子光、吳人、繒人，于戚。

無傳 621

○ 公至自會。

無傳 622

○ 冬，戍陳。

1322. 內辭也。（說明）

○ 楚公子貞，帥師伐陳。

無傳 623

○ 公會晉侯、宋公、衛侯、鄭伯、曹伯、莒伯、邾子、滕子、薛伯、齊世子光，救陳。

無傳 624

○ 十有二月，公至自救陳。

1323. 善救陳也。（說明）

○ 辛未，季孫行父卒。

無傳 625

○ 六年，春，王三月，壬午，杞伯姑容卒。

無傳 626

○ 夏，宋華弱來奔。

　　無傳 627

○ 秋，葬杞桓公。

　　無傳 628

○ 滕子來朝。

　　無傳 629

○ 莒人滅繒。

　　1324. 非滅也。（說明）

　　1325. 中國日，卑國月，夷狄時。（定義）

　　1326. 繒，中國也。（說明）

　　1327. 而時，非滅也。（說明）

　　1328. 家有既亡，國有既滅，滅而不自知，由別之而不別也，莒人滅繒，非滅
　　　　　也。立異姓以蒞祭祀，滅亡之道也。（轉而論）

○ 冬，叔孫豹如邾。

　　無傳 630

○ 季孫宿如晉。

　　無傳 631

○ 十有二月，齊侯滅萊。

　　無傳 632

○ 七年，春，郯子來朝。

　　無傳 633

○ 夏，四月，三卜郊，不從，乃免牲。

　　1329. 夏，四月，不時也。（規定）

　　1330. 三卜，禮也。（規定）

　　1331. 乃者，亡乎人之辭也。（傳例同訓詁）

○ 小邾子來朝。

　　無傳 634

○ 城費。

　　無傳 635

○ 秋，季孫宿如衛。

　　無傳 636

○ 八月，螽。

　　無傳 637

○　冬，十月，衛侯使孫林父來聘。

　　無傳 638

○　壬戌，及孫林父盟。

　　無傳 639

○　楚公子貞，帥師圍陳。

　　無傳 640

○　十有二月，公會晉侯，宋公，陳侯，衛侯，曹伯，莒子，邾子，于鄟。

　　無傳 641

○　鄭伯髡原如會，未見諸侯，丙戌，卒于操。

　　1332. 未見諸侯，其曰如會何也？致其志也。（理由，轉語）

　　1333. 禮，諸侯不生名。（規定）

　　1334. 此其生名何也？卒之名也。（理由）

　　1335. 卒之名，則何為加之如會之上？見以如會卒也。（轉語）

　　1336. 其見以如會卒，何也？鄭伯將會中國，其臣欲從楚，不勝其臣，弒而死。
　　　　　（說明）

　　1337. 其不言弒，何也？不使夷狄之民，加乎中國之君也。（轉語）

　　1338. 其地，於外也。（定義）

　　1339. 其日，未踰竟也。（定義）

　　1340. 日卒，時葬，正也。（定義）

○　陳侯逃歸

　　1341. 以其去諸侯，故逃之也。（說明，推論）

○　八年，春，王正月，公如晉。

　　無傳 642

○　夏，葬鄭僖公。

　　無傳 643

○　鄭人侵蔡，獲蔡公子濕。

　　1342. 人，微者也。（定義）

　　1343. 侵，淺事也。（定義）

　　1344. 而獲公子，公子病矣。（說明）

○　季孫宿會晉侯、鄭伯、齊人、宋人、衛人、邾人，于邢丘。

　　1345. 見魯之失正也，公在而大夫會也。（轉而論）

○　公至自晉。

無傳 644

○　莒人伐我東鄙。

無傳 645

○　秋，九月，大雩。

無傳 646

○　冬，楚公子貞，帥師伐鄭。

無傳 647

○　晉侯使士匄（口改亡）來聘。

無傳 648

○　九年，春，宋災。

1346. 外災不志。（定義）

1347. 此其志，何也？故宋也。（理由）

○　夏，季孫宿如晉。

無傳 649

○　五月，辛酉，夫人姜氏薨。

無傳 650

○　秋，八月，癸未，葬我小君穆姜。

無傳 651

○　冬，公會晉侯、宋公、衛侯、曹伯、莒子、邾子、滕子、薛伯、小邾子、齊世子光，伐鄭。

無傳 652

○　十有二月，己亥，同盟于戲。

1348. 不異言鄭，善得鄭也。（說明）

1349. 不致，恥不能據鄭也。（理由，轉而論）

○　楚子伐鄭。

無傳 653

○　十年春，公會晉侯、宋公、衛侯、曹伯、莒子、邾子、滕子、薛伯、杞伯、小邾子、齊世子光，會吳于柤。

1350. 會又會，外之也。（定義）

○　夏，五月，甲午，遂滅傳陽。

1351. 遂，直遂也。（說明）

1352. 其曰遂何？不以中國從夷狄也。（理由）

○ 公至自會。

1353. 會夷狄不致，惡事不致。（定義）

1354. 此其致何也？存中國也，中國有善事，則并焉，無善事，則異之存之也。
（說明）

1355. 汲鄭伯，逃歸陳侯，致柤之會，存中國也。（說明）

○ 楚子貞，鄭公孫輒，帥師伐宋。

無傳 654

○ 晉師伐秦。

無傳 655

○ 秋，莒人伐我東鄙。

無傳 656

○ 公，會晉侯、宋公、衛侯、曹伯、莒子、邾子、齊世子光、滕子、薛伯、杞
伯、小邾子，伐鄭。

無傳 657

○ 冬，盜殺鄭公子斐、公子發、公孫輒。

1356. 稱盜以殺大夫，弗以上下道惡上也，（定義）

○ 戍鄭虎牢

1357. 其曰鄭虎牢，決鄭乎虎牢也。（說明）

○ 楚公子貞，帥師救鄭。

無傳 658

○ 公至自伐鄭。

無傳 659

○ 十有一年，春，王正月，作三軍。

1358. 作，為也。（傳例同訓詁）

1359. 古者天子六師，諸侯一軍，作三軍，非正也。（規定）

○ 夏，四月，四卜郊，不從，乃不郊。

1360. 夏，四月，不時也。（規定）

1361. 四卜，非禮也。（規定）

○ 鄭公孫舍之，帥師侵宋。

無傳 660

○ 公會晉侯、宋公、衛侯、曹伯、齊世子光、莒子、邾子、滕子、薛伯、杞伯、

小邾子，伐鄭。

無傳 661

○ 秋，七月，己未，同盟于京城北。

無傳 662

○ 公至自伐鄭。

1362. 不以後致，盟後復伐鄭也。（理由）

○ 楚子鄭伯伐宋。

無傳 663

○ 公會晉侯，宋公，衛侯，曹伯，齊世子光，莒子，邾子，滕子，薛伯，杞伯，小邾子，伐鄭，會于蕭魚。

無傳 664

○ 公至自會。

1363. 伐而後會，不以伐鄭致，得鄭伯之辭也。（說明）

○ 楚人執鄭行人良宵。

1364. 行人者，挈國之辭也。（傳例同訓詁）

○ 冬，秦人伐晉。

無傳 665

○ 十有二年，春，王三月，莒人伐我東鄙，圍邰。

1365. 伐國不言圍邑，舉重也。（定義）

1366. 取邑不書圍，安足書也？（說明）

○ 季孫宿帥師救邰，遂入鄆。

1367. 遂，繼事也。（傳例同訓詁）

1368. 受命而救邰，不受命而入鄆，惡季孫宿也。（轉而論）

○ 夏，晉侯使士魴來聘。

無傳 666

○ 秋，九月，吳子乘卒。

無傳 667

○ 冬，楚公子貞，帥師侵宋。

無傳 668

○ 公如晉。

無傳 669

○ 十有三年，春，公至自晉。

無傳 670

○ 夏取邿。

無傳 671

○ 秋，九月，庚辰，楚子審卒。

無傳 672

○ 冬，城防。

無傳 673

○ 十有四年，春，王正月，季孫宿、叔老、會晉士匄（口改亡）齊人、宋人、衛人、鄭公孫蠆、曹人、莒人、邾人、滕人、薛人、杞人、小邾人，會吳于向。

無傳 674

○ 二月，乙未朔，日有食之。

無傳 675

○ 夏，四月，叔孫豹會晉荀偃、齊人、宋人、衛北宮括、鄭公孫蠆、曹人、莒人、邾人、滕人、薛人、杞人、小邾人，伐秦。

無傳 676

○ 己未，衛侯出奔齊。

無傳 677

○ 莒人侵我東鄙。

無傳 678

○ 秋，楚公子貞，帥師伐吳。

無傳 679

○ 冬，季孫宿會晉士匄（口改亡）宋華閱、衛孫林父、鄭公孫蠆、莒人、邾人，于戚。

無傳 680

○ 十有五年，春，宋公使向戌來聘。

無傳 681

○ 二月，己亥，及向戌盟于劉。

無傳 682

○ 劉夏逆王后于齊。

1369. 過我，故志之也。（定義）

○ 夏，齊侯伐我北鄙，圍成。

無傳 683

○ 公救成至遇。

無傳 684

○ 季孫宿、叔孫豹，帥師城成郛。

無傳 685

○ 秋，八月，丁巳，日有食之。

無傳 686

○ 邾人伐我南鄙。

無傳 687

○ 冬，十有一月，癸亥，晉侯周卒。

無傳 688

○ 十有六年，春，王正月，葬晉悼公。

無傳 689

○ 三月，公會晉侯、宋公、衛侯、鄭伯、曹伯、莒子、邾子、薛伯、杞伯、小
邾子，于溴梁。

無傳 690

○ 戊寅，大夫盟。

　　1370. 溴梁之會，諸侯失正矣。（説明）

　　1371. 諸侯會而曰大夫盟，正在大夫也。（定義）

　　1372. 諸侯在而不曰諸侯之大夫，大夫不臣也。（定義）

○ 晉人執莒子、邾子以歸。

無傳 691

○ 齊侯伐我北鄙。

無傳 692

○ 夏，公至自會。

無傳 693

○ 五月，甲子，地震。

無傳 694

○ 叔老會鄭伯，晉荀偃，衛甯殖，宋人，伐許。

無傳 695

○ 秋，齊侯伐我北鄙，圍成。

無傳 696

○ 大雩。

無傳 697

○ 冬，叔孫豹如晉。

無傳 698

○ 十有七年，春，王二月，庚午，邾子瞷卒。

無傳 699

○ 宋人伐陳。

無傳 700

○ 夏，衛石買帥師伐曹。

無傳 701

○ 秋，齊侯伐我北鄙，圍桃。齊高厚帥師伐我北鄙，圍防。

無傳 702

○ 九月，大雩。

無傳 703

○ 宋華臣出奔陳。

無傳 704

○ 冬，邾人伐我南鄙。

無傳 705

○ 十有八年，春，白狄來。

無傳 706

○ 夏，晉人執衛行人石買。

1373. 稱行人，怨接於上也。（定義）

○ 秋，齊侯伐我北鄙。

無傳 707

○ 冬，十月，公會晉侯、宋公、衛侯、鄭伯、曹伯、莒子、邾子、滕子、薛伯、杞伯、小邾子，同圍齊。

1374. 非圍而曰圍，齊有大焉，亦有病焉，非大而足同焉，諸侯同罪之也，亦病矣。（轉語）

○ 曹伯負芻卒于師。

1375. 閔之也。（理由）

○ 楚公子午帥師伐鄭。

無傳 708

○ 十有九年，春王，正月，諸侯盟于祝柯。

無傳 709

○ 晉人執邾子，公至自伐齊。

1376. 春秋之義，已伐而盟，復伐者，則以伐致，盟不復伐者，則以會致。（定義）

1377. 祝柯之盟，盟復伐齊與？曰，非也。（說明）

1378. 然則何爲以伐致也？曰：與人同事，或執其君，或取其地。（或曰）

○ 取邾田自漷水。

1379. 軋辭也。（傳例同訓詁）

1380. 其不日，惡盟也。（定義）

○ 季孫宿如晉。

無傳 710

○ 葬曹成公。

無傳 711

○ 夏，衛孫林父帥師伐齊。

無傳 712

○ 秋，七月，辛卯，齊侯環卒。

無傳 713

○ 晉士匄（口改亡）帥師侵齊，至穀，聞齊侯卒，乃還。

1381. 還者，事未畢之辭也。（傳例同訓詁）

1382. 受命而誅，生死無所加其怒，不伐喪，善之也。（轉而論）

1382. 善之，則何爲未畢也？君不尸小事，臣不專大名，善則稱君，過則稱己，則民作讓矣。（理由，轉而論）

1383. 士匄（口改亡）外專君命，故非之也。（轉而論）

1384. 然則，爲士匄（口改亡）者宜奈何？宜墠帷而歸命乎介。（轉而論）

○ 八月，丙辰，仲孫蔑卒。

無傳 714

○ 齊殺其大夫高厚。

無傳 715

○ 鄭殺其大夫公子嘉。

無傳 716

○ 冬，葬齊靈公。

　　　　無傳 717

○　城西郛。

　　　　無傳 718

○　叔孫豹會晉士匄（口改亡）于柯。

　　　　無傳 719

○　城武城。

　　　　無傳 720

○　二十年，春，王正月，辛亥，仲孫速會莒人，盟于向。

　　　　無傳 721

○　夏，六月，庚申，公會晉侯、齊侯、宋公、衛侯、鄭伯、曹伯、莒子、邾子、
　　　滕子、薛伯、杞伯、小邾子，盟于澶淵。

　　　　無傳 722

○　秋，公至自會。

　　　　無傳 723

○　仲孫速帥師伐邾。

　　　　無傳 724

○　蔡殺其大夫公子濕，蔡公子履出奔楚。

　　　　無傳 725

○　陳侯之弟光，出奔楚。

　　　　1385. 諸侯之尊，弟兄不得以屬通。（定義，規定）

　　　　1356. 其弟云者，親之也，親而奔之惡也。（理由）

○　叔老如齊。

　　　　無傳 726

○　冬，十月，丙辰，朔，日有食之。

　　　　無傳 727

○　季孫宿如宋。

　　　　無傳 728

○　二十有一年，春，王正月，公如晉。

　　　　無傳 729

○　邾庶其以漆閭丘來奔

　　　　1357. 以者不以者也。（轉語）

　　　　1358. 來奔者不言出，舉其接我者也。（理由，轉語）

1359. 漆閭丘不言及，小大敵也。（理由）

○ 夏，公至自晉。

無傳 730

○ 秋，晉欒盈出奔楚。

無傳 731

○ 九月，庚戌，朔，日有食之。

無傳 732

○ 冬，十月，庚辰，朔，日有食之。

無傳 733

○ 曹伯來朝。

無傳 734

○ 公會晉侯、齊侯、宋公、衛侯、鄭伯、曹伯、莒子、邾子，于商任。

1360. 庚子，孔子生。（轉而論）

○ 二十有二年，春，王正月，公至，自會。

無傳 735

○ 夏，四月。

無傳 736

○ 秋，七月辛酉，叔老卒。

無傳 737

○ 冬，公會晉侯、齊侯、宋公、衛侯、鄭伯、曹伯、莒子、邾子、滕子、薛伯、
杞伯、小邾子，于沙隨。

無傳 738

○ 公至自會。

無傳 739

○ 楚殺其大夫公子追舒。

無傳 740

○ 二十有三年，春，王二月，癸酉，朔，日有食之。

無傳 741

○ 三月，己巳，杞伯句（口改亡）卒。

無傳 742

○ 夏，邾畀我來奔。

無傳 743

○ 葬杞孝公。

無傳 744

○ 陳殺其大夫慶虎，及慶寅。

1361. 稱國以殺，罪累上也。（定義）

1362. 及慶寅，慶寅累也。（說明）

○ 陳侯之弟光，自楚歸于陳。

無傳 745

○ 晉欒盈復入于晉，入于曲沃。

無傳 746

○ 秋，齊侯伐衛遂伐晉。

無傳 747

○ 八月，叔孫豹帥師救晉，次于雍渝。

1363. 言救後次，非救也。（定義）

○ 己卯，仲孫速卒。

無傳 748

○ 冬，十月，乙亥，臧孫紇出奔邾。

1364. 其日，正臧孫紇之出也。（定義）

1365. 蘧伯玉曰：不以道事其君者，其出乎。（或曰）

○ 晉人殺欒盈。

1366. 惡之，弗有也。（轉而論）

○ 齊侯襲莒。

無傳 749

○ 二十有四年，春，叔孫豹如晉。

無傳 750

○ 仲孫羯帥師侵齊。

無傳 751

○ 夏，楚子伐吳。

無傳 752

○ 秋，七月，甲子，朔，日有食之，既。

無傳 753

○ 齊崔杼帥師伐莒。

無傳 754

○ 大水。

無傳 755

○ 八月，癸巳，朔，日有食之。

無傳 756

○ 公會晉侯、宋公、衛侯、鄭伯、曹伯、莒子、邾子、滕子、薛伯、杞伯、小邾子，于夷儀。

無傳 757

○ 冬，楚子、蔡侯、陳侯、許男，伐鄭。

無傳 758

○ 公自至會。

無傳 759

○ 陳鍼宜咎出奔楚。

無傳 760

○ 叔孫豹如京師。

無傳 761

○ 大饑。

1367. 五穀不升爲大饑。一穀不升謂之嗛。二穀不升謂之饑。三穀不升謂之饉。四穀不升謂之康。五穀不升謂之大侵。（傳例同訓詁，規定）

1368. 大侵之禮，君食不兼味，臺榭不塗，弛侯，廷道不除，百官布而不制，鬼神禱而不死，此大侵之禮也。（轉而論，規定）

○ 二十有五年，春，齊崔杼帥師，伐我北鄙。

無傳 762

○ 夏，五月，乙亥，齊崔杼弑其君光。

1369. 莊公失言，淫于崔氏。（理由）

○ 公會晉侯、宋公、衛侯、鄭伯、曹伯、莒子、邾子、滕子、薛伯、杞伯、小邾子，于夷儀。

無傳 763

○ 六月，壬子，鄭公孫舍之帥師入陳。

無傳 764

○ 秋，八月，己巳，諸侯同于重丘。

無傳 765

○ 公至自會。

無傳 766

○ 衛侯入于夷儀。

無傳 767

○ 楚屈建帥師滅舒鳩。

無傳 768

○ 冬，鄭公孫夏帥師伐陳。

無傳 769

○ 十有二月，吳子謁伐楚門于巢，卒。

　　1370. 以伐楚之事門于巢。卒也。（說明）

　　1371. 于巢者，外乎楚也。（理由）

　　1372. 門于巢，乃伐楚也。（說明）

　　1373. 諸侯不生名，取卒之名，加之伐楚之上者，見以伐楚卒也。（轉語）

　　1374. 其見以伐楚卒，何也？古者大國過小邑，小邑必飾城而請罪，禮也。（規定）

　　1375. 吳子謁伐楚至巢，入其門，門人射吳子，有矢創，反舍而卒。（故事）

　　1376. 古者雖有文事，必有武備，非巢之不飾城而請罪，非吳子之自輕也。（轉而論）

○ 二十有六年，春，王二月，辛卯，衛甯喜弒其君剽。

　　1377. 此不正，其日，何也？殖也立之，喜也君之，正也。（轉而論）

○ 衛孫林父入于戚以叛。

無傳 770

○ 甲午，衛侯衎復歸于衛。

　　1378. 日，歸。見知弒也。（定義，推論）

○ 夏，晉侯使荀吳來聘。

無傳 771

○ 公會晉人、鄭良霄、宋人、曹人，于澶淵。

無傳 772

○ 秋，宋公殺其世子座。

無傳 773

○ 晉人執衛甯喜。

無傳 774

○ 八月，壬午，許男甯卒于楚。

無傳 775

○ 冬，楚子蔡侯，陳侯，伐鄭。

無傳 776

○ 葬許靈公。

無傳 777

○ 二十有七年，春，齊侯使慶封來聘。

無傳 778

○ 夏，叔孫豹會晉趙武、楚屈建、蔡公孫歸生、衛石惡、陳孔奐、鄭良霄、許人、曹人，于宋。

無傳 779

○ 衛殺其大夫甯喜。

　　1379. 稱國以殺，罪累上也。（定義）

　　1380. 甯喜弑君，其以累上之辭言之，何也？嘗爲大夫，與之涉公事矣。甯喜由君弑君，而不以弑君之罪罪之者，惡獻公也。（轉而論，轉語）

○ 衛侯之弟專出奔晉。

　　1381. 專，喜之徒也。（說明）

　　1382. 專之爲喜之徒，何也？己雖急納其兄，與人之臣謀弑其君，是亦弑君者也。（理由）

　　1383. 專其曰弟，何也？專有是信者，君賂不入乎喜而殺喜，是君不直乎喜也，故出奔晉，織絢邯鄲，終身不言衛，專之去合乎春秋。（轉而論）

○ 秋，七月，辛巳，豹及諸侯之大夫盟于宋。

　　1384. 溴梁之會，諸侯在而不曰諸侯之大夫，大夫不臣也。（定義）

　　1385. 晉趙武恥之，豹云者，恭也。諸侯不在而曰諸侯之大夫，大夫臣也。其臣恭也，晉趙武爲之會也。（定義，說明）

○ 冬，十有二月，乙亥，朔，日有食之。

無傳 780

○ 二十有八年，春，無冰。

無傳 781

○ 夏，衛石惡出奔晉。

無傳 782

○ 邾子來朝。

無傳 783

○ 秋，八月，大雩。

　　無傳 784

○ 仲孫羯如晉。

　　無傳 785

○ 冬，齊慶封來奔。

　　無傳 786

○ 十有一月，公如楚。

　　無傳 787

○ 十有二月，甲寅，天王崩。

　　無傳 787

○ 乙未，楚子昭卒。

　　無傳 789

○ 二十有九年，春，王正月，公在楚。

　　1386. 閔公也。（說明）

○ 夏，五月，公至自楚。

　　1387. 喜之也。（說明）

　　1388. 致君者，殆其往，而喜其反，此致君之意義也。（轉而論）

○ 庚午，衛侯衎卒。

　　無傳 790

○ 閽弒吳子餘祭。

　　1389. 閽，門者也，寺人也。（傳例同訓詁）

　　1390. 不稱名姓，閽不得齊於人，不稱其君，閽不得君其君也。禮，君不使無恥，不近刑人，不狎敵，不邇怨，賤人非所貴也，貴人非所刑也，刑人非所近也，舉至賤而加之吳子，吳子近刑人也，閽弒吳子餘祭，仇之也。（轉而論，規定）

○ 仲孫羯會晉荀盈、齊高止、宋華定、衛世叔儀、鄭公孫段、曹人、莒人、邾人、滕人、薛人、小邾人，城杞。

　　1391. 古者天子封諸侯，其地足以容其民，其民足以滿城以自守也。（規定）

　　1392. 杞危而不能自守，故諸侯之大夫，相帥以城之，此變之正也。（理由）

○ 晉侯使士鞅來聘。

　　無傳 791

○ 杞子來盟。

　　無傳 792

○ 吳子使札來聘。

　　1393. 吳其稱子，何也？善使延陵季子，故進之也。（理由）

　　1394. 身賢，賢也，使賢亦賢也。（定義）

　　1395. 延陵季子之賢，尊君也，其名，成尊於上也。（理由）

○ 秋，七月，葬衛獻公。

　　無傳 793

○ 齊高止出奔北燕。

　　1396. 其曰北燕，從史文也。（說明）

○ 冬，仲孫羯如晉。

　　無傳 794

○ 三十年，春，王正月，楚子使薳罷來聘。

　　無傳 795

○ 夏四月，蔡世子般弒其君固。

　　1397. 其不日，子奪父政，是謂夷之。（定義，理由）

○ 五月，甲午，宋災，伯姬卒。

　　1398. 取卒之日，加之災上者，見以災卒也。（定義）

　　1399. 其見以災卒奈何？伯姬之舍失火，左右曰：「夫人少辟火乎！」伯姬曰：
　　　　「婦人之義，傅母不在，宵不下堂。」左右又曰：「夫人少辟火乎！」伯
　　　　姬曰：「婦人之義，保母不在，宵不下堂。」遂逮乎火而死，婦人以貞為
　　　　行者也，伯姬之婦道盡矣，詳其事，賢伯姬也。（理由，轉而論，規定，
　　　　故事）

○ 天王殺其弟佞夫。

　　1400. 傳曰：諸侯目不首惡，況於天子乎！（或曰）

　　1401. 君無忍親之義，天子、諸侯所親者，唯長子母弟耳，天王殺其弟佞夫，
　　　　甚之也。（理由，轉而論）

○ 王子瑕奔晉。

　　無傳 796

○ 秋，七月，叔弓如宋葬共姬。

　　1402. 外夫人不書葬。（定義）

　　1403. 此其言葬，何也？吾女也，卒災，故隱而葬之也。（理由，轉語）

○ 鄭良霄出奔許，自許入于鄭，鄭人殺良霄。

1404. 不言大夫，惡之也。（定義，理由）

○ 冬，十月，葬蔡景公。

1405. 不日卒而月葬，不葬者也。（定義）

1406. 卒而葬之，不忍使父失民於子也。（理由）

○ 晉人、齊人、宋人、衛人、鄭人、曹人、莒人、邾人、滕人、薛人、杞人、小邾人，會于澶淵，宋災故。

1407. 會不言其所爲。（定義）

1408. 其日宋災故，何也？不言災故，則無以見其善也。（理由）

1409. 其曰人，何也？救災以眾。（理由）

1410. 何救焉？更宋之所喪財也。（理由）

1411. 澶淵之會，中國不侵伐夷狄，夷狄不入中國，無侵伐八年，善之也。晉趙武，楚屈建之力也。（轉而論）

○ 三十有一年，春，王正月。

無傳 797

○ 夏，六月，辛巳，公薨于楚宮。

1412. 楚宮，非正也。（規定）

○ 秋，九月，癸巳，子野卒。

1413. 子卒，日，正也。（定義）

○ 己亥，仲孫羯卒。

無傳 798

○ 冬，十月，滕子來會葬。

無傳 799

○ 癸酉，葬我君襄公。

無傳 800

○ 十有一月，莒人弑其君密州。

無傳 801

◎ 昭　公

○ 元年，春，王正月，公即位。

1414. 繼正即位，正也。（定義）

○ 叔孫豹會晉趙武、楚公子圍、齊國弱、宋向戌、衛齊惡、陳公子招、蔡公孫

歸生、鄭罕虎、許人、曹人，于郭。

無傳 802

○　二月取鄆。

無傳 803

○　夏，秦伯之弟，鍼出奔晉。

1415. 諸侯之尊，弟兄不得以屬通。（規定）

1416. 其弟云者，親之也，親而奔之，惡也。（理由）

○　六月，丁巳，邾子華卒。

無傳 804

○　晉荀吳帥師敗狄于太原。

1417. 傳曰：中國曰大原，夷狄曰大鹵，號從中國，名從主人。（定義，傳例同
　　　訓詁，或曰）

○　秋，莒去疾自齊入于莒，莒展出奔吳。

無傳 805

○　叔弓帥師疆鄆田。

1418. 疆之為言，猶竟也。（傳例同訓詁）

○　葬邾悼公。

無傳 806

○　冬，十有一月，己酉，楚子卷卒。

無傳 807

○　楚公子比出奔晉。

無傳 808

○　二年，春，晉侯使韓起來聘。

無傳 809

○　夏，叔弓如晉。

無傳 810

○　秋，鄭殺其大夫公孫黑。

無傳 811

○　冬，公如晉，至河乃復。

1419. 恥如晉，故著有疾也。（理由，轉語）

○　季孫宿如晉。

1420. 公如晉而不得入，季孫宿如晉而得入，惡季孫宿也。（理由）

○　三年，春，王正月，丁未，滕子原卒。

無傳 812

○　夏，叔弓如滕。

無傳 813

○　五月，葬滕成公。

無傳 814

○　秋，小邾子來朝。

無傳 815

○　八月，大雩。

無傳 816

○　冬，大雨雹。

無傳 817

○　北燕伯款出奔齊。

1421.　其曰北燕，從史文也。（說明）

○　四年，春，王正月，大雨雪。

無傳 818

○　夏，楚子、蔡侯、陳侯、鄭伯、許男、徐子、滕子、頓子、胡子、沈子、小
邾子、宋世子佐、淮夷，會于申，楚人執徐子。

無傳 819

○　秋，七月，楚子、蔡侯、陳侯、許男、頓子、胡子、沈子、淮夷，伐吳，執
齊慶封殺之。

1422.　此入而殺，其不言入何也？慶封封乎吳鍾離，其不言伐鍾離何也？不與
吳封也。（轉語）

1423.　慶封其以齊氏，何也？為齊討也。（理由，轉語）

1424.　靈王使人以慶封令以軍中曰：「有若齊慶封弒其君者乎？」慶封曰：「子
一息，我亦且一言。曰：有若楚公子圍，弒其兄之子而代之為君者乎？」
軍人粲然皆笑，慶封弒其君，而不以弒君之罪罪之者，慶封不為靈王服
也，不與楚討也。（故事）

1425 春秋之義，用貴治賤，用賢治不肖，不以亂治亂也。（定義）

1426.　孔子曰：懷惡而討，雖死不服，其斯之謂與。（或曰）

○　遂滅厲

1427.　遂，繼事也。（傳例同訓詁）

○ 九月，取鄫。
　　無傳 820

○ 冬，十有二月，乙卯，叔孫豹卒。
　　無傳 821

○ 五年，春，王正月，舍中軍。
　　1428. 貴復正也。（理由）

○ 楚殺其大夫屈申。
　　無傳 822

○ 公如晉。
　　無傳 823

○ 夏，莒牟夷以牟，婁及防茲來奔。
　　1429. 以者，不以者也。（轉語）
　　1430. 來奔者不言出。（定義）
　　1431. 及防茲，以大及小也。（定義）
　　1432. 莒無大夫，其曰牟夷，何也？以其地來也。（理由）
　　1433. 以地來，則何以書也？重地也。（理由）

○ 秋，七月，公至自晉。
　　無傳 824

○ 戊辰，叔弓帥師，敗莒師于賁泉。
　　1434. 狄人謂賁泉，失台，號從中國，名從主人。（定義，傳例同訓詁）

○ 秦伯卒。
　　無傳 825

○ 冬，楚子、蔡侯、陳侯、許男、頓子、沈子、徐人、越人，伐吳。
　　無傳 826

○ 六年，春，王正月，杞伯益姑卒。
　　無傳 827

○ 葬秦景公。
　　無傳 828

○ 夏，季孫宿如晉。
　　無傳 829

○ 葬杞文公。
　　無傳 830

○ 宋華合此出奔衛。

無傳 831

○ 秋,九月,大雩。

無傳 832

○ 冬,蕘罷帥師伐楚。

無傳 833

○ 冬,叔弓如楚。

無傳 834

○ 齊侯伐北燕。

無傳 835

○ 七年,春,王正月,暨齊平。

1435. 平者,成也。（傳例同訓詁）

1436. 暨,猶暨暨也。暨者,不得已也,以外及內曰暨。（傳例同訓詁）

○ 三月公如楚。

無傳 836

○ 叔孫婼如齊蒞盟。

1437. 蒞,位也。（傳例同訓詁）

1438. 內之前定之辭,謂之蒞。（定義,傳例同訓詁）

1439. 外之前定之辭謂之來。（定義,傳例同訓詁）

○ 夏,四月,甲辰,朔,日有食之。

無傳 837

○ 秋,八月,戊辰,衛侯惡卒。

1440. 鄉曰:衛齊侯,今日衛侯惡,此何為君臣同名也?君子不奪人名,不奪
人親之所名,重其所以來也,王父名子也。（轉而論）

○ 九月,公至自楚。

無傳 838

○ 冬,十有一月,癸未,季孫宿卒。

無傳 839

○ 十有二月,癸亥,葬衛襄公。

無傳 840

○ 八年,春,陳侯之弟招,殺陳世子偃師。

1441. 鄉曰:陳公子招,今日陳侯之弟招,何也?曰盡其親,所以惡招也。（理

由）

1442. 兩下相殺，不志乎春秋。（定義）

1443. 此其志何也？世子云者，唯君之貳也，云可以重之存焉志之也。（理由）

1444. 諸侯之尊，兄弟不得以屬通。（規定）

1445. 其弟云者，親之也，親而殺之，惡也。（理由）

○ 夏，四月，辛丑，陳侯溺卒。

無傳 841

○ 叔弓如晉。

無傳 842

○ 楚人執陳行人干徵師，殺之。

1446. 稱人以執大夫，執有罪也。（定義）

1447. 稱行人，怨接於上也。（定義）

○ 陳公子留出奔鄭。

無傳 843

○ 秋，蒐于紅。

1448. 正也，因蒐狩以習用武事，禮之大者也。（規定）

1449. 艾蘭以爲防，置旃以爲轅門，以葛覆質以爲槷，流旁握，御擊者不得入，車軌塵，馬侯蹄，掩禽旅，御者不失其馳，然後射者能中，過防弗逐，不從奔之道也。（轉而論，規定）

1450. 面傷不獻，不成禽不獻，禽雖多，天子取三十焉，其餘與士眾，以習射於射宮，射而中，田不得禽，則得禽，田得禽而射不中，則不得禽，是以知古之貴仁義，而賤勇力也。（轉而論，規定）

○ 陳人殺其大夫公子過。

無傳 844

○ 大雩。

無傳 845

○ 冬，十月，壬午，楚師滅陳，執陳公子招，放之于越，殺陳孔奐。

1451. 惡楚子也。（理由）

○ 葬陳哀公。

1452. 不與楚滅，閔公也。（理由）

○ 九年，春，叔弓會楚子于陳。

無傳 846

○　許遷于夷。

無傳 847

○　夏，四月，陳火。

1453. 國曰災。（定義）

1454. 邑曰火。（定義）

1455. 火不志，此何以志？閔陳而存之也。（理由，轉語）

○　秋，仲孫貜如齊。

無傳 848

○　冬，築郎囿。

無傳 849

○　十年，春，王正月。

無傳 850

○　夏，齊欒施來奔。

無傳 851

○　秋，七月，季孫意如，叔弓，仲孫貜，帥師伐莒。

無傳 852

○　戊子，晉侯彪卒。

無傳 853

○　九月，叔孫婼如晉。

無傳 854

○　葬晉平公。

無傳 855

○　十有二月，甲子，宋公成卒。

無傳 856

○　十有一年，春，王二月，叔弓如宋，葬宋平公。

無傳 857

○　夏，四月，丁巳，楚子虔，誘蔡侯般，殺之于申。

1456. 何為名之也？夷狄之君，誘中國之君而殺之，故謹而名之也。（理由）

1457. 稱時、稱月、稱日、稱地，謹之也。（定義）

○　楚公子棄疾帥師圍蔡。

無傳 858

○　五月，甲申，夫人歸氏薨。

無傳 859

○ 大蒐于比蒲。

無傳 860

○ 仲孫貜會邾子，盟于祲祥。

無傳 861

○ 秋，季孫意如，會晉韓起、齊國弱、宋華亥、衛北宮佗、鄭罕虎、曹人、杞人，于厥憖。

無傳 862

九月，己亥，葬我小君齊歸。

無傳 863

○ 冬，十有一月，丁酉，楚師滅蔡，執蔡世子友以歸，用之。

1458. 此子也，其曰世子，何也？不與楚殺也。（理由，轉語）

1459. 一事注乎志，所以惡楚子也。（理由）

○ 十有二年，春，齊高偃，帥師，納北燕伯于陽。

1460. 納者，內不受也。（定義）

1461. 燕伯之不名，何也？不以高偃挈燕伯也。（理由，轉語）

○ 三月，壬申，鄭伯嘉卒。

無傳 864

○ 夏，宋公使華定來聘。

無傳 865

○ 公如晉，至河，乃復。

1462. 季孫氏不使，遂乎晉也。（轉而論）

○ 五月，葬鄭簡公。

無傳 866

○ 楚殺其大夫成虎。

無傳 867

○ 秋，七月。

無傳 868

○ 冬，十月，公子憖出奔齊。

無傳 869

○ 楚子伐徐。

無傳 870

○ 晉伐鮮虞。

1463. 其曰晉，狄之也。（理由）

1464. 其狄之，何也？不正其與夷狄交伐中國，故狄稱之也。（理由，轉語）

○ 十有三年，春，叔弓帥師圍費。

無傳 871

○ 夏，四月，楚公子比，自晉歸于楚，弒其君虔于乾溪。

1465. 自晉，晉有奉焉爾。（說明）

1466. 歸而弒，不言歸，言歸非弒也。（定義）

1467. 歸一事也，弒一事也，而遂言之，以比之歸弒，比不弒也。（說明，推論）

1468. 弒君者日。（定義）

1469. 不日，比不弒也。（說明）

○ 楚公子棄疾，殺公子比。

1470. 當上之辭也。當上之辭者，謂不稱人以殺，乃以君殺之也，討賊以當上之辭，殺非弒也，比之不弒有四。（說明）

1471. 取國者稱國以弒，楚公子棄疾殺公子比，比不嫌也。（說明）

1472. 春秋不以嫌代嫌，棄疾主其事，故嫌也。（定義）

○ 秋，公會劉子、晉侯、齊侯、宋公、衛侯、鄭伯、曹伯、莒子、邾子、滕子、薛伯、杞伯、小邾子，于平丘。

無傳 872

○ 八月，甲戌，同盟于平丘，公不與盟。

1473. 同者，有同也，同外楚也。（說明）

1474. 公不與盟者，可以與而不與，譏在公也。（說明）

1475. 其日，善是盟也。（定義）

○ 晉人執季孫意如以歸。

無傳 873

○ 公至自會。

無傳 874

○ 蔡侯廬歸于蔡。

無傳 875

○ 陳侯吳歸于陳。

1476. 善其成之會而歸之，故謹而日之。（定義，說明）

1477. 此未嘗有國也，使如失國辭然者，不與楚滅也。（轉語）

○ 冬，十月，葬蔡靈公。

　1478. 變之不葬有三，失德不葬，弒君不葬，滅國不葬。（定義，規定）

　1479. 然且葬之，不與楚滅，且成諸侯之事也。（轉語）

○ 公如晉，至河乃復。

　無傳 876

○ 吳滅州來。

　無傳 877

○ 十有四年，春，意如至自晉。

　1480. 大夫執則致，致則名。（定義）

　1481. 意如惡，然而致，見君臣之禮也。（轉而論）

○ 三月，曹伯滕卒。

　無傳 878

○ 夏，四月。

　無傳 879

○ 秋，葬曹武公。

　無傳 880

○ 八月，莒子去疾卒。

　無傳 881

○ 冬，莒殺其公子意恢。

　1481. 言公子而不言大夫，莒無大夫也。（定義）

　1482. 莒無大夫而曰公子意恢，意恢賢也。（轉語）

　1483. 曹、莒皆無大夫，其所以無大夫者，其義異也。（說明）

○ 十有五年，春，王正月，吳子夷末卒。

　無傳 882

○ 二月，癸酉，有事于武宮，籥入叔弓卒，去樂卒事。

　1484. 君在祭樂之中，聞大夫之喪，則去樂卒事，禮也。（規定）

　1485. 君在祭樂之中，大夫有變以聞可乎？大夫國體也，古之人重死，君命無
　　　　所不通。（轉而論）

○ 夏，蔡朝吳出奔鄭。

　無傳 883

　六月，丁巳，朔，日有食之。

　無傳 884

○ 秋，晉荀吳帥師伐鮮虞。

無傳 885

○ 冬，公如晉。

無傳 886

○ 十有六年，春，齊侯伐徐。

無傳 887

○ 楚子誘戎蠻子殺之。

無傳 888

○ 夏，公至自晉。

無傳 889

○ 秋，八月，己亥，晉侯，夷卒。

無傳 890

○ 九月，大雩。

無傳 891

○ 季孫意如如晉。

無傳 892

○ 冬，十月，葬晉昭公。

無傳 893

○ 十有七年，春，小邾子來朝。

無傳 894

○ 夏，六月，甲戌，朔，日有食之。

無傳 895

○ 秋，郯子來朝。

無傳 896

○ 八月，晉荀吳帥師，滅陸渾戎。

無傳 897

○ 冬，有星孛于大辰。

1486. 一有一亡，日有。（傳例同訓詁）

1487. 于大辰者，濫于大辰也。（說明）

○ 楚人及吳戰于長岸。

1488. 兩夷狄曰敗。（定義）

1489. 中國與夷狄亦曰敗。（定義）

1490. 楚人及吳戰于長岸，進楚子，故曰戰。（理由）

○ 十有八年，春，王三月，曹伯須卒。

無傳 898

○ 夏，五月，壬午，宋衛、陳鄭災。

　　1491. 其志，以同日也。其日，亦以同日也。（定義，理由）

　　1492. 或曰：人有謂鄭子產曰：「某日有災。」子產曰：「天者神，子惡知之？
　　　　　是人也，同日爲四國災也。」（或曰）

○ 六月，邾人入鄅。

無傳 899

○ 秋，葬曹平公。

無傳 900

○ 冬，許遷于白羽。

無傳 901

○ 十有九年，春，宋公伐邾。

無傳 902

○ 夏，五月，戊辰，許世子止弒其君買。

　　1493. 日弒，正卒也。（定義）

　　1494. 正卒，則止不弒也，不弒而曰弒，責止也。（轉語）

　　1495. 止曰：「我與夫弒者，不立乎其位。」以與其弟虺，哭泣歠饘粥，嗌不容
　　　　　粒，未踰年而死。（故事）

　　1496. 故君子即止自責而責之也。（説明）

○ 己卯，地震。

無傳 903

○ 秋，齊高發帥師伐莒。

無傳 904

○ 冬，葬許悼公。

　　1497. 日卒，時葬，不使止爲弒父也。（轉語）

　　1498. 曰：子既生，不免乎水火，母之罪也。羈貫成童，不就師傅，父之罪也。
　　　　　就師學問無方，心志不通，身之罪也。心志既通，而名譽不聞，友之罪
　　　　　也。名譽既聞，有司不舉，有司之罪也。有司舉之，王者不用，王者之
　　　　　過也。許世子不知嘗藥累及許君也。（轉而論）

○ 二十年，春，王正月。

無傳 905

○ **夏，曹公孫會自夢出奔宋。**

1499. 自夢者，專乎夢也。（說明）

1500. 曹無大夫。（定義）

1501. 其曰公孫，何也？言其以貴取之，而不以叛也。（理由，轉語）

○ **秋，盜殺衛侯之兄輒。**

1502. 盜，賤也。（傳例同訓詁，說明）

1503. 其曰兄，母兄也。（說明）

1504. 目衛侯，衛侯累也。（說明）

1505. 然則何爲不爲君也？曰：有天疾者，不得入乎宗廟。（規定）

1506. 輒者何也？曰：兩足不能相過。齊謂之綦，楚謂之踂，衛謂之輒。（傳例同訓詁，說明，轉而論）

○ **冬，十月，宋華亥、向寧、華定，出奔陳。**

無傳 906

○ **十有一月，辛卯，蔡侯廬卒。**

無傳 907

○ **二十有一年，春，王三月，葬蔡平公。**

無傳 908

○ **夏，晉侯使士鞅來聘。**

無傳 909

○ **宋華亥、向寧、華定，自陳入于宋南里以叛。**

1507. 自陳，陳有奉焉爾。（說明）

1508. 入者，內弗受也。（定義）

1509. 其曰宋南里，宋之南鄙也。（說明）

1510. 以者，不以者也。（轉語）

1511. 叛，直叛也。（傳例同訓詁）

○ **秋，七月，壬午，朔，日有食之。**

無傳 910

○ **八月，乙亥，叔輒卒。**

無傳 911

○ **冬，蔡侯東出奔楚。**

1512. 東者，東國也。（說明）

1513. 何爲謂之東也？王父誘而殺焉，父執而用焉，奔而又奔之。（理由）

1514. 曰：東，惡之而貶之也。（理由）

○ 公如晉，至河乃復。

無傳 912

○ 二十有二年，春，齊侯伐莒。

無傳 913

○ 宋華亥、向寧、華定，自宋南里出奔楚。

1515. 自宋南里者，專也。（理由）

○ 大蒐于昌間。

1516. 秋而曰蒐。（規定）

1517. 此春也，其曰蒐何也？以蒐事也。（理由，轉語）

○ 夏，四月，乙丑，天王崩。

無傳 914

○ 六月，叔鞅如京師，葬景王。

無傳 915

○ 王室亂。

1518. 亂之爲言，事未有所成也。（傳例同訓詁）

○ 劉子、單子以王猛居于皇。

1519. 以者，不以者也。（轉語）

1520. 王猛，嫌也。（說明）

○ 秋，劉子、單子以王猛入于王城。

1521. 以者，不以者也。（轉語）

1522. 入者，內弗受也。（定義）

○ 冬，十月，王子猛卒。

1523. 此不卒者也。其曰卒，失嫌也。（理由）

○ 十有二月，癸酉，朔，日有食之。

無傳 916

○ 二十有三年，春，王正月，叔孫婼如晉。

無傳 917

○ 癸丑，叔鞅卒。

無傳 918

○ 晉人執我行人叔孫婼。

無傳 919

○ 晉人圍郊。

無傳 920

○ 夏，六月，蔡侯東國卒于楚。

無傳 921

○ 秋，七月，莒子庚輿來奔。

無傳 922

○ 戊辰，吳敗頓、胡、沈、蔡、陳、許，之師于雞甫。

無傳 923

○ 胡子髠、沈子盈，滅，獲陳夏齧。

　　1524. 中國不言敗。（定義）

　　1525. 此其言敗，何也？中國不敗，胡子髠，沈子盈，其滅乎？其言敗，釋其滅也。（理由，轉語）

　　1526. 獲陳夏齧，獲者，非與之辭也，上下之稱也。（定義）

○ 天王居于狄泉。

　　1527. 始王也。其曰天王，因其居而王之也。（說明）

○ 尹氏立王子朝。

　　1528. 立者，不宜立者也。（轉語）

　　1529. 朝之不名，何也？別嫌乎尹氏之朝也。（說明）

○ 八月，乙未，地震。

無傳 924

○ 冬，公如晉，至河，公有疾，乃復。

　　1530. 疾不志。（定義）

　　1531. 此其志，何也？釋不得入乎晉也。（理由，轉語）

○ 二十有四年，春，王二月，丙戌，仲孫貜卒。

無傳 925

○ 婼至自晉。

　　1532. 大夫執其致，致則挈，由上致之也。（理由）

○ 夏，五月，乙未，朔，日有食之。

無傳 926

○ 秋，八月，大雩。

無傳 927

○ 丁酉，杞伯郁釐卒。

無傳 928

○ 冬，吳滅巢。

無傳 929

○ 葬杞平公。

無傳 930

○ 二十有五年，春，叔孫婼如宋。

無傳 931

○ 夏，叔倪會晉趙鞅、宋樂大心、衛北宮喜、鄭游吉、曹人、邾人、滕人、薛人、小邾人，于黃父。

無傳 932

○ 有（鸜鳥）鵒來巢。

　　1533. 一有一亡曰有。（傳例同訓詁）

　　1534. 來者，來中國也。（說明）

　　1535. （鸜鳥）鵒穴者而曰巢。（傳例同訓詁）

　　1536. 或曰，增之也。（或曰）

○ 秋，七月，上辛，大雩。季辛，又雩。

　　1537. 季者，有中之辭也。（傳例同訓詁）

　　1538. 又，有繼之辭也。（傳例同訓詁）

○ 九月，乙亥，公孫于齊，次于陽州。

　　1539. 孫之為言猶孫也，諱奔也。（轉語）

　　1540. 次，止也。（傳例同訓詁）

○ 齊侯唁公于野井。

　　1541. 弔失國曰唁。。（定義，傳例同訓詁）

　　1542. 唁公不得入於魯也。（規定）

○ 冬，十月，戊辰，叔孫婼卒。

無傳 933

○ 十有一月，己亥，宋公佐卒于曲棘

　　1543. 邠公也。（說明）

○ 十有二月，齊侯取鄆。

　　1544. 取，易辭也。（說明）

　　1545. 內不言取。（定義）

1546. 以其爲公取之，故易言之也。（理由，轉語）

○ 二十有六年，春，王正月，葬宋元公。

無傳 934

○ 三月，公至自齊，居于鄆。

1547. 公次于陽州其曰至自齊，何也？以齊侯之見公，可以言至自齊也。（理由，轉語）

1548. 居于鄆者，公在外也。（說明）

1549. 至自齊，道義不外公也。（理由）

○ 夏，公圍成。

1550. 非國不言圍。（定義）

1551. 所以言圍者，以大公也。（理由，轉語）

○ 秋，公會齊侯、莒子、邾子、杞伯，盟于鄟陵。

無傳 935

○ 公至自會，居于鄆。

1552. 公在外也。（說明）

1553. 至自會，道義不外公也。（理由）

○ 九月，庚申，楚子居卒。

無傳 936

○ 冬，十月，天王入于成周。

1554. 周有入無出也。（定義）

○ 尹氏、召伯、毛伯，以王子朝奔楚。

1555. 遠矣，非也。（理由）

1556. 奔，直奔也。（說明）

○ 二十有七年，春，公如齊。

無傳 937

○ 公至自齊，居于鄆。

1557. 公在外也。（說明）

○ 夏，四月，吳弒其君僚。

無傳 938

○ 楚殺其大夫郤宛。

無傳 939

○ 秋，晉士鞅、宋樂祁犁、衛北宮喜、曹人、邾人、滕人，會于扈。

無傳 940

○ 冬，十月，曹伯午卒。

無傳 941

○ 邾快來奔。

無傳 942

○ 公如齊，公至自齊居于鄆。

無傳 943

○ 二十有八年，春，王三月，葬曹悼公。

無傳 944

○ 公如晉，次于乾侯。

1558. 公在外也。（說明）

○ 夏，四月，丙戌，鄭伯寧卒。

無傳 945

○ 六月，葬鄭定公。

無傳 946

○ 秋，七月，癸巳，滕子寧卒。

無傳 947

○ 冬，葬滕悼公。

無傳 948

○ 二十有九年，春，公至自乾侯，居于鄆。

無傳 949

○ 齊侯使高張來唁公。

1559. 唁公不得入於魯也。（規定）

○ 公如晉，次于乾侯。

無傳 950

○ 夏，四月，庚子，叔倪卒。

1560. 季孫意如曰：叔倪無病而死，此皆無公也，是天命也，非我罪也。（故事）

○ 秋，七月。

無傳 951

○ 冬，十月，鄆潰。

1561. 潰之爲言，上下不相得也。（例同訓詁，說明）

1562. 上下不相得則惡矣，亦譏公也。（轉而論）

1563. 昭公出奔，民如釋重負。（轉而論）

○ 三十年，春，王正月，公在乾侯。

1564. 中國不存公，存公故也。（說明）

○ 夏，六月，庚辰，晉侯去疾卒。

無傳 952

○ 秋，八月，葬晉頃公。

無傳 953

○ 冬，十有二月，吳滅徐。

無傳 954

○ 徐子章羽奔楚。

無傳 955

○ 三十有一年，春，王正月，公在乾侯。

無傳 956

○ 季孫意如，會晉荀櫟于適歷。

無傳 957

○ 夏，四月，丁巳，薛伯穀卒。

無傳 958

○ 晉侯使荀櫟唁公于乾侯。

1565. 唁公不得入於魯也。（規定）

1566. 曰：既爲君言之矣，不可者意如也。（或曰）

○ 秋，葬薛獻公。

無傳 959

○ 冬，黑肱以濫來奔。

1567. 其不言邾黑肱何也？別乎邾也。（理由，轉語）

1568. 其不言濫子，何也？非天子所封也。（理由）

1569. 來奔內，不言叛也。（定義）

○ 十有二月，辛亥，朔，日有食之。

無傳 960

○ 三十有二年，春，王正月，公在乾侯取闞。

無傳 961

○ 夏，吳伐越。

無傳 962

○　秋，七月。

無傳 963

○　冬，仲孫何忌，會晉韓不信、齊高張、宋仲幾、衛太叔申、鄭國參、曹人、
　　莒人、邾人、薛人、杞人、小邾人，城成周。

1570. 天子微，諸侯不享覲，天子之在者惟祭與號。故諸侯之大夫，相帥以城
　　　之，此變之正也，（轉而論）

○　十有二月，己未，公薨于乾侯。

無傳 964

◎　定　公

○　元年，春，王。

1571. 不言正月，定無正也。（理由，轉語）

1572. 定之無正，何也？昭公之終，非正終也。（理由）

1573. 定之始，非正始也。（說明）

1574. 昭無正終，故定無正始。（推論）

1575. 不言即位，喪在外也。（理由）

○　三月，晉人執宋仲幾于京師。

1576. 此其大夫。（說明）

1577. 其曰人，何也？微之也。（理由，轉語）

1578. 何爲微之？不正其執人於尊者之所也。不與大夫之伯討也。（理由）

○　夏，六月，癸亥，公之喪至自乾侯。

無傳 965

○　戊辰，公即位。

1579. 殯，然後即位也。定無正，見無以正也。（說明）

1580. 踰年不言即位，是有故公也。言即位是，無故公也。即位，授受之道也，
　　　先君無正終，則後君無正始也。先君有正終，則後君有正始也。（轉而論）

1581. 戊辰，公即位，謹之也。定之即位，不可不察也。公即位，何以日也？
　　　戊辰之日，然後即位也。（理由）

1582. 癸亥，公之喪至自乾侯。何爲戊辰之日，然後即位也？正君乎國，然後
　　　即位也。（理由）

1583. 沈子曰：「正棺乎兩楹之間，然後即位也。」（或曰）

1584. 內之大事日。（定義）

1585. 即位，君之大事也，其不日何也？以年決者，不以日決也。（理由）

1586. 此則其日，何也？著之也。（理由）

1587. 何著焉？踰年即位，厲也。（理由）

1588. 於厲之中，又有義焉。未殯，雖有天子之命猶不敢，況臨諸臣乎，周人有喪，魯人有喪，周人弔，魯人不弔，周人曰：固吾臣也。使人可也。（轉而論）

1589. 魯人曰：「吾君也，親之者也。」使大夫則不可也，故周人弔，魯人不弔，以其下成康爲未久也。（轉而論）

1590. 君至尊也，去父之殯，而往弔，猶不敢，況未殯而臨諸臣乎。（轉而論）

○ **秋，七月，癸巳，葬我君昭公。**

無傳 966

○ **九月，大雩。**

1591. 雩，月。雩之正也。（定義）

1592. 秋大雩，非正也。（規定）

1593. 冬大雩，非正也。（規定）

1594. 秋大雩，雩之爲非正，何也？毛澤未盡，人力未竭，未可以雩也。（理由）

1595. 雩月，雩之正也。月之爲雩之正，何也？其時窮，人力盡，然後雩，雩之正也。（說明）

1596. 何謂其時窮，人力盡，是月不雨，則無及矣。是年不艾，則無食矣，是謂其時窮，人力盡也。（說明）

1597. 雩之必待其時窮，人力盡，何也？雩者，爲旱求者也。求者，請也。古之人重請。何重乎人之所以爲人請者，讓也。請道去讓也，則是舍其所以爲人也，是以重之。（理由，轉而論）

1598. 焉請哉？請乎應上公。古之神人有應上公者，通乎陰陽，君親帥諸大夫道之而以請焉。夫請者，非可詒託而往也，必親之者也，是以重之。（說明，轉而論）

○ **立煬宮。**

1599. 立者，不宜立者也。（轉語）

○ **冬，十月，隕霜殺菽。**

1600. 未可以殺而殺，舉重，可殺而不殺，舉輕。（定義）

1601. 其曰菽，舉重也。（說明）

○ 二年，春，王正月。

無傳 967

○ 夏，五月，壬辰，雉門及兩觀災。

1602. 其不日雉門災及兩觀，何也？災自兩觀始也，不以尊者親災也，先言雉
門尊尊也。（定義，理由，轉語）

○ 秋，楚人伐吳。

無傳 968

○ 冬，十月，新作雉門及兩觀。

1603. 言新，有舊也。（說明）

1604. 作，爲也，有加其度也。（傳例同訓詁，說明）

1605. 此不正，其以尊者親之，何也？雖不正也，於美猶可也。（理由）

○ 三年，春，王正月，公如晉，至河乃復。

無傳 969

○ 三月，辛卯，邾子穿卒。

無傳 970

○ 夏，四月。

無傳 971

○ 秋，葬邾莊公。

無傳 972

○ 冬，仲孫何忌及邾子盟于拔。

無傳 973

四年，春，王二月，癸巳，陳侯吳卒。

無傳 974

○ 三月，公會劉子、晉侯、宋公、蔡侯、衛侯、陳子、鄭伯、許男、曹伯、莒
子、邾子、頓子、胡子、滕子、薛伯、杞伯、小邾子，齊國，夏，于召陵
侵楚。

無傳 975

○ 夏，四月，庚辰，蔡公孫姓帥師滅沈，以沈子嘉歸殺之。

無傳 976

○ 五月，公及諸侯盟于皋鼬。

1606. 後而再會，公志於後會也。（說明）

1607. 後，志疑也。（理由）

— 267 —

○ 杞伯成卒于會。

無傳 977

○ 六月，葬陳惠公。

無傳 978

○ 許遷于容城。

無傳 979

○ 秋，七月，公至自會。

無傳 980

○ 劉卷卒。

1608. 此不卒而卒者，賢之也。（理由）

1609. 寰內諸侯也，非列土諸侯，此何以卒也？天王崩，爲諸侯主也。（理由）

○ 葬杞悼公。

無傳 981

○ 楚人圍蔡。

無傳 982

○ 晉士鞅，衛孔圉，帥師伐鮮虞。

無傳 983

○ 葬劉文公。

無傳 984

○ 冬，十有一月，庚午，蔡侯以吳子及楚人戰于伯舉，楚師敗績。

1610. 吳其稱子，何也？以蔡侯之以之，舉其貴者也。（理由）

1611. 蔡侯之以之，則其舉貴者，何也？吳信中國而攘夷狄，吳進矣。（理由）

1612. 其信中國而攘夷狄奈何？子胥父誅于楚也，挾弓持矢而干闔廬。闔廬曰：「大之甚，勇之甚。」爲是欲興師而伐楚。子胥諫曰：「臣聞之，君不爲匹夫興師，且事君猶事父也，虧君之義，復父之讎，臣弗爲也。」於是止蔡昭公朝於楚，有美裘，正是日，囊瓦求之，昭公不與，爲是拘昭公於南郢，數年，然後得歸，歸乃用事乎漢。曰：「苟諸侯有欲伐楚者，寡人請爲前列焉。」楚人聞之而怒，爲是興師而伐蔡，蔡請救于吳。子胥曰：「蔡非有罪，楚無道也，君若有憂中國之心，則若此時可矣。」（故事）

1613. 爲是興師而伐楚，何以不言救也？救大也。（理由）

○ 楚囊瓦出奔鄭。

無傳 985

○ 庚辰，吳入楚。

    1614. 日入，易無楚也。（說明）

    1615. 易無楚者，壞宗廟，徙陳器，撻平王之墓，何以不言滅也？欲存楚也。（理由）

    1616. 其欲存楚奈何？昭王之軍敗而逃，父老送之，曰：「寡人不肖，亡先君之邑，父老反矣，何憂無君，寡人且用此入海矣。」父老曰：「有君如此其賢也，以眾不如吳，以必死不如楚。」相與擊之，一夜而三敗吳人，復立。（故事）

    1617. 何以謂之吳也？狄之也。（理由）

    1618. 何謂狄之也？君居其君之寢，而妻其君之妻，大夫居其大夫之寢，而妻其大夫之妻，蓋有欲妻楚王之母者，不正乘敗人之績而深為利，居人之國，故反其狄道也。（理由）

○ 五年，春，王正月，辛亥，朔，日有食之。

無傳 986

○ 夏，歸粟于蔡。

    1619. 諸侯無粟，諸侯相歸粟，正也。（規定，轉而論）

    1620. 孰歸之？諸侯也。不言歸之者，專辭也，義邇也。（轉而論）

○ 於越入吳。

無傳 987

○ 六月，丙申，季孫意如卒。

無傳 988

○ 秋，七月，壬子，叔孫不敢卒，

無傳 989

○ 冬，晉士鞅帥師圍鮮虞。

無傳 990

○ 六年，春，王正月，癸亥，鄭游速帥師滅許，以許男斯歸。

無傳 991

○ 二月，公侵鄭公至自侵鄭。

無傳 992

○ 夏，季孫斯仲孫何忌如晉。

無傳 993

○ 秋，晉人執宋行人樂祁犁。

　　無傳 994

○ 冬，城中城。

　　1621. 城中城者，三家張也。（說明）

　　1622. 或曰，非外民也。（或曰）

○ 季孫斯，仲孫忌，帥師圍鄆。

　　無傳 995

○ 七年，春，王正月。

　　無傳 996

○ 夏，四月。

　　無傳 997

○ 秋，齊侯鄭伯盟于鹹。

　　無傳 998

○ 齊人執衛行人北宮結以侵衛。

　　1623. 以，重辭也，衛人重北宮結。（說明）

○ 齊侯，衛侯，盟于沙。

　　無傳 999

○ 大雩。

　　無傳 1000

○ 齊國夏帥師，伐我西鄙。

　　無傳 1001

○ 九月，大雩。

　　無傳 1002

○ 冬十月。

　　無傳 1003

○ 八年，春，王正月，公侵齊，公至自侵齊。

　　無傳 1004

○ 二月，公侵齊。

　　無傳 1005

○ 三月，公至自侵齊。

　　1624. 公如，往時。致月，危致也。（定義）

　　1625. 往月，致時，危往也。（定義）

1626. 往月，致月，惡之也。（定義）

○ 曹伯露卒。

無傳 1006

○ 夏，齊國夏帥師，伐我西鄙。

無傳 1007

○ 公會晉師于瓦。

無傳 1008

○ 公至自瓦。

無傳 1009

○ 秋，七月，戊辰，陳侯柳卒。

無傳 1010

○ 晉士鞅帥師侵鄭遂侵衛。

無傳 1011

○ 葬曹靖公。

無傳 1012

○ 九月，葬陳懷公。

無傳 1013

○ 季孫斯，仲孫何忌，帥師侵衛。

無傳 1014

○ 冬，衛侯，鄭伯，盟于曲濮。

無傳 1015

○ 從祀先公，

1627. 貴復正也。（說明）

○ 盜竊寶玉大弓。

1628. 寶玉者，封圭也。（說明）

1629. 大弓者，武王之戎弓也。（說明）

1630. 周公受賜，藏之魯。（說明）

1631. 非其所以與人而與人，謂之亡。（傳例同訓詁）

1632. 非其所取而取之，謂之盜。（傳例同訓詁）

○ 九年，春，王正月。

無傳 1016

○ 夏，四月，戊申，鄭伯薑卒。

　　無傳 1017

○　**得寶玉大弓。**

　　1633. 其不地何也？寶玉大弓，在家則羞不目羞也。（理由，轉而論）

　　1634. 惡得之？得之堤下。（說明）

　　1635. 或曰：陽虎以解眾也。（或曰）

○　**六月，葬鄭獻公。**

　　無傳 1018

○　**秋，齊侯、衛侯次于五氏。**

　　無傳 1019

○　**秦伯卒。**

　　無傳 1020

○　**冬，葬秦哀公。**

　　無傳 1021

○　**十年，春，王三月，及齊平。**

　　無傳 1022

○　**夏，公會齊侯于頰谷，公至自頰谷。**

　　1636. 離會不致。（定義）

　　1637. 何為致也？危之也。（理由）

　　1638. 危之則以地致，何也？為危之也。（理由）

　　1639. 其危奈何？曰頰谷之會。孔子相焉，兩君就壇，兩相相揖，齊人鼓譟而
　　　　　起，欲以執魯君。孔子歷階而上，不盡一等，而視歸乎齊侯，曰：「兩君
　　　　　合好，夷狄之民，何為來為？」命司馬止之。齊侯逡巡而謝曰：「寡人之
　　　　　過也。」退而屬其二三大夫，曰：「夫人率其君與之行古人之道，二三子
　　　　　獨率我而入夷狄之俗，何為？」，罷會。齊人使優施舞於魯君之幕下。孔
　　　　　子曰：「笑君者，罪當死。」使司馬行法焉。首足異門而出。齊人來歸鄆
　　　　　讙龜陰之田者，蓋為此也。因是以見，雖有文事，必有武備，孔子於頰
　　　　　谷之會見之矣。（轉而論，故事）

○　**晉趙鞅，帥師圍衛。**

　　無傳 1023

○　**齊人來歸鄆讙龜陰之田。**

　　無傳 1024

○　**叔孫州仇、仲孫何忌、帥師圍邾。**

無傳 1025

○ 秋，叔孫州仇、仲孫何忌，帥師圍郈。

無傳 1026

○ 宋樂大心，出奔曹。

無傳 1027

○ 宋公子地，出奔陳。

無傳 1028

○ 冬，齊侯、衛侯、鄭游速，會于安甫。

無傳 1029

○ 叔孫州仇如齊。

無傳 1030

○ 宋公之弟辰暨宋仲佗石彄，出奔陳。

無傳 1031

○ 十有一年，春，宋公之弟辰及仲佗石彄、公子弟，自陳入于蕭以叛。

　　1640. 宋公之弟辰，未失其弟也。（說明）

　　1641. 及仲佗石彄、公子地，以尊及卑也。（理由）

　　1642. 自陳，陳有奉焉爾。（說明）

　　1643. 入于蕭以叛。入者，內弗受也。（定義）

　　1644. 以者，不以也。（轉語）

　　1645. 叛，直叛也。（說明）

○ 夏，四月。

無傳 1032

○ 秋，宋樂大心自曹入于蕭。

無傳 1033

○ 冬，及鄭平。

無傳 1034

○ 叔還如鄭涖盟。

無傳 1035

○ 十有二年，春，薛伯定卒。

無傳 1036

○ 夏，葬薛襄公。

無傳 1037

○　叔孫州仇帥師墮郈。

1646. 墮，猶取也。（傳例同訓詁）

○　衛公孟彄帥師伐曹。

無傳 1038

○　季孫斯，仲孫何忌，帥師墮費。

無傳 1039

○　秋，大雩。

無傳 1040

○　冬，十月，癸亥，公會齊侯盟于黃。

無傳 1041

○　十有一月，丙寅，朔，日有食之。

無傳 1042

○　公至自黃。

無傳 1043

○　十有二月，公圍成。

1647. 非國言圍，圍成，大公也。（轉語）

○　公至自圍成。

1648. 何以致？危之也。（理由）

1649. 何危爾？邊乎齊也。（理由）

○　十有三年，春，齊侯次于垂葭。

無傳 1044

○　夏，築蛇淵囿。

無傳 1045

○　大蒐于比蒲。

無傳 1046

○　衛公孟彄帥師伐曹。

無傳 1047

○　秋，晉趙鞅入于晉陽以叛。

1650. 以者，不以者也。（轉語）

1651. 叛，直叛也。（說明）

○　冬，晉荀寅，士吉射，入于朝歌以叛。

無傳 1048

○ 晉趙鞅歸于晉。

1652. 此叛也。（説明）

1653. 其以歸言之，何也？貴其以地反也。（理由）

1654. 貴其以地反，則是大利也。（説明）

1655. 非大利也，許悔過也。許悔過，則何以言叛也？以地正國也。（説明）

1656. 以地正國，則何以言叛？其入無君命也。（理由，轉而論）

○ 薛弒其君比。

無傳 1049

○ 十有四年，春，衛公叔戌來奔。

無傳 1050

○ 晉趙陽出奔宋。

無傳 1051

○ 二月，辛巳，楚公子結、陳公孫佗人，帥師滅頓，以頓子牂歸。

無傳 1052

○ 夏，衛北宮結來奔。

無傳 1053

○ 五月，於越敗吳于檇李。

無傳 1054

○ 吳子光卒。

無傳 1055

○ 公會齊侯衛侯于牽。

無傳 1056

○ 公至自會。

無傳 1057

○ 秋，齊侯、宋公，會于洮。

無傳 1058

○ 天王使石尚來歸脤。

1657. 脤者，何也？俎實也，祭肉也。（傳例同訓詁）

1658. 生曰脤。（傳例同訓詁）

1659. 熟曰膰。（傳例同訓詁）

1660. 其辭石尚，士也。何以知其士也？天子之大夫不名，石尚欲書《春秋》，
諫曰：「久矣周之不行禮於魯也，」請行脤，貴復正也。（理由，説明）

○　衛世子蒯聵出奔宋。

無傳 1059

○　衛公孟彄出奔鄭。

無傳 1060

○　宋公之弟辰，自蕭來奔。

無傳 1061

○　大蒐于比蒲。

無傳 1062

○　邾子來會公。

無傳 1063

○　城莒父及霄。

無傳 1064

○　十有五年，春，王正月，邾子來朝。

無傳 1065

○　鼷鼠食郊牛，牛死改卜牛。

1661. 不敬莫大焉。（説明）

○　二月，辛丑，楚子滅胡，以胡子豹歸。

無傳 1066

○　夏，五月，辛亥郊。

無傳 1067

○　壬申，公薨于高寢。

1662. 高寢，非正也。（規定）

○　鄭罕達帥師伐宋。

無傳 1068

○　齊侯、衛侯次于渠蒢。

無傳 1069

○　邾子來奔喪。

1663. 喪急，故以奔言之。（説明）

○　秋，七月，壬申，弋氏卒。

1664. 妾辭也，哀公之母也。（説明）

○　八月，庚辰，朔，日有食之。

無傳 1070

○　九月，滕子來會葬。

無傳 1071

○　丁巳，葬我君定公，雨不克葬。

　　1665. 葬既有日，不為雨止，禮也。（轉而論，規定）

　　1666. 雨不克葬，喪不以制也。（轉而論，規定）

○　戊午，日下稷，乃克葬。

　　1667. 乃，急辭也，不足乎日之辭也。（傳例同訓詁，說明）

○　辛巳，葬定弋。

無傳 1072

○　冬，城漆。

無傳 1073

◎　哀公元年，春，王正月，公即位。

無傳 1074

○　楚子、陳侯、隨侯、許男，圍蔡。

無傳 1075

○　鼷鼠食郊牛角，改卜牛。夏，四月，辛巳，郊。

　　1668. 此該之變而道之也。於變之中，又有言焉。（轉而論）

　　1669. 鼷鼠食郊牛角，改卜牛，志不敬也。（規定）

　　1670. 郊牛日展斛角而知傷，展道盡矣。（說明）

　　1671. 郊自正月至于三月，郊之時也。（規定）

　　1672. 夏四月郊，不時也，五月郊，不時也。（規定）

　　1673. 夏之始可以承春，以秋之末，承春之始，蓋不可矣。（說明）

　　1674. 九月用郊，用者不宜用者也。（轉語）

　　1675. 郊三卜，禮也，四卜，非禮也，五卜，強也。（規定）

　　1676. 卜免牲者，吉則免之，不吉則否。（規定）

　　1677. 牛傷，不言傷之者，傷自牛作也，故其辭緩。（說明）

　　1678. 全曰牲，傷曰牛，未牲曰牛。（傳例同訓詁）

　　1679. 其牛一也，其所以為牛者異，有變而不郊，故卜免牛也。（說明）

　　1680. 已牛矣，其尚卜免之，何也？禮與其亡也寧有，嘗置之上帝矣，故卜而
　　　　　後免之，不敢專也。（說明）

1681. 卜之不吉則如之何？不免，安置之，繫而待六月上甲，始庀牲，然後左右之，子之所言者，牲之變也。（轉而論）

1682. 而曰：我一該郊之變而道之，何也？我以六月上甲，始庀牲十月上甲，始繫牲，十一月，十二月，牲雖有變，不道也，待正月，然後言牲之變，此乃所以該郊。（規定）

1683. 郊，享道也，貴其時，大其禮，其養牲雖小，不備可也。（轉而論）

1684. 子不忘三月卜郊，何也？郊自正月，至于三月，郊之時也，我以十二月下辛，卜正月上辛，如不從，則以正月下辛，卜二月上辛，如不從，則以二月下辛，卜三月上辛，如不從則不郊矣。（說明，轉而論）

○ 秋，齊侯，衛侯，伐晉。

無傳 1076

○ 冬，仲孫何忌帥師伐邾。

無傳 1077

○ 二年，春，王二月，季孫斯、叔孫州仇、仲孫何忌、帥師伐邾、取漷東田，及沂西田。

1685. 取漷東田，漷東未盡也。及沂西田，沂西未盡也。（說明）

○ 癸巳，叔孫州仇，仲孫何忌，及邾子盟于句繹。

1686. 三人伐而二人盟，何也？各盟其得也。（說明）

○ 夏，四月，丙子，衛侯元卒。

無傳 1078

○ 滕子來朝。

無傳 1079

○ 晉趙鞅帥師，納衛世子蒯聵于戚。

1687. 納者，內弗受也。（傳例同訓詁）

1688. 帥師而後納者，有伐也。（定義）

1689. 何用弗受也？以輒不受也，以輒不受父之命，受之王父也，信父而辭王父，則是不尊王父也，其弗受，以尊王父也。（轉而論）

○ 秋，八月，甲戌，晉趙鞅帥師，及鄭罕達帥帥，戰于鐵。

無傳 1080

○ 鄭師敗績。

無傳 1081

○ 冬，十月，葬衛靈公。

無傳 1082

○ 十有一月，蔡遷于州來，蔡殺其大夫公子駟。

無傳 1083

○ 三年，春，齊國夏、衛石曼姑，帥師圍戚。

1690. 此衛事也。（說明）

1691. 其先國夏，何也？子不圍父也。（理由）

1692. 不繫戚於衛者，子不有父也。（理由）

○ 夏，四月，甲午，地震。

無傳 1084

○ 五月，辛卯，桓宮僖宮災。

1693. 言及，則祖有尊卑。（定義）

1694. 由我言之，則一也。（說明）

○ 季孫斯、叔孫州仇，帥師城啟陽。

無傳 1085

○ 宋樂髡帥師伐曹。

無傳 1086

○ 秋，七月，丙子，季孫斯卒。

無傳 1087

○ 蔡人放其大夫公孫獵于吳。

無傳 1088

○ 冬，十月，癸卯，秦伯卒。

無傳 1089

○ 叔孫州仇、仲孫何忌，帥師圍邾。

無傳 1090

○ 四年，春，王二月，庚戌，盜弒蔡侯申，

1695. 稱盜以弒君，不以上下道道也。（定義）

1696. 內其君而外弒者，不以弒道道也。（說明）

1697. 春秋有三盜，微殺大夫，謂之盜，非所取而取之，謂之盜，辟中國之正道以襲利，謂之盜。（定義，傳例同訓詁，轉而論）

○ 蔡公孫辰出奔吳。

無傳 1091

○ 葬秦惠公。

無傳 1092

○ 宋人執小邾子。

　　無傳 1093

○ 夏，蔡殺其大夫公孫姓、公姓霍。

　　無傳 1094

○ 晉人執戎蠻子赤歸于楚。

　　無傳 1095

○ 城西郛。

　　無傳 1096

○ 六月，辛丑，亳社災。

　　1698. 亳社者，亳之社也。（說明）

　　1699. 亳，亡國也，亡國之社以爲廟。（說明）

　　1700. 屏，戒也。（說明）

　　1701. 其屋亡國之社，不得達上也。（轉而論）

○ 秋，八月，甲寅，滕子結卒。

　　無傳 1097

○ 冬，十有二月，葬蔡昭公。

　　無傳 1098

○ 葬滕頃公。

　　無傳 1099

○ 五年，春，城毗。

　　無傳 1100

○ 夏，齊侯伐宋。

　　無傳 1101

○ 晉趙鞅帥師伐衛。

　　無傳 1102

○ 秋，九月，癸酉，齊侯杵臼卒。

　　無傳 1103

○ 冬，叔還如齊。

　　無傳 1104

○ 閏月，葬齊景公。

　　1702. 不正其閏也。（規定）

○ 六年，春，城邾瑕。

無傳 1105

○ 晉趙鞅帥師伐鮮虞。

無傳 1106

○ 吳伐陳。

無傳 1107

○ 夏，齊國夏及高張來奔。

無傳 1108

○ 叔還會吳于柤。

無傳 1109

○ 秋，七月，庚寅，楚子軫卒。

無傳 1110

○ 齊陽生入于齊，齊陳乞弒其君荼。

1703. 陽生入而弒其君，以陳乞主之，何也？不以陽生君荼也。（轉語）

1704. 其不以陽生君荼，何也？陽生正，荼不正。（理由）

1705. 不正則其曰君，何也？荼雖不正，已受命矣。（理由）

1706. 入者，內弗受也。（定義）

1707. 荼不正，何用弗受？以其受命，可以言弗受也。（理由）

1708. 陽生其以國氏，何也？取國于荼也。（理由）

○ 冬，仲孫何忌帥師伐邾。

無傳 1111

○ 宋向巢帥師伐曹。

無傳 1112

○ 七年，春，宋皇瑗帥師侵鄭。

無傳 1113

○ 晉魏曼多帥師侵衛。

無傳 1114

○ 夏，公會吳于繒。

無傳 1115

○ 秋，公伐邾。

無傳 1116

○ 八月，己酉，入邾，以邾子益來。

1709. 以者，不以者也。（轉語）

1710. 益之名，惡也。（轉語）

1711. 春秋有臨天下之言焉，有臨一國之言焉，有臨一家之言焉，其言來者，有外魯之辭焉。（定義）

○ 宋人圍曹。

無傳 1117

○ 冬，鄭駟弘帥師救曹。

無傳 1118

○ 八年，春，王正月，宋公入曹，以曹伯陽歸。

無傳 1119

○ 吳伐我。

無傳 1120

○ 夏，齊人取讙及闡。

1712. 惡內也。（理由）

○ 歸邾子益于邾。

1713. 益之名，失國也。（理由）

○ 秋，七月。

無傳 1121

○ 冬，十有二月，癸亥，杞伯過卒。

無傳 1122

○ 齊人歸讙及闡。

無傳 1123

○ 九年，春，王二月，葬杞僖公。

無傳 1124

○ 宋皇瑗帥師，取鄭師于雍丘。

1714. 取，易辭也，以師而易取，鄭病矣。（說明）

○ 夏，楚人伐陳。

無傳 1125

○ 秋，宋公伐鄭。

無傳 1126

○ 冬，十月。

無傳 1127

○ 十年，春，王二月，邾子益來奔。

無傳 1128

○ 公會吳伐齊。

無傳 1129

○ 三月，戊戌，齊侯陽生卒。

無傳 1130

○ 夏，宋人伐鄭。

無傳 1131

○ 晉趙鞅帥師侵齊。

無傳 1132

○ 五月，公至自伐齊。

無傳 1133

○ 葬齊悼公。

無傳 1134

○ 衛公孟彄，自齊歸于衛。

無傳 1135

○ 薛伯夷卒。

無傳 1136

○ 秋，葬薛惠公。

無傳 1137

○ 冬，楚公子結帥師伐陳吳救陳。

無傳 1138

○ 十有一年，春，齊國書帥師伐我。

無傳 1139

○ 夏，陳轅頗出奔鄭。

無傳 1140

○ 五月，公會吳伐齊，甲戌，齊國書帥師，及吳戰于艾陵，齊師敗績，獲齊國書。

無傳 1141

○ 秋，七月，辛酉，滕子虞母卒。

無傳 1142

○ 冬，十有一月，葬滕隱公。

無傳 1143

○ 衛世叔齊出奔宋。

無傳 1144

○ 十有二年，春，用田賦。

1715. 古者公田什一。（規定）

1716. 用田賦，非正也。（說明）

○ 夏，五月，甲辰，孟子卒。

1717. 孟子者，何也？昭公夫人也。（說明）

1718. 其不言夫人，何也？諱取同姓也。（理由，轉語）

○ 公會吳于橐皋。

無傳 1145

○ 秋，公會衛侯、宋皇瑗于鄖。

無傳 1146

○ 宋向巢帥師伐鄭。

無傳 1147

○ 冬，十有二月，螽。

無傳 1148

○ 十有三年，春，鄭罕達帥師，取宋師于嵒，

1719. 取，易辭也。以師而易取，宋病矣。（說明）

○ 夏，許男成卒。

無傳 1149

○ 公會晉侯，及吳子，于黃池。

1720. 黃池之會，吳子進乎哉，遂子矣。（說明）

1721. 吳，夷狄之國也，祝髮文身，欲因魯之禮，因晉之權，而請冠端而襲，其藉于成周，以尊天王，吳進矣。（轉而論）

1722. 吳，東方之大國也，累累致小國以會諸侯，以合乎中國，吳能為之，則不臣乎，吳進矣。（轉而論）

1723. 王，尊稱也，子卑稱也，辭尊稱而居卑稱，以會乎諸侯，以尊天王。（轉而論）

1724. 吳王夫差曰：「好冠來。」孔子曰：「大矣哉！夫差未能言冠而欲冠也。」（轉而論）

○ 楚公子申帥師伐陳。

無傳 1150

○　於越入吳。

無傳 1151

○　秋，公至自會。

無傳 1152

○　晉魏曼多帥師侵衛。

無傳 1153

○　葬許元公。

無傳 1154

○　九月，蝝。

無傳 1155

○　冬，十有一月，有星孛于東方。

無傳 1156

○　盜殺陳夏區夫。

無傳 1157

○　十

○　有二月，蝝。

無傳 1158

○　十有四年，春，西狩獲麟。

　　1725. 引取之也。（說明）

　　1726. 狩地。不地，不狩也。（定義）

　　1727. 非狩，而曰狩，大獲麟，故大其適也。（理由）

　　1728. 其不言來，不外麟於中國也。其不言有，不使麟不恆於中國也。（轉而論）